民國歷史與文化研究

四 編

第 **4** 冊

民國時期西康司法審判制度改革與實踐研究

蘇 潔 著

花木蘭文化出版社

國家圖書館出版品預行編目資料

民國時期西康司法審判制度改革與實踐研究／蘇潔 著 — 初
版 — 新北市：花木蘭文化出版社，2016〔民 105〕
序 6+ 目 4+278 面；19×26 公分
（民國歷史與文化研究 四編：第 4 冊）
ISBN 978-986-404-672-0（精裝）
1. 中國法制史 2. 西康省
628.08   105012769

民國歷史與文化研究
四 編 第四冊   ISBN：978-986-404-672-0

民國時期西康司法審判制度改革與實踐研究

作　　者　蘇潔
總 編 輯　杜潔祥
副總編輯　楊嘉樂
編　　輯　許郁翎、王筑　美術編輯　陳逸婷
出　　版　花木蘭文化出版社
社　　長　高小娟
聯絡地址　235 新北市中和區中安街七二號十三樓
　　　　　電話：02-2923-1455／傳真：02-2923-1452
網　　址　http://www.huamulan.tw 信箱 hml810518@gmail.com
印　　刷　普羅文化出版廣告事業
初　　版　2016 年 9 月
全書字數　216107 字
定　　價　四編 6 冊（精裝）台幣 10,000 元
　　　　　　　　　　　　　　　　　　　　版權所有・請勿翻印

民國時期西康司法審判制度改革與實踐研究

蘇潔　著

作者簡介

蘇潔（1980.3-）：女，四川雅安人，中共黨員，法學博士，中南大學法學在站博士後，重慶交通大學副教授。2001.6 畢業於重慶師範大學歷史教育專業，2004.6 畢業於重慶師範大學專門史專業，2015.6 畢業於西南政法大學法律史專業，2016.7 進入中南大學法學博士後流動站，主要從事法學理論、法律史、法律文化研究。主持、主研「渝黔毗鄰地區仡佬族民族法文化與地方社會管理研究」等多項省部級科研項目，已在《現代法學》、《貴州社會科學》等學術期刊上發表論文三十餘篇，曾獲教育部德育創新成果二等獎，重慶市社會科學界學術年活動論文三等獎。

提　要

　　西康，古稱「前藏」，亦稱「喀木」，該地區位於四川、雲南與西藏之間，是西藏與內地聯繫的紐帶，是以藏族爲主體、多民族聚居的邊疆民族地區。1937 年，抗戰全面爆發，隨著抗戰形勢的加劇，西康作爲多民族聚居的西南邊區地域，被國民政府視爲一旦抗戰失敗的退守之地，1939 年 1 月 1 日，西康省政府在康定宣告成立。

　　抗戰時期特殊的社會形勢，使得推行西康司法改革成爲大後方建設的重要舉措之一，其司法審判制度的近代化改革具有穩定後方社會秩序的抗戰建國功能。本書以民國時期西康司法審判制度改革與實踐爲主題，重點探討 1939 年西康建省到抗日戰爭結束這一時期西康司法審判的實然狀態，並對戰時司法的社會治理功能以及國民政府推行邊疆司法的特色與價值進行評析。除緒論外，全書分爲三個部分。第一部分第一至第三章爲總論，主要論述了西康司法審判制度改革的動因、司法組織體系的建立與完善、司法審判的程序規範及其運用。作者利用大量的原始司法檔案，對抗戰時期西康的司法機構設置、人員構成、經費狀況、審判程序等進行了細緻描述，復原了當時司法組織體系的原貌；第二部分第四至第五章爲分論，從審判實踐的角度眞實再現戰時西康司法審判制度改革的過程，從民事和刑事兩方面尋找案例，通過對與戰爭和民族問題相關案件進行梳理分析，呈現西康司法審判制度改革與實踐的實然狀態，分析戰爭對司法的影響因素以及邊疆民族地區司法改革的特殊性；第三部分第六章爲經驗總結與理論提升，對西康司法審判制度改革的特點與價值進行客觀評價。

　　本書是建國後我國法學界第一部系統研究民國時期西康司法審判制度改革的專著。梳理和復原抗戰時期西康司法審判制度的改革及其實施狀況，分析和總結改革的理性與經驗以及作爲戰時司法的社會治理功能，有助於填補有關抗日戰爭史研究和國民政府法治研究的空白。同時，西康司法審判制度改革又是國民政府推行邊疆司法的範本之一，對當時及後世邊疆民族治理產生重要影響。本書對西康司法審判制度的研究將邊疆問題從文化和觀念層面引向了對規則與制度的考量，有利於彌補當前學界對邊疆司法研究之不足。

序

曾代偉

　　近年來，爲紀念抗日戰爭勝利 70 週年而湧現的抗戰研究熱潮方興未艾。作爲西南地區高校的學者，有感於鞏固的戰略大後方，是堅持持久抗戰的基礎和贏得反侵略戰爭勝利的保障，遂關注抗戰大後方司法研究，並獲得重慶市重大課題和國家社科基金立項資助。2011 年秋，蘇潔考入西南政法大學，在我門下攻讀博士學位。時值人文社會科學領域力推以重要研究課題爲平臺，培養、提升研究生和青年教師的學術能力，以青年學子爲主體打造學術團隊的人才培養模式改革。我決定選擇來自高校教學崗位，對抗戰歷史文化頗有興趣，且兼備法學和歷史學素養的博士弟子，在導師指導下參與課題研究。從資料搜集整理、分析研究、任務分工到撰寫初稿的全過程，既是他們進行專業學習和研究實踐訓練，也爲其學位論文確定了研究方向，積纍了豐富的資料，釐清了寫作思路，掌握了研究方法。從而爲他們順利完成博士學業，撰寫博士論文，通過學位論文答辯奠定了基礎。

　　蘇潔選擇民國時期西康司法改革研究課題，基於如下幾點考慮：一是在西南抗戰大後方建設中，西康地區可謂大後方的後方，深受國家的重視；二是西康屬於邊遠民族地區，其改革措施有助於邊疆地區開發和建設；三是就法制而言，西康的改革可作爲民國法制近代化的一種類型進行研究；四是西康司法改革中國家法與民族習慣法的博弈，對於後來民族地區法治建設具有借鑒意義。此外，還可能有作者家鄉情結的牽動吧，她的故鄉就在當年西康首府雅安。

　　西康古稱「前藏」，亦稱「喀木」，是位於四川、雲南與西藏之間，以藏族爲主的多民族聚居的地區。作爲西藏與內地聯繫的紐帶，西康地區具有重

要的戰略地位，進可爲西藏之後援，退可爲四川之屏障，左右可爲青海、雲南之策應。明清時期就已成爲朝廷控制藏、彝等民族的軍事戰略要地，素有「治藏先治康，穩藏先穩康」之說。近代以來，爲抵制西方侵略勢力的進入，加強川邊治理，中央政府在西康施行了各種不同的行政建制，但始終未升格爲獨立行省。隨著抗戰全面爆發和西南戰時大後方的形成，國民政府益加重視大西南的建設，1939 年西康正式建省，中央政府加強了對該地區的管理和控制。而司法制度的近代化改革具有穩定後方社會秩序的抗戰建國功能，故對西康司法組織體系、審判程序、審判組織形式等方面進行了卓有成效的改革，堪爲抗戰時期國民政府推行邊疆司法改革的典型樣本。

本書是系統研究民國時期西康司法改革的一部力作，將邊疆問題從文化和觀念層面引向了對規則與制度的考量，有助於彌補學界對邊疆司法研究之不足；特別是對於抗戰時期西康司法審判制度改革及其實施狀況的梳理和復原，對於司法改革的戰時特色及其理性與經驗，以及戰時司法的社會治理功能的分析和總結，無疑也是對抗日戰爭史和國民政府法制研究薄弱環節的彌補。同時，西康司法審判制度改革又是國民政府推行邊疆司法的範本之一，對於當時及後世邊疆民族地區的治理具有實踐意義。

本書注重並成功實踐了人文社會科學的實證研究與比較分析相結合的研究方法，在資料的運用上主要以原始檔案爲主。據我所知，作者在攻讀博士學位的四年間，不辭辛勞，多次往返於成都、雅安、西昌、重慶等地檔案館收集資料，獲得大量尚未被利用的民國西康司法檔案、司法文件、政府公報等第一手材料，增強了論證的說服力及其學術價值。

古人云：「十年磨一劍，霜刃未曾試」，作者在經歷數年悉心研究，承載著幾多甜酸苦辣，終於將這部有關民國時期西康司法審判制度改革的專著呈獻給讀者，以供學人評點。作爲一名從教多年的教師，我感覺最滿足最欣慰的是經常聽到學生成長和成功的喜訊，親眼目睹弟子們學術成長道路得以開啓，哪怕是點點滴滴！在蘇潔博士的專著即將付梓面世之際，作爲博士階段的導師，欣喜之餘，援筆爲序。

曾代偉

二〇一六年六月二十六日於沙坪壩紫荊花園寓所

自　序

　　本文以民國時期西康司法審判制度改革與實踐爲主題，從制度與實踐著手，重點探討 1939 年西康建省到抗日戰爭結束這一時期西康司法審判的實然狀態，並對戰時司法的社會治理功能以及國民政府推行邊疆司法的特色與價值進行評析。

　　西康司法審判制度改革有雙重意義。一方面，西康地處川邊，與西藏毗鄰，是以藏族爲主體、多民族聚居的邊疆民族地區，而國外侵略勢力爲進一步侵犯西藏，在西康地區不斷滋事，爲防止民族分裂、促進國家統一，1939 年國民政府在西康建省。西康建省後，須統一政令並加強中央政府對其控制與管理，因而司法審判制度的改革勢在必行；另一方面，隨著抗戰規模的擴大以及國民政府的西遷，四川成爲抗戰建國的根據地，這又使得作爲川滇屏障的西康被賦予了鞏固大後方、增強抗戰力量的歷史使命和戰略意義，因而其司法審判制度的近代化改革又具有穩定後方社會秩序的抗戰建國功能。在國民政府戰時司法改革的大背景下，西康根據 1935 年前後國民政府頒行的各種實體法、程序法以及戰時各項特別法令，結合其自身的地域特徵和民族特色，對司法審判制度進行了因地制宜的改革，在司法組織體系、審判程序、審判組織形式等方面取得了顯著成效，堪爲抗戰時期國民政府推行邊疆司法改革的典型樣本，對當前邊疆司法研究極具理論和實踐價值。

　　除緒論外，全文分爲三個部分。第一部分第一至第三章爲總論，主要論述了西康司法審判制度改革的動因、司法組織體系的建立與完善、司法審判的程序規範及其運用；第二部分第四至第五章爲分論，從審判實踐的角度眞實再現戰時西康司法審判制度改革的過程，從民事和刑事兩方面尋找案例，

分析其制度改革的實然狀態與成效；第三部分第六章爲經驗總結與理論提升，對西康司法審判制度改革的特點與價值進行客觀評價。

緒論部分交代了本文的選題價值，即「民國時期西康司法審判制度改革與實踐研究」含括了國民政府邊疆司法研究和抗戰大後方司法研究雙重價值；爲了厘清西康司法審判制度改革的歷史背景，緒論對西康建省的歷程進行了梳理；最後對相關研究現狀進行總結，並且介紹了本文的基本研究思路，即運用法律史和社會史的方法，充分利用民國西康司法檔案，關注司法實踐，注重其與社會、政治、軍事、經濟等因素的關聯。

第一章論述了西康社會的經濟、文化、政治秩序等對司法審判制度改革的訴求以及各縣原有司法審判的無序狀態；分析了西康司法設施建設中所面臨的經費、人才等的困境與問題以及改革中所遭遇的觀念與制度的困惑；闡述了抗戰時期國民政府司法組織和審判程序的變革大趨勢，用以分析西康司法審判制度改革的動因。

第二章分析了各級法院的組織、人員、經費以及審級制度等情況。西康司法組織體系建設的四大舉措：一是在建立西康高等法院以後普設地方法院和縣司法處，完善其審判機構設置；二是大量補充專職司法人員，改善其待遇；三是對司法經費進行統一管理，由國庫統一劃撥，各法院適當留用法收；四是根據國家程序法完善審級制度。

第三章從宏觀上把握西康司法審判制度改革與實踐的主要原則，梳理了司法審判制度改革所依託的相關程序規範，除了對一、二、三審程序的具體規定進行逐一分析外，還著重對巡迴審判程序和特種刑事案件的覆判程序兩種特殊訴訟程序進行了分析，突出了其戰時司法特徵。此外，對西康司法審判注重法定程序與習慣規則的調適這一重要原則進行了論證，突出其邊疆司法特徵。

第四章和第五章分別從民事和刑事兩個方面，以四川省檔案館、雅安市檔案館館藏檔案作爲第一手材料，分析論證抗戰時期西康民刑案件審判的實際情形與特點。由於西康司法檔案案卷浩繁，本文的寫作無意也無法對當時民刑審判實踐完整、全面地論述和評析，唯有選擇在戰時影響較大，與戰爭和西康地域特色有最大關聯性的案例進行分析。民事審判又分爲普通民事審判和特殊民事審判。普通民事審判著重選取了債務、繼承等方面的相關案例；特殊民事審判主要以外國教會與康定平民之間爭奪田產案爲例進行了詳細分

析，並對少數民族地區糾紛解決機制進行了概述。刑事審判亦從普通刑事審判和特種刑事審判兩個角度著眼進行分析。普通刑事審判主要圍繞與抗戰利益相關的保護兵役案件、經濟安全案件以及社會安全案件進行分析；特種刑事審判列舉了有關漢奸、貪污、盜匪、煙毒等案件的審判實踐，重點分析了煙毒案件。鑒於西康地處邊遠，尤其甯屬地區又是種煙、販煙的源頭，是國民政府禁政推行的重點區域，因而這一地區的煙毒案件是重點打擊對象，這也最能體現出國民政府爲實現中央與邊疆地區政令、法令一體化的決心。此外，在刑事審判實踐一章中還選擇了涉及少數民族的複雜案件，通過典型案例分析論證基層司法官在處理涉及少數民族的刑事案件時，如何將民族習俗融于司法裁判中，使國家法和習慣法有機結合。

第六章在前文分析的基礎上進行經驗總結與理論提升，對西康司法審判制度改革的成效進行評價，提煉出其中的經驗與不足之處。

本文的創新之處：一是利用大量的原始司法檔案、司法文件、政府公報等一手材料對抗戰時期西康的司法機構設置、人員構成、經費狀況、審判程序等進行了細緻描述，復原了當時司法組織體系的原貌；二是通過對與戰爭和民族問題相關案件進行梳理分析，呈現西康司法審判制度改革與實踐的實然狀態，分析戰爭對司法的影響因素以及邊疆民族地區司法改革的特殊性。

本文的不足之處：本論文還需要補充大量的資料，尤其是以西康少數民族爲訴訟主體的相關案件。由於地方檔案館保密制度等原因，涉及少數民族的司法檔案基本處於未開放狀態，使得此類案件在文中相對較少，成爲本文最大的遺憾，也是今後需要進一步研究的著力點。其次，本文在理論深度方面還有待提高，今後應該進一步加強法學理論的學習。

目

次

緒　論

一、選題緣由

（一）西康司法審判制度改革體現國民政府推行邊疆司法的實然狀態及意義

　　始於清末成於民國 28 年（1939）的西康建省，是我國近代邊疆民族地區行政建制史上的重大事件，歷經三十餘年，經過一波三折，最終得以實現。它的時廢時興體現了中央政府在不同歷史時期對邊疆民族地區的態度和治理策略，是觀察民國邊疆政策的一個很好的角度。從一個地域概念到嚴格意義上的行省劃分，從半獨立到完整的歸附中央，西康經歷的是從周邊向中間地帶轉化的歷史，經歷的是一個政治、經濟、文化全方位整合與近代化的過程，這其中就包括司法領域的近代化。西康司法近代化是司法由野蠻無序向近代文明的轉化，在這個轉化的過程中，國家權力和地方秩序歷經矛盾與契合，國家司法制度與邊疆地區各種習俗慣例相互包容、相互妥協，最終形成以國家司法制度為核心、保持地方特色的司法制度體系。在這一過程中，司法審判制度的各種改革是重要的環節，是審視邊疆司法近代化進程的最佳視角。

　　西康西通藏區、東接川邊、屏蔽西陲、交通不暢，以致歷代中央政府經營西康都以懷柔羈縻為手段。清末，邊務大臣趙爾豐經營川邊，採取了較為徹底的改革措施，但他專恃武力而昧於邊情，專尚治標而疏於治本，尤其是在司法方面疏於管理，使司法審判大權落於土司、頭人、喇嘛之手。民國以後，各縣司法審判在表面上雖已改由縣官主持，而事實上，原有地方勢力依

然操縱著司法大權，人民遇有訟事，仍然主要訴諸於土司、頭人或喇嘛。地方權威對司法的干預，中央權力在西康的弱化，使得管轄各縣司法的漢官成為閒職，對民間糾紛事務更是疏於調節。官府對康區司法的疏淡使西康各種地方勢力衝突加劇，爭端不斷，影響了西康地區社會秩序的穩定。1930 年的第三次康藏糾紛，其導火線便是發生在甘孜白利土司和大金喇嘛寺的廟產之爭，當事人訴諸縣府以後，由於縣府知事收受賄賂，處理不善，導致事態擴大，引起雙方武裝衝突。一椿財產爭奪的民間糾紛，由於縣官疏於調節，竟然給了西藏分裂勢力充分的藉口，從而引發了川軍與藏軍的一場激戰，藏軍越境幫助大金寺攻佔甘孜與瞻化。這場康藏糾紛一直持續了 10 年，最終由國民政府出面才解決妥當。通過此案，充分說明國民政府推行邊疆司法改革的艱巨性和必要性。

　　推行邊疆司法是國民政府司法改革的重要內容之一，而西康由於涉及西藏問題，更為敏感和重要。為加強對康區社會的管理與控制，中央政府將西康地區作為推行邊疆司法的典型代表，其重點便是推進司法審判制度的近代化改革。西康司法審判制度在國家實體法和程序法的框架下進行了逐步的改進與完善。針對西康交通不便、文化落後以及風俗習慣與內地相異的情況，國民政府派熟悉康情的人員前往該地，與當地行政長官和地方權威人士共同商討、落實改革計劃。在改革過程中，既注重了司法審判制度的普遍性與整體性，也關注到西康作為邊疆民族地區的特殊性以及民眾對近代司法制度的心理承受度與接受能力。「司法體制承擔著政策貫徹和社會治理的功能，但如果一味追求法律的現代性運作，脫離事實基礎和民眾的心理期待，以規則來改造事實，放棄禮俗，只用法律與規則來對具體事由做出裁定，進行生硬的社會新秩序的構造，將以摧毀經驗積纍的傳統合法性為代價。」〔註1〕國民政府在滿足抗戰需要、實現國家統一的大背景下，立足國家制定法的權威，結合各種民間習慣法，尤其是康寧兩屬地區的民族習俗和規約，進行了因地制宜的司法審判制度改革。這既是抗戰形勢的需要，也是西康司法近代化的要求，通過國家權力的外在制約與邊疆民族地區內在秩序的整合，最終以小我融於大我之中，實現小傳統與大傳統的共生，這也正是研究西康司法審判制度近代化改革的意義所在。

〔註 1〕 方慧、馬雁：「現代性話語結構下的本土生存空間——民國司法改革在邊疆推行的效果與反思」，《雲南農業大學學報》，2007 年第 1 期，第 46 頁。

（二）西康司法審判制度改革是抗戰大後方建設的需要

　　國民政府意識到：欲謀抗戰勝利，則須安定後方，減少前方後顧之憂，以增強抗戰力量。鞏固的戰略大後方是持久抗戰的基礎和必備條件。國民政府西遷後，西康又成為重要的戰爭資源供應地。國民政府當局「一面劃撥川屬雅安、蘆山、天全、榮經、漢源、寶興、越雟、冕寧、西昌、會理、昭覺、鹽邊、鹽源、寧南十四縣以及金湯、寧東二設治局歸隸西康，一面從事開採西康礦藏（有赤金、黃金、白金、煤、鐵、銅等礦），修築雅康及青康公路，墾殖西康（有寒、熱、溫三帶植物），籌辦衛生，整理民兵，注意西康政治聯繫，並積極推進西康建設……」〔註2〕為適應戰爭需求，西康必須加強其自身的政治、經濟、文化等各方面建設，而這所有的建設有一個重要前提，就是穩定的社會秩序。穩定後方社會秩序的手段雖有多端，但司法之功用則為主要。

　　司法首要的功能是保障民眾應有的合法權利。縱觀西康社會的落後原因，一定程度上是由於過去政教合一的特殊社會權力結構所致。特別是在康屬地區，人民不具有人身自由，在土司、喇嘛等各種地方權威的壓抑下，人權無法得到基本保障。喇嘛、土司、頭人三大支配勢力的存在，使得人民生活呈半奴隸狀態，民權觀念尚未萌芽，社會權力結構類似古代奴隸社會。因此，建設西康的任務一方面在於以政治力量去解放這些被壓迫的奴隸，另一方面在於用法律手段保護他們的基本人權。要實現這一目標，極為重要的途徑便是建立獨立、完善的司法審判制度。在過去，法律的制定權和司法審判權掌握在土司、頭人、喇嘛手中，人們無法通過法的至高權威來滿足自身的基本訴求，這就迫切需要改變這種制度，為人們尋求合理、合法的權益保障途徑。社會穩定需要民眾的自覺維護，而這種自覺的前提是民權得到充分保障，其實現途徑主要就是加強司法治理，而司法又以審判為要。因此，只有改善司法審判制度，通過公平、公正的司法審判解決社會矛盾糾紛，才能切實保障民權，才能使西康充滿活力，從而加強抗戰後方基地的建設。

　　司法不但能夠保障人權，更是調節社會矛盾和維護社會正義的重要方式。在任何時候，司法都是保障社會正義最重要的一道防線，倘若司法無序而隨性，社會公平和正義就會蕩然無存。沒有了司法公正，一旦社會角色之

〔註2〕蕭文哲：「改進西康司法之檢討」，《中央周刊》，年份不詳，第 60 期，第 11 頁。

間產生糾紛，在不能通過各方直接溝通得到解決時，如果又沒有一個中立的第三方公正、合法地進行調節，就很容易演變成當事者之間的對抗關係，甚至是群體暴力衝突，西康過去的族群打鬥、槍殺事件頻出便是例證。因而推動西康司法審判制度近代化改革，保障司法審判的公平、公正，對擾亂社會、妨害抗戰利益或危害國家利益者進行司法制裁，是司法影響於抗戰之勝敗的關鍵因素。正如當時的法律學人所言：「西康今爲我國抗戰之後方要地，中央正重視開發其人力、物力，以補充前方抗戰力量，萬一抗戰失敗，西康亦可爲退守之地。故安定西康乃目前之要圖，則西康司法之急需改進，不待言矣。」〔註3〕

　　因此，在抗戰時期推進西康建設符合國民黨在川康地區乃至整個西南地區的重要戰略部署，對西康司法審判制度的改革正是國民政府對西南邊遠省區司法治理目標之最大實現。

（三）西康司法審判制度改革研究是抗戰大後方司法研究的重要組成部分

　　毫無疑問，戰爭的不斷擴大使戰區司法秩序遭到破壞，原有的審判組織運行困難，原有的審判原則也無法實施，身處大後方的西康司法也未能避免戰爭帶來的負面影響。一方面，經濟波動和人口流動的加速以及政治的動蕩不安使得各種社會民刑糾紛劇增；另一方面，抗戰時期特殊的社會形勢又使得後方的司法審判制度必須因時制宜地加以調整，否則難以滿足支持抗戰的需求。因此，國民政府在大後方適用的戰時司法審判原則和變通措施，諸如簡化訴訟程序、試行巡迴審判、重視特種刑事案件的審理等等，在西康皆適用。隨著抗戰局勢的演變，爲了保證西康地區的穩定，也爲了使邊疆民族地區特殊的政治空間能夠正常運行，國民政府對西康司法審判制度進行改革。在改革中，既注意結合戰爭形勢，滿足大後方建設的需求，又充分尊重各種民間傳統慣例或民族習慣規約，具體表現在：

　　其一、司法機關的靈活設置：軍事機關代核軍法案件，各縣政府行政長官作爲軍法承審機關兼理普通司法以及軍法案件，仿傚最高法院設置分庭的模式設置西康高等法院分駐庭及臨時分庭。

〔註 3〕 蕭文哲：「改進西康司法之商榷」，《東方雜誌》，1938 年第 35 卷第 6 期，第 7頁。

其二、審判程序的特殊處理：由於受戰爭影響，審判活動難以按照常規程序開展，為了適應戰時特殊形勢，以簡單具體的方式對社會關係加以調節，西康各級法院在遵守國家實體法和程序法基本規定的同時，對審判程序進行了靈活變通，其中比較典型的做法包括簡化訴訟程序和實施巡迴審判。

簡化訴訟程序的目的是為便利民眾。戰爭期間由於案件繁多、人手缺乏，有些二審案件甚至因不足法定合議庭人數而無法開庭。為此，西康高等法院及所屬各地方法院、縣司法處靈活運用訴訟法規，對審判程序酌情變通。諸如對言詞辯論期日的指定，由於戰爭環境下，交通線路經常被炸毀，如果嚴格按照國家訴訟法對言詞辯論期日的規定執行，當事人往往很難按時到達。因此，法庭在指定初次言詞辯論期日時，常斟酌案件繁簡情形，根據當事人住處距離法院的遠近以及具體交通狀況預留就審期間，以便被傳人於指定的期日能夠準時到場。至於宣佈言詞辯論期日的傳票，皆以書面形式明確告知當事人務必於指定期日攜帶所用證物及偕同所舉證人到場。在不違背國家基本法律制度的情況下，將訴訟程序簡化實施，無疑適應了戰時相對簡陋缺失的司法審判環境。

再如巡迴審判。隨著戰事擴大，各地交通極為混亂，敵機屢炸毀交通線路，舟車艱險，當事人訴訟多有不便。為此，西康二審案件的審判經常以法官就當事人，實施巡迴審判，巡迴審判法官在其巡迴區域內的司法機關、縣政府或其它適宜處所就地開庭。除主審法官和審判推事外，其餘司法人員由當地司法機關或縣政府派人承辦。根據推行結果來看，巡迴推事多能深入邊遠之地，隨審隨結。可見，巡迴審判在戰爭期間人事緊張的情況下，通過特定的審判形式提高辦案效率，免去訴訟當事人跋涉之勞而謀人民訴訟之便利，實為適時之舉。

其三、推行邊疆民族司法：調查具體民族風俗習慣，擬具西康民刑特別法草案。為明瞭西康民情風俗及過去司法情形，司法部在西康建省委員會內設置司法籌備處，擬定調查西康司法計劃，遴派專員前往西康，調查其經濟、交通、人口概數及分佈情況，考察設立各級法院之適當地點及一般的民商事習慣等。隨後，根據各縣的調查狀況擬具西康民刑特別法草案，呈經司法院轉立法院參考，對各項司法制度進行因地制宜的改革。

作為國民政府在戰時推行邊疆司法的典型，西康司法審判制度的改革與國家戰時司法改革步驟無疑是同步的。或者說，西康司法審判制度改革本身

就是國民政府戰時司法改革實踐在大後方富有特色的成果，對西康司法審判制度改革與實踐的研究，自然也就成為抗戰大後方司法研究的重要組成部分。

（四）有關西康司法審判制度的研究仍為學術研究的「盲點」

西康司法審判制度的研究，迄今為止仍為中國邊疆司法研究的薄弱環節。西康在建省後，特別是抗戰期間的司法審判制度改革，是國民政府推行邊疆司法近代化改革的重點之一，也是在全民族抗戰的特定時空下採取的一項重要戰略，反映了戰時司法的特色。梳理和復原抗戰時期西康司法審判制度的改革及其實施狀況，分析和總結改革的理性與經驗以及作為戰時司法的社會治理功能，無疑有助於填補有關抗日戰爭史研究和國民政府法治研究的空白。同時，西康司法審判制度改革又是國民政府推行邊疆司法的範本之一，對其研究有利於彌補當前學界對邊疆司法研究之不足。

二、研究綜述

眾所週知，有關民國時期的司法研究，因為特殊的政治原因，曾經一度成為我國學術研究的禁區。迄今為止，我國學者對這段時期的司法研究依然不多。對於西康這樣一個曾經短暫存在於我國西南邊區的行省而言，由於它作為川邊藏區的政治特殊性，其司法制度的相關研究就更為主流學術研究所迴避，具體到本書所研究的民國時期西康司法審判制度問題更是少有涉足。不過，根據筆者所掌握的相關資料，近年來有關西康歷史文化問題、民族問題等領域的研究已是成果斐然，至於民國時期國民政府司法審判制度的宏觀研究也有不少成果，這些成果為本書提供了可資借鑒的依據，以下分別加以呈現：

（一）有關西康近代社會的研究

國內學術界對於西康近代歷史的研究主要集中於政治問題、社會問題和民族問題的研究。

1. 關於西康建省

西康建省問題是近年來學者們潛心關注的一個重點。在黃天華的《論民國時期西康建省》〔註4〕一文中，作者主要從國內外社會形勢分析了西康建省

〔註4〕黃天華：「論民國時期西康建省」，《四川師範大學學報》，2001 年第 4 期。

的歷史背景，認爲西康建省對外是爲防止分裂、鞏固國防，對內是爲統一政權、加強管理。通過梳理西康從清末到抗戰期間完成建省的過程，闡明了建省對於國內民族統一和抗戰勝利的歷史意義。王永斌的《論西康建省及其歷史作用》〔註5〕從西康疆域歷史、社會結構、政治制度等方面爲人們呈現了西康建省的歷史意義和社會影響。辛宇玲的《西康建省研究》〔註6〕通過梳理西康建省的歷史脈絡，揭示了西康建省與進步中的康人精英們多年形成的「省籍意識」以及康區早期現代化之間的必然聯繫。馬宣偉的《劉文輝與西康建省》〔註7〕以劉文輝這一歷史人物在西康建省中的重要作用進行分析。孫宏年的《20世紀上半葉的西康建省與「藏彝走廊」地區的發展初探》〔註8〕從邊疆治理的角度對西康與藏彝走廊的關係進行分析，進一步論證了西康建省對於我國西南邊疆地區社會發展和社會控制的重要影響。王海兵的《西康省制化進程中的權力博弈（1927～1939）》〔註9〕一文將民國西康建省運動所涉及到的各種利益衝突和權力博弈進行全面考察，從西康各界精英人士對西康建省的態度及社會活動，國民政府爲控制西康而在省制問題上做出的努力，劉文輝爲鞏固其在康區的政治地位而實施的一系列改善康藏關係的策略等方面進行逐一分析，揭示了西康最終能夠實現建省，是由於國民政府中央、康區地方勢力、四川軍閥等各個層面的力量爲了各自的利益訴求而相互周旋與制衡，而這種博弈恰恰促成了西康從清末開始的建省藍圖最終圓滿實現。劉國武的《西康建省論》〔註10〕則以三次康藏糾紛爲視角，從邊疆問題、民族問題、國防問題的角度分析了西康在康藏關係中的重要角色，認爲在民族危機緊迫的情況下，中央與地方各種勢力最終在建省問題上達成共識。王川的《近代民族關係史上的西康建省及其歷史意義》〔註11〕從西康近代民族關係角度，

〔註5〕　王永斌：「論西康建省及其歷史作用」，西藏民族學院碩士學位論文，2012年6月。

〔註6〕　辛宇玲：「西康建省研究」，中央民族大學碩士學位論文，2006年6月。

〔註7〕　馬宣偉：「劉文輝與西康建省」，《文史雜誌》，2002年第5期。

〔註8〕　孫宏年：「20世紀上半葉的西康建省與『藏彝走廊』地區的發展初探」，提交「藏彝走廊歷史文化學術討論會」的論文，成都，四川大學，2003年。

〔註9〕　王海兵：「西康省制化進程中的權力博弈（1927～1939）」，《中國邊疆史地研究》，2008年第3期。

〔註10〕　劉國武：「西康建省論」，《衡陽師範學院學報》，2010年第2期。

〔註11〕　王川：「近代民族關係史上的西康建省及其歷史意義」，《西藏大學學報》，2008年第1期。

分析西康作爲川藏交界點的政治性、社會性、民族性等多維因素，肯定了西康建省對於穩定康藏關係、鞏固國防、支持抗戰大後方的戰略意義。吳建國的《試論西康建省與康區的早期現代化》〔註 12〕則重點分析了西康建省與康區早期現代化的關係，從西康建省後經濟發展、社會結構、文化教育的全方位變遷，說明西康建省既是中央政府加強邊區治理、鞏固國防的重大舉措，更是西康社會擺脫守舊與落後逐步走向現代文明的一個起點。學者們從各種角度分析論證了國民政府在民族危亡的關鍵時刻，妥善解決西康問題的重要性。

2. 關於康區藏族問題

趙心愚、秦和平主編的《康區藏族社會歷史調查資料輯要》〔註 13〕收錄了 20 世紀 20 年代學者們在康區藏族的社會歷史調查資料，成爲學界研究康藏民族關係、康藏歷史的珍貴資料和重要依據。趙心愚、秦和平、王川主編的《康區藏族社會珍稀資料輯要》（上下）〔註 14〕主要收錄了與康區藏族問題相關的手稿和民間珍藏文本資料，這些資料幾乎窮盡了目前市面上少見的康藏社會歷史資料，爲康藏歷史研究提供了重要依據，成爲不可多得的康藏寶典。王燕的《淺析第三次康藏糾紛》〔註 15〕以大金白利案爲起點，詳細梳理了第三次康藏糾紛的前因後果，以慘痛的歷史教訓說明了西康在康藏民族關係以及中央政府治理藏區策略上具有不可忽視的重要性。王海兵的《1930 年代的康、青、藏戰爭——邊政、權力和地方的視角》〔註 16〕將第三次康藏戰爭置於國民政府的邊疆政治議題的層面，對康、青、藏地方勢力與國民政府之間的權力互動進行了深入分析。朱文惠的《1912～1940 年康藏糾紛的多方對話——以康巴觀點爲例》〔註 17〕突破了以往僅僅從國家層面論證康藏問題

〔註12〕 吳建國：「試論西康建省與康區的早期現代化」，《華中科技大學學報》，2003 年第 3 期。

〔註13〕 趙心愚、秦和平：《康區藏族社會歷史調查資料輯要》，成都：四川民族出版社，2004 年版。

〔註14〕 趙心愚、秦和平、王川：《康區藏族社會珍稀資料輯要》（上下），成都：巴蜀書社，2006 年版。

〔註15〕 王燕：「淺析第三次康藏糾紛」，《民國檔案》，2003 年第 2 期。

〔註16〕 王海兵：「1930 年代的康、青、藏戰爭——邊政、權力和地方的視角」，《安徽史學》，2007 年第 6 期。

〔註17〕 朱文惠：「1912～1940 年康藏糾紛的多方對話——以康巴觀點爲例」，《中國藏學》，2011 年第 s1 期。

的局限，而是從來自底層的微觀歷史著手，從康區底層人民的生活實際來詮釋西康在康藏關係中的重要角色及其社會意義。劉國武的《民國時期英國支持和插手康藏糾紛的政策分析》〔註18〕闡述了英國干涉康藏糾紛的具體表現以及國民政府在面對侵略勢力干涉後，在康藏問題上的戰略變化，凸顯了內憂外患的歷史背景下，西康特殊的生存境遇。

3. 關於西康社會治理

有關西康社會治理的代表作是王川經多年潛心研究而撰寫的《西康地區近代社會研究》〔註19〕，該書獨樹一幟，是目前學界研究西康社會唯一的一本專著，開啓了民國西康研究的新境界。

王春英的《民國時期的縣級行政權力與地方社會控制——以1928～1949年川康地區縣政整改爲例》〔註20〕通過對民國川康縣政史料的深入研究，著重探討了國民政府基層控制能力的發展以及西康地方社會傳統權力結構的演變趨勢，以說明國民政府在邊疆民族地區實現基層社會控制的特有途徑以及中央與地方勢力的相互妥協與互動。友珍的《權力政治與地方自治：20世紀30年代的「康人治康」運動》〔註21〕主要介紹30年代由國民黨一手策劃的康人治康運動的前因後果，說明了西康作爲川藏交界的重要地區，在民國時期成爲中央政府、地方勢力、地方軍閥多種權力爭鬥的重心，既揭示了國府內部難以消弭的權勢之爭，更突出了西康對我國邊疆治理的重要性。曹春梅的碩士論文《民國時期國人對西康的社會考察及其影響》〔註22〕通過對民國時期國人在西康的社會考察研究，全面評析了西康社會宗教、文化、教育、民族等方面的社會特徵，肯定了國人對西康的社會考察活動對當地所產生的重要影響。張祖龑的《1939年抗戰時期西康寧屬的「禁煙」舉措》〔註23〕一文主要依託「國防最

〔註18〕劉國武：「民國時期英國支持和插手康藏糾紛的政策分析」，《安徽史學》，2012年第2期。

〔註19〕王川：《西康地區近代社會研究》，北京：人民出版社，2009年版。

〔註20〕王春英：「民國時期的縣級行政權力與地方社會控制——以1928～1949年川康地區縣政整改爲例」，四川大學博士學位論文，2004年6月。

〔註21〕友珍：「權力政治與地方自治：20世紀30年代的「康人治康」運動」，《西藏大學學報》，2010年第3期。

〔註22〕曹春梅：「民國時期國人對西康的社會考察及其影響」，四川師範大學碩士學位論文，2003年6月。

〔註23〕張祖龑：「1939年抗戰時期西康寧屬的禁煙舉措」，《歷史教學》，2010年第10期。

高委員會」的歷史檔案，通過對史料的梳理，釐清了 1939 年蔣介石在西康寧屬地區實施禁煙計劃的真正目的，真實地揭露了國民政府中央與地方軍閥無處不在的權力之爭，闡明了國府禁煙計劃未徹底實現的真相。

（二）有關西康司法的研究

關於西康政治問題的研究很多，但是有關司法領域的研究卻屈指可數，就目前所掌握的資料來看，關於民國時期西康司法制度的研究，僅見諸巴哈提牙爾・米吉提的論文《略論民國時期西康地區的習慣法》〔註 24〕，但也只是對西康地區的習慣法進行了簡單的梳理，並沒有進行深入分析。關於抗戰時期西康司法制度的研究在民國時期有一些研究成果，鍾銘在《西康建省後之司法前途》〔註 25〕中提到，西康法律制度的推行要重視法律適用問題。章任堪的《籌設西康法院及監獄之我見》〔註 26〕一文認為西康的法律調整不是純粹立法的問題，而是司法機關的責任。謝百城的《西康司法概況及改進意見》〔註 27〕對西康原有土司之法的種種弊端進行分析，並為西康司法改革提出了相應的政策建議。1942 年司法行政部部長謝冠生於《戰時司法紀要》〔註 28〕一書中，論述了抗戰期間國民政府對西康司法設施的建設措施，指出邊疆和大後方司法對於抗戰的貢獻。此外，關於建國後的西康司法研究主要有：西南政法大學李露博士的論文《建國初期「鎮反」刑事政策的實施研究（1950～1953）——以西康地區實施狀況為主要分析對象》〔註 29〕，主要描述了建國初期西南地區轟轟烈烈的鎮反運動，以西康地區為主要對象分析了刑事政策的實施在這場運動中所扮演的重要角色及其特徵；西南政法大學胡偉博士的論文《1952～1953 年西南地區司法改革運動研究》〔註 30〕，主要研究了建國初期西南地區司法改革運動的全過程，其中選取了西康地區的司法改革作為樣本之一，再現了建國後在黨中央的領導下，西康司法制度的改革與進步。

〔註 24〕 巴哈提牙爾・米吉提：「略論民國時期西康地區的習慣法」，《蘭臺世界》，2013年 2 月下旬。

〔註 25〕 鍾銘：「西康建省後之司法前途」，《康聲月刊》，1945 年 1 卷第 1 期。

〔註 26〕 章任堪：「籌設西康法院及監獄之我見」，《中央周刊》，年份不詳，第 50 期。

〔註 27〕 謝百城：「西康司法概況及改進意見」，《現代司法》，1937 年第 6 期。

〔註 28〕 謝冠生：《戰時司法紀要》，臺北：司法院秘書處，1971 年版。

〔註 29〕 李露：「建國初期鎮反刑事政策的實施研究（1950～1953）——以西康地區實施狀況為主要分析對象」，西南政法大學博士學位論文，2009 年 6 月。

〔註 30〕 胡偉：「1952～1953 年西南地區司法改革運動研究」，西南政法大學博士學位論文，2008 年 6 月。

（三）有關民國政府司法審判的研究

　　有關民國時期西康司法審判的研究目前尚未發現已有成果，但與此相關聯的南京國民政府司法審判制度的相關研究卻有一些。諸如西南政法大學羅金壽博士的論文《戰爭與司法——陪都時期重慶的法院及審判》〔註 31〕，從司法組織體系、戰時司法的特殊舉措以及戰爭期間戰區司法實踐等方面論證了戰爭與司法的關係。西南政法大學宋宏飛博士的論文《戰時首都重慶的民事審判制度與實踐》〔註 32〕以戰時首都重慶的民事審判實踐爲視角，分析論證了戰爭期間國民政府司法審判制度的特殊性，強調民事司法審判制度改革對抗戰大後方建設的巨大貢獻。與之相呼應的是，西南政法大學張偉博士的論文《抗戰大後方刑事審判改革與實踐——以戰時首都重慶爲中心的研究》〔註 33〕則從刑事審判的角度對大後方司法審判制度與實踐進行了分析與論證，再現了戰爭期間刑事審判的實然狀態。這幾篇博士學位論文爲學界開闢抗戰大後方司法研究這塊處女地提供了範本。

　　鑒於目前針對西康司法審判制度的研究成果相對匱乏，本書文在研究過程中主要根據大量檔案史料進行梳理分析，以求眞實地再現民國時期西康司法審判制度改革與實踐的具體內容，從中找尋理性與經驗，爲當前司法改革提供借鑒。

三、研究思路

　　本書的基本研究思路是：突破常態下的司法研究，以戰時西康司法檔案爲基礎資料，對民國時期特別是抗戰時期西康司法審判制度的改革與實踐進行實證研究。本書將依託歷史檔案和文獻資料，強調法律史學、法社會學、民族法學等學科的交叉運用，以比較分析、實證分析、文本分析等方法論證民國時期西康司法審判制度改革的實然狀態。

（一）研究方法

　　本書主要採取以下研究方法：

〔註31〕 羅金壽：「戰爭與司法——陪都時期重慶的法院及審判」，西南政法大學博士學位論文，2010 年 6 月。

〔註32〕 宋宏飛：「戰時首都重慶的民事審判制度與實踐」，西南政法大學博士學位論文，2010 年 6 月。

〔註33〕 張偉：「抗戰大後方刑事審判改革與實踐——以戰時首都重慶爲中心的研究」，西南政法大學博士學位論文，2013 年 6 月。

1. 文本分析：依託文獻梳理史實

本書在對相關文獻資料加以分類、整理、考證的基礎上，從微觀的分析比對入手進行宏觀的價值提煉。在資料運用的過程中，秉持尊重歷史的原則，杜絕固有價值主導傾向，以客觀評述為主，保證研究對象和結論的客觀真實性。

一是對西康建省過程、社會背景、歷史文化、民族淵源等問題進行梳理，分析西康作為抗戰大後方和邊疆少數民族地區的特殊地位。

二是對抗戰期間國家司法審判制度改革措施及其在西康的特別舉措進行分類整理。國家為適應抗戰建國的需要而採取的一系列戰時司法改革措施，除少部分針對戰區外，絕大多數都在西康為代表的大後方先行先試，並取得了顯著成效。

2. 實證研究：從檔案出發還原歷史真相

以館藏民國司法檔案為支撐進行實證研究，再現西康各級司法審判機關在戰時環境下民事、刑事審判的實然狀態。本書寫作宗旨為：還原歷史真相、尋找本質、以史為證、不妄加胡言；在論文撰寫中，從檔案出發、從史料出發，盡力尋求第一手資料。由於時隔久遠，加上各種歷史原因，民國時期的資料多數已經流失，並無系統資料可以查詢。因此，筆者往返於原西康省幾個重要縣市的檔案館查閱民國時期西康司法檔案，其中包括雅安市檔案館、西昌市檔案館、滎經縣檔案館，這批訴訟檔案真實地反映了當時司法審判制度的運行狀況，其中的起訴狀、答辯詞、庭審筆錄、判決書等具體詳細地記載了西康在戰時的審判實踐過程，為本書研究提供了寶貴的實證材料。此外，還在國家圖書館、川大圖書館、四川省圖書館、重慶圖書館等地查閱了民國時期與西康司法相關的各種期刊和政府公報，獲得大量資料。

（二）本書選用檔案材料的原則

一是案例的特殊性。館藏司法檔案的選擇以民事、刑事訴訟案例為主，涉及當時民事關係的各個方面及各種刑事犯罪，主要選擇與戰爭形勢相關、所佔比重大、數量多的案例。民事案件主要有房產買賣、租賃、婚姻、繼承等；刑事案件重點選擇妨害兵役、貪污、盜匪、漢奸、煙毒等特種刑事案件。

二是案例內容的典型性。首先，選擇案情發展錯綜複雜、社會影響大的

案件。諸如康定天主教堂法定代理人與當地平民爭奪田產的訴訟持續長達五
年，驚動了司法行政部、外交部、川康監察使署等多個部門。期間，外交部
多次施壓，但法院最後依然按照法律規定進行判決。由此可見，當時司法機
關也在一定程度上竭力遏制行政權力的膨脹。這對我國後來的司法實踐也不
無借鑒意義。其次，訴訟環節較完整。有的案件因訴訟當事人反覆纏訟，時
間長達數年，並經歷了一審、二審程序，甚至有的還進入最高法院第三審程
序，如「周冷氏爭奪子女監護權案」。這些案卷材料典型地反映了大後方司法
審判的實然狀態。

　　在掌握材料的基礎上，本書擬進行如下兩個方面的探討與提煉：一是突
出西康司法審判制度改革的戰時特徵，闡明西康司法審判制度改革是國民政
府司法改革在全民抗戰的特定時空下繼續推進的一個重要階段。二是強調邊
疆司法的特殊性，以西康司法審判制度的具體實踐為線索，分析論證國民政
府推行邊疆司法的措施與成效。

（三）有關選題的兩點說明

　　其一，本書的選題為「民國時期西康司法審判制度改革與實踐研究」。
由於西康建省是在民國 28 年即 1939 年——抗戰全面推進的關鍵時刻，國
民政府基於加強抗戰大後方建設以支持抗戰這一戰略目標，將西康建省提
上議事日程，並最終實現建省。之後，為了穩定大後方社會秩序，國民政
府在西康推行了一系列司法改革舉措，促進了西康社會政治、經濟、文化
的建設。從某種意義來講，民國時期西康司法審判制度的改革成果最豐富
的時期便是在抗戰時期，因而本書在有關研究對象和期間的界定上，主要
定位在抗戰時期西康司法審判制度的改革與實踐，但是為了全面呈現西康
在民國時期司法審判制度的改革狀況，在司法案例的選擇上，也沒有排除
戰後司法復原期的典型案例，以求再現國民政府在西康推行邊疆司法改革
的全過程。

　　其二，有關書中多次提到的「近代化」這一概念的使用，在學術界有兩
種不同的理解。「一是按史學界對歷史階段的劃分，將近代作為不同於現代的
一個階段，賦予近代化以不同於現代化的含義。他們認為，近代化主要以工
業化和資產階級民主化為核心內容以及與此相適應的生產關係、上層建築建
立的過程，而現代化則是在工業革命以後，一系列科技發展所帶來的社會生

活各方面的變化過程。另一種觀點，則把近代化與現代化合爲一體，稱之爲近代化或現代化。現代化本就是一個西方舶來之詞，經濟上工業化，政治上民族國家的建立、民主和法制化，文化上科學理性與自由解放等等。所以有人說是近代化，有人說是現代化。這類概念本來就沒有如同自然科學的概念那樣嚴格的含義，兩種用法均無不可，關鍵是看研究的對象及研究需要。」〔註53〕在本書中，筆者採納了第二種觀點，模糊了近代化和現代化之間的概念差別，在此作一說明。

〔註53〕張熙熙：「傳統審判制度研究」，吉林大學博士學位論文，2007 年 6 月。

第一章　西康建省及其歷史意義

第一節　西康簡介

「西康古名不一，康字係『喀木』之轉音，唐古忒語急讀為『康』，徐讀則為『喀木』，唐虞以前為『西羌』，夏商時為『三危』之一，周稱『西戎』，漢包『旄牛』、『白狼』諸國，晉唐五代以迄於宋，均曰『吐番』，原名『西番』，明屬『烏斯藏』。」〔註1〕

一、疆域人口與民族

（一）疆域地形和行政區劃

西康位於中國西南部，地處川、滇、青、藏之間，是青藏高原連接內地的過渡地帶，更是四川入藏的交通咽喉，地理位置非常重要。「古康、藏、衛三區之一，東自打箭爐起，西至丹達山止，計三千餘里，南與雲南之維西、中甸兩廳接壤，北踰俄洛、色達野人與甘肅交界，亦四千餘里……東北隅乃四川、甘肅之交，幅員遼闊，倍於川，等於藏，清時為西藏廓爾喀朝貢之大道，駐藏大臣出入之通衢，歷代不知經營，將地界於酋長，官為土司，而自治者十之五，畀於呼圖克圖者十之一。」〔註2〕按康、藏、衛三區來論，四川

〔註1〕 司法行政部編：《調查西康司法報告書》緒論，重慶：司法行政部，1940年版，第1頁。

〔註2〕 傅嵩炑：《西康建省記》（西康疆域記），陳棟樑重刊，南京：中華印刷公司發行，1932年版，第1頁。

的打箭爐（即今天的康定）以西，丹達山以東為康，丹達山以西，如拉薩等達賴喇嘛所屬處為前藏，班禪所屬處為後藏，藏之外為衛。古人云：「藏為川滇之毛，康為川滇之皮，藏為川滇之唇，康為川滇之齒，且為川滇之咽喉也。豈第藏為藩籬，康而為門戶已哉。」〔註3〕之所以有此一說，是因為西康全境被橫斷山脈和幾大河流纏繞，山多在五千公尺以上，如距離康定不遠的木雅貢嘎雪山高至七千五百公尺，康定附近的折多山、海子山也在五千公尺以上。因此，西康是我國地勢最高的省會。

從行政區劃而言，西康在漢代為犛牛、白狼的屬地，隋唐時為附國、東女國的屬地，後被吐蕃佔據。宋朝年間，吐蕃開始衰微，西康地區逐漸興盛。元朝時開始設立郡縣，並設官分職，分別設置宣慰司、招討司、元帥府、安撫司、萬戶府等官職。明清時裁撤一些閒職，康熙、雍正以後保留明正、巴塘、里塘宣慰司職位。清末川滇邊務大臣趙爾豐改土歸流，先後成立三十三縣，分設道、府、廳、州。民國成立，改名川邊，先後設立經略使、鎮守使、屯墾使，屬地逐漸縮小。1912年，碩督等五縣被藏人佔據，1918年，由於康藏發生衝突，昌都等十一縣又被占。1928年，中央議決西康建省，1934年由劉文輝負責組建建省委員會後，又收復鄧、德、石、白四縣，劃定金沙江以東為康軍駐地。

（二）人口概況

民國時期，由於基層行政管理鬆散，全國各省人口數目基本沒有可靠的統計，更何況西康地居邊陲，康人多以畜牧為主，逐水草而居，往來無定，其人口數目就更無法準確統計。民國各種資料對西康人口的估計非多即少，就拿康屬地區來說，1936年西康行政督察專員向西康建省委員會報告，康屬十九縣人口數在六十萬以上，但就調查西康司法小組成員實地調查卻並沒有那麼多。「據建委會民政科科長黃準高面述，十九縣人口，約在三十萬以上。」〔註4〕楊仲華在《西康紀要》中，根據西康各縣糧冊並參考各學者有關西康的論著以及各種調查，對西康人口加以統計，認為「西康全區之人口合計不過七十餘萬，即使再有漏略，至多不過百萬之譜，誠所謂地廣人稀者矣」。〔註5〕

〔註3〕 傅嵩炑：《西康建省記》（西康疆域記），陳棟樑重刊，南京：中華印刷公司發行，1932年版，第3頁。
〔註4〕 司法行政部編：同前注〔4〕，第7頁。
〔註5〕 楊仲華：《西康紀要》，上海：商務印書館，1937年版，第251頁。

西康人口稀疏的主要原因有：經濟落後、農產不豐、生活艱苦；佛教盛行，男子為喇嘛者占總人口四分之一，影響婚姻生育；氣候高寒，多數人過著游牧生活，生殖率降低；盛行兄弟共妻、姊妹同夫，減少了生育；酋豪土司極端壓迫，人民處其積威之下，日削月割，不聊其生。以上種種原因造成諾大的西康人煙稀少。

（三）民族分佈概況

西康是多民族聚居的地區，其民族分類大致為五族，即漢、蒙、回、藏、羌。藏族入康遠在唐時，西康以北及青海全部皆歸其管轄；蒙古族入康約在南宋，滿清入關後，利用西藏佛教懷柔蒙古，於是每年蒙古人前往西藏朝佛者絡繹於途，隨後不少人留居於西康；回族入康約在唐宋之際，不過這時因吐蕃強盛、佛教盛行，回族勢力不大，多同化於康人。至清朝年間，戍守康區要地的兵營將佐多屬回人，回族移民日漸增多，改流以後，寧海一帶的回商更是紛至沓來；羌族是西康的固有土著，其源頭始於秦屬公時，之後子孫分離、各自為種，漸漸衰少不能自立。滿清時期羌族尚有七十九族，之後撥四十族歸西寧管轄，留在西康的僅剩三十九族。氐族為古西戎之別族，原在今四川茂縣東北、廣漢之西。漢武帝時，開分廣漢西部，合為武都郡，一部族人進入西康，後來逐漸與康人同化；漢族入西康是在五帝之時。清末，趙爾豐改流以後，漢族勢力蔓延於西康各處。

就各民族分佈情形而言，「巴安康定以東多漢人，巴安以西多藏人，南部與滇省接壤處則為摩西人。」〔註6〕藏民久居於寧靜山脈、素龍山脈、大雪山脈各氣候寒燥的高地，高原地帶野草繁茂，適宜畜牧，因而藏民多以畜牧為生。「康、瀘、丹、九、甘、德、白、瞻、雅等縣，凡漢人多沿大金川、雅礱江、金沙江各流域居住，尤以康、瀘、丹、九四縣為多。」〔註7〕沿江一帶地勢低凹、氣候溫和、宜於耕種，故漢人多以務農為主。西康各民族間缺乏聯繫，彼此互相歧視、互相猜疑，甚至形成壁壘、尖銳對立；各民族地位不平等，彼此互相欺凌、壓迫、劫掠、殘殺，甚至發生民族間的戰爭；各民族的精神與物質生活也表現出重大差異性與落後性，成為全民進化的阻礙。

〔註6〕成郡：「西康沿革及康藏界務之糾紛」，《康藏前鋒》，1935年第3卷第1期，第24頁。

〔註7〕司法行政部編，前注〔4〕，第9頁。

二、社會文化與教育

在西康，因民眾思想落後，多數人視學校爲苛捐雜稅之所，認爲上小學是當差，是義務而不是權利，所以不願將孩子送進學堂。除康定、瀘定漢人學生較多外，其餘各縣都是由縣長按區分配學生人數，人民往往雇貧民子女應差，每人每期雇費三四十元。「從業者非不盡心，顧學生不感興趣。以故指定學額之令到，則雇用寒家子弟以代學，甚於內地之征兵，高其傭資所不惜也。現康屬各縣學生，除瀘定全縣及康定、巴安一部外，幾全爲資雇，而其雇資之巨，至少每人每年藏洋六十元，甚有多至百元者。款由村保攤派，人民從無異詞，短小情形，尤多異狀。因無法定限制之故，學生年齡小者六七歲，大者則在二十內外，並立不能比肩，望之儼如父子，施教管理，困難可知。甚有少數學生，今日畢業以去，明日受雇復來，課本依舊，肄習不必專心。代人讀書，學生成爲職業，讀書成爲賤役，因之富家子弟裹足不前。雇代成爲風習，因之教育尊嚴永難向上。」〔註8〕

人們對學校的認識如此偏激，受教育率自然偏低。宣統 3 年，有學生兩千餘人，至民國 7 年變亂時，僅學生五百餘人，民國中期增至六千人左右。據 1939 年統計，「全省計省立小學十校，學生九百五十六人，縣立小學三十八校，學生二千三百九十四人，短期小學七十校，學生二千三百九十五人，私立小學一校，學生九十五人，中央政治分校附屬小學一所，學生二百零三人。總計初等教育一百一十九校，學生五千九百四十七人，中等教育僅有中政分校及省立師範二校，學生共二百三十三人。至教育經費，每期中央補助約三萬五千元，約占百分之五十。省款約一萬二千元，縣款七千元，常款一萬五千元，（中政分校）教育款一千五百元，（康化小學）合計約七萬餘元。」〔註9〕

教育如此落後，文化水平自可想像。康人認識漢字者只有不到十分之一，語言障礙使漢藏文化難以溝通，民智因而蔽塞。同時，西康地處邊陲，終年寒冷異常，山川險阻、交通不便，數千年以來，竟與內地隔絕而形成特殊區域。人民習性頑梗不化，文化更加封閉，整個社會文明幾乎停滯於中古時期，與中原文化脫節。「舉其大者言之，則生活安於恬淡，重未來而疏於現實，其

〔註8〕 國民參政會川康建設視察團編：《國民參政會川康建設視察團報告書》，1939年8月，第399頁。

〔註9〕 馬鶴天：「西康概況」，《國訊旬刊》，1939年第194期，第12頁。

一；多夫成爲風尙，重家族而忽於繁殖，其二；惟其安於恬淡，故苦少樂多，雖在飢寒、不忘歌舞，其三；惟其制尙多夫，故女子多無配偶，已嫁未嫁，類皆不尙貞操，其四；土司炎威迄猶存在，故民多和馴而多禮，其五；社會組織甚爲簡單，故民多互助而少爭，其六；至其婚喪之儀，風習尤爲敝陋，隻羊斗酒，已訂終身，親迎禮成，隨時可去，此婚儀也。火葬限於高僧，土葬視爲怪事。因之以天葬視其德高，居然剖屍揚骨、以飽饑鷹，以水葬視其孽重，不惜投屍江流、致妨飲料，凡此種種，皆康屬之社會狀態也，因其自然狀態之如彼，故其社會狀態如此。」〔註10〕

　　西康人民非常信奉喇嘛，政治、經濟、文化幾乎都集中於寺廟管理。人民如有爭端，則到寺院提起訴訟，寺院設有獄牢，且有挖眼、刖手足等刑具。寺院大多經營商業、高利貸，借債給人民。普通百姓日常生活也爲喇嘛勢力所支配，如有疾病則請其送鬼，祈豐年則請其跳神，農民下種收穫的日期也由喇嘛占卜決定。喇嘛地位高於一切，一般人民對之信仰的程度非常驚人。如家中有人生病，一邊許願一邊繞寺叩頭幾千個幾萬個，傾家蕩產也欲求得高僧的一棒一摩頂。另外，天主教在西康也有一定勢力，康定、瀘定、道孚、巴安等地均設有天主教堂，教堂有土地、有產業、有教民，這使得後來圍繞教會和漢民的民事糾紛層出不窮。

三、經濟和政治狀況

　　西康經濟發展主要以農牧爲生產方式，如康北各縣、石渠各縣、道孚的查壩等都是畜牧區。畜牧業副產品如牛皮、羊皮、牛毛、羊毛、酥油、奶茶等產量很多，價格極爲便宜。西康地廣人稀、氣候溫和、蘊藏豐厚，金銀礦產尤其是金礦頗多，但全用土法開採，產量不大。「惟瞻化的洞達、德格的科鹿洞最有名。洞達現有金夫二三千人，每日可產金八十兩至百兩，成分約百分之九十七……又理化、得榮，亦遍地金礦，聞有金夫約一二千人……總計全省已開採的金礦約五十幾處。」〔註11〕此外，西康因有雪山老林和草原，除鹿茸、麝香等動物藥材外，植物藥材有蟲草、大黃、貝母、知母、雪蓮花等，都是貴重補品。西康商業以茶葉爲大宗，大半運茶葉到玉樹、拉薩，運西藏貨到西康。由於西康山地頗多，交通較爲困難，境內

〔註10〕國民參政會川康建設視察團編，前注〔11〕，第 385 頁。
〔註11〕馬鶴天，前注〔12〕，第 9 頁。

除雅安、天全兩縣外，可謂陸無車、水無船，運輸全用人力和牲口，沒有現代化交通工具。過往商旅到西康，所用牛馬都由當地人民供給，給予一定價值，這叫做烏拉，即支差的意思。人民生活困苦，往往因不堪支烏拉而逃亡。交通不便致使資源、物產被廢棄，地雖廣而未墾，礦雖富而未開，藥材雖多而探取者極少。

就政治狀況而言，西康在改流設置以前，整個社會被土司、喇嘛所控制，他們擁有至高無上的權力，奴役著普通民眾。這種社會權力結構的形成，要歸因於歷代統治者的治邊思想。傳統中國社會的行政區域分佈基本上是以漢族中原地區為主體、由內向外漸趨減弱的權力場域。對於邊遠地帶，尤其是邊疆民族地區，歷代中央政府一般無暇關注，「因俗而治」這一邊疆統治思想被奉為圭臬。從元代開始，統治者考慮到西康地處邊疆，中央行政權力鞭長莫及，因而採取羈縻懷柔的治康之策。於是，朝廷大量優待僧侶、分封地方首領，旨在利用宗教信仰和宗法機構製造地方權威以管理少數民族民眾。

一時間，寺廟喇嘛因朝廷的護祐而享有至尊地位，越規犯法無人過問，養尊處優高人一等。喇嘛寺為一地之宗教重心，但其職能、地位絕不限於宗教，而是掌握了管教、斂財等各種權能。人民閑暇之時，聚集在寺廟誦經，大喇嘛岸然高坐，千百人默然不語，秩序井然。倘若人民不幸因病而死，其遺產則捐獻給寺廟，寺廟將之用來置產經商。「因喇嘛為人民所尊崇，故片言可以折獄；因寺廟為資產所總匯，故武力可禦強梁。政教完全合一，潛勢實未可侮。」〔註12〕

對於一些歸附中央王朝或從征有功的地方頭目，朝廷便封以宣慰司、安撫司、長官司和土千戶、土百戶等各種土職，讓他們世守其地，土司之名由此而來。土司制度也就從這一時期開始，成為封建王朝在西康少數民族地區分封地方首領，使之偏安一隅的政治制度。由於元代以來西南土司制度的盛行，使得西康藏族地區的土司制度得以快速發展。大小土司比比皆是，他們互為姻親，結成牢固的地方統治集團。

從元、明開始直到清末，西康地區都由土司和喇嘛分治，土地與人民有歸土司管轄者，也有歸喇嘛治理者，更有一小部分由清廷賞給達賴支配者。清末邊務大臣趙爾豐改土歸流後，土司勢力被削弱，多數地方的土司制度被

〔註12〕國民參政會川康建設視察團編，前注〔11〕，第385頁。

廢除，但由於其勢力經年久月，難以全部消除，因此改土雖已多年，喇嘛寺
與土司之聲威卻依然存在。在廢除土司制度的區域，威信極高的土司便擔任
了當地的村保、頭人。中央政府對西康的無爲政策使西康形成了由土司、頭
人、喇嘛三大地方權威控制政權的局面。三大勢力割據一方，獨立於中央政
治權力中心，掌握著地方實權，使得國家政令無法下達，既影響了國家的政
令統一，又阻礙了西康社會的發展。

抗戰開始後，暴敵縱橫、河山破碎，國民政府爲保障抗戰勝利，前方奮
勇抗戰，後方努力建國。由於抗戰與建國需用緊張，不得不大量開發邊疆資
源。西康之地形既與國防有關，西康之經濟又於抗戰有益，故中央毅然完成
建省大計，充實其政治力量以達鞏固後方之目的。

第二節　西康建省的歷程及其意義

一、西康建省的緣起與歷程

儘管西康地理位置和經濟、政治地位如此重要，但因處於邊遠之地，在
建省以前，中央行政權力並未過多觸及西康地區，致使西康長期以來身份模
糊。民間但凡提到西康，多與西藏相混，一則在於其習俗文化的相似，二則
在於其地域的相鄰，這同時也成爲國外勢力染指西藏、侵佔西康的理由。1914
年的森姆拉會議上，英國代表提出劃分內藏、外藏的主張，竟將打箭爐、里
塘、巴塘一帶冠以內藏之名，甚而延及青海南部，顯然歷史的謬誤已經危及
到國家主權。

（一）內憂外患中清廷的建省構想

鴉片戰爭爆發後，外國勢力紛紛開始入侵中國周邊。從道光年間開始，
英國就著手以控制西藏爲目的實施一系列入侵計劃，及至清末，殖民勢力更
是加速了對西藏的侵犯，先後於 1888 年和 1904 年兩次在西藏挑起戰爭。西
方侵略勢力爲了進一步擴大對西藏周邊的控制與佔有，看中了與西藏毗鄰的
西康這塊重要陣地。20 世紀初期開始，英國侵略者採用各種手段挑唆、慫恿
西藏向西康地區挑起爭端，使得康藏地區多次發生界務糾紛，損失慘重。「迄
至一九一九年（民國八年），英國公使始將我提出草約調停辦法，將內藏分爲
兩部，以巴塘、里塘、康定、道孚、爐霍、詹化、岡拖歸入康界，德格以西

劃爲藏界，康藏界務問題之糾紛於此即告一段落矣。」〔註 13〕由於過去中央政府及川滇人士皆只重視西藏而忽視西康，導致西康地區形成土司、頭人、喇嘛獨霸一方的統治格局，於民族統一不利。

周邊安全的嚴峻形勢和國內、國外的雙重困境使統治者感到前所未有的壓力和緊迫感。爲了遏制康藏地區的分裂勢頭，防止邊疆民族危機的進一步惡化，同時也爲了加強中央王朝對邊疆民族地區的管理與控制，清政府不得不改變在西康地區的治理策略。1906 年秋，清廷創設督辦川滇邊務大臣一職，由趙爾豐擔任，主辦西康邊務。趙爾豐以改土歸流爲核心，對川邊藏區進行了全面改革，削弱了土司、頭人等地方權威的勢力，逐步建立了較完整的基層行政權力機構，加強了中央政府對西康的管控力。

爲進一步強化中央政府對西康的控制，趙爾豐在大量改土歸流和設縣建制後，開始構思建省方略。1911 年 3 月，趙爾豐向朝廷奏請川邊建省。同年 6 月，川滇邊務大臣傅嵩炑正式奏請在西康建省。他認爲，西康之所以被強鄰所擾，就是因爲沒有建省，身份不定。西康作爲邊地，與西藏自來有界務之爭，只有「俾定名義，而佔領地土」〔註 14〕，才能免於邊患。然而，不久後「辛亥革命」爆發，西康建省之議胎死腹中，只爲後人留下了一紙構想。

（二）民國初年西康建省的嘗試

民國初年，地方行政體制大致上仍延續清末的基本框架，只是廢除府、州、廳，建省、道、縣三級。四川都督尹昌衡率軍西征，成立西征軍司令府，後又成立川邊鎮撫府，1913 年爲了加強對邊遠地區的管理，中央政府將熱河、察哈爾、綏遠、川邊（西康省早期雛形）等地設爲特別區域，在西康裁撤了鎮撫府建制，任命尹昌衡爲川邊經略使，直接聽命於中央。尹昌衡在任期間，致力於改善川邊地區的行政機構，在有條件的地方設置府縣，由漢官負責日常政務管理。1914 年 1 月，袁世凱政府裁撤川邊經略使，設川邊特別行政區，由鎮守使承擔內務、司法、教育等職能，先後由張毅、劉銳、殷承獻、陳遐齡擔任鎮守使。此後，川邊地區基本保持著舊有的政權格局。北京政府由於內亂不斷，無暇顧及邊陲，西康建省的進程也因此處於一種接近靜止和停滯的狀態。

〔註 13〕成郡，前注〔9〕，第 25～26 頁。
〔註 14〕傅嵩炑，前注〔5〕，第 77 頁。

在中央政府權力此消彼長的同時，西康土司、喇嘛等地方勢力再次抬頭。清末趙爾豐改土歸流後，雖然削弱了土司、喇嘛的政治權力，將地方行政管理權力交由漢官掌控，但其所設漢官，除康、瀘兩縣有管理地方的實權外，其餘官員實際上僅負責向駐軍輸送糧餉及管理驛站，於民情甚少過問。民間糾紛事務基本還是交由土司、喇嘛管理，民眾也甘受其役。隨著建省進程的擱置，中央對西康地方行政管理越發鬆散，舊勢力死灰復燃。部分喇嘛中的極端分子在西藏分裂勢力的挑唆下，多次挑起民族爭端，20 世紀 30 年代的第三次康藏糾紛便是最好的例證。

（三）抗戰時期西康建省議程再度實施

西康建省經歷清末、民初的艱難歷程，最終未能實現。1927 年，二十四軍軍長劉文輝以川康邊防總指揮身份接管西康，隨後成立西康政務委員會管理西康政務，制訂簡章 16 條。政務委員會只是一個虛設機構，並未對西康有實質性的管理。1935 年 2 月 10 日，四川省政府主席劉湘欲打破四川軍閥防區制，下令各區交出防區。劉文輝被迫交出西昌和雅安後，只能困守在地瘠民貧，賦稅收入不能供養部隊和政府機關的康定，再加上國民政府的層層施壓，此時的劉文輝意識到自己已處於四面受敵的困境，只能以西康為基礎擴大勢力，鞏固自己的政治地位。因此，他一面在康區實施各種改善政務的措施，以博取康人的信任和宗教領袖的支持，一面盡力活動西康建省，以抵制國民政府操縱康區精英人士所發動的自治運動。在這場由中央政府、地方精英、地方軍閥所演繹的權力爭鬥中，劉文輝最終與國民政府處於對峙局面。國民政府為穩住劉文輝，同時也不願意劉湘勢力過大，於是同意讓劉文輝負責建省。1935 年 7 月 20 日，西康建省委員會在雅安正式成立，劉文輝為委員長。建省委員會除負責建省的籌備工作外，同時兼辦地方行政事務，包括部分司法事務。

1937 年抗戰全面爆發，隨著戰事吃緊，西康的地位發生重大變化，特殊的地理、地形和豐富的自然資源使之成為了抗戰的後方基地。一時間，西康建省頓成各界關注的焦點。南京國民政府派出川康建設考察團，其中專設西康考察組，調查西康各項事務，西康建省進程進一步加速。

1938 年 5 月，劉湘病逝，王瓚緒出任四川省政府主席，國民政府將寧、雅兩屬 14 個縣和兩個設治局劃歸西康，以促進西康建省。隨即，經四川省政府和西康建省委員會商定並報行政院轉呈國防最高會議批准，四川省的第 17 專區（即雅屬）6 縣和第 18 專區（即寧屬）8 縣及金湯、寧東兩個設治局自 9

月 1 日起正式移交西康建省委員會接管。〔註15〕「1938 年 11 月 28 日，行政院致電西康建省委員會委員長劉文輝，批准西康建省。根據行政院電示，西康省政府於 1939 年 1 月 1 日在康定正式成立，省政府主席為劉文輝，秘書長為張為炯。全省共轄 33 個縣和 3 個設治局，面積 351.5 平方公里，人口 150 萬。」〔註16〕至此，籌建西康省的漫長過程才告終結。

二、西康建省的意義

西康建省是中國抗戰時期改區建省的一件大事。西康建省，內可加深後方縱深，外可杜絕強鄰之覬覦，既有利於加強國防，又可促進其與西藏地區的聯繫，有利於改善中央政府與西藏地方政府的關係。

（一）歷史意義

西康建省有利於民族統一。西康因處邊遠之地，從來沒有真正意義上被中央政府成功整合過。歷任統治者治康，並不希望有其土、子其民、利其富，而只是希望消弭憂患於一時。為完成這一消極的治邊任務，統治者普遍採用羈縻政策，使邊民安其愚昧，悉成無用之人，使邊地任其荒曠，悉成無用之地。只要按期朝貢而不為邊患，經邊者便心滿意足。「不過就是這一個消極的收穫，能否長期保持，也還很成疑問，往事所昭示大抵是『中朝之勢強則順，中朝之勢弱仍反』，甚或反覆狡詐、叛服無常，結果又不免來一次武力征討。」〔註17〕

國民政府完成西康建省的艱巨任務，為西康歷史創下新紀元，完成了西康與內地文明的一體化進程，實為空前未有之盛事。西康建省一方面促進了各民族的融合妥洽，加強了民族團結，增強了民族凝聚力，打破一切種族、宗教、階級的界限，實現國內各民族一律平等，共同抵禦外侮；另一方面有助於克服各少數民族的愚昧落後狀態，提高人民的文化水平，充實其智慧、發揮其力量，使之形成更為優秀的民族，進而擔負起保衛中國西部的責任。

〔註15〕西康建省後分為康、寧、雅三屬，康屬包括：瀘定、丹巴、九龍、甘孜、德格、白玉、瞻化、雅江、石渠、鄧柯、稻城、得榮、道孚、理化、康定、巴安、定鄉、義敦、爐霍十九縣；寧屬包括：鹽源、鹽邊、寧南、西昌、昭覺、會理、越雋、冕寧八縣及寧東設治局；雅屬包括：天全、漢源、蘆山、雅安、寶興、榮經六縣及金湯設治局。

〔註16〕黃華文：《抗日戰爭史》，湖北：湖北人民出版社，2007 年版，第 171 頁。

〔註17〕馬大正主編：《民國邊政史料彙編》，北京：國家圖書館出版社，2009 年版，第 60 頁。

（二）國防意義

西康建省有利於抵禦殖民者的侵略。由於西康地理位置特殊、地緣關係複雜，建省完成後，擔負了重要的國防任務。基於民族、宗教、歷史、經濟、文化種種關係，康藏應該視爲一體，不可分離。在經邊的意義上，也可說西康建省的動機一定程度上是針對西藏問題，至少應將對藏問題包括在內。「西康位在西陲，地連藏、印，大爲國防之重鎮，小爲川滇之屏藩，關係之大，不言而喻。往者府政失馭、鄰國覬覦、兵戎屢擾、邊政日晦，卒之牽動外交、喪地殃民，歷史所載、斑斑可考。已往之失，固屬已矣。而未來之圖，詎可緩乎哉？此西康之所以亟謀建省者也。今既完成省制，則可強化充實力量，依據國家民族之需要，從事國防、邊防之建設也。」〔註18〕

（三）經濟意義

西康建省有利於充分發揮其地域遼闊、蘊藏豐富的資源優勢。西康地廣人稀、物產頗豐，可爲移民之地，可爲富國之源。過去因交通不便、戰禍未平，致使資源物產盡棄於地，而沒有全力開發利用。建省後，可以集合全省人民的力量進行大規模的開發建設，爲抗戰夯實後方經濟基礎。

隨著解放戰爭的全面勝利，西康解放。1950 年 4 月 26 日，西康省人民政府正式成立，隸屬西南軍政委員會，1954 年以後直屬中央人民政府，1955年 9 月，根據第一屆全國人民代表大會第二次會議決定，撤銷西康省建制，〔註 19〕金沙江以東各縣劃歸四川省，金沙江以西各縣劃歸西藏自治區籌備委員會。至此，新中國成立後的西康省在經歷 5 年零 5 個月後畫上了句號。

〔註 18〕　李亦人：《西康綜覽》，上海：正中書局，1941 年版，第 67 頁。

〔註 19〕　附：1955 年 7 月 30 日，第一屆全國人民代表大會第二次會議通過關於撤銷西康省建制的決議，第一屆全國人民代表大會第二次會議批准國務院關於撤銷熱河省、西康省併修改中華人民共和國地方各級人民代表大會和地方各級人民委員會組織法第二十五條第二款第一項規定的建議。茲決定：一、撤銷熱河省，將熱河省所屬行政區域，按國務院建議分別劃歸河北省、遼寧省和內蒙古自治區。二、撤銷西康省，將西康省所屬行政區域劃歸四川省。三、修改中華人民共和國地方各級人民代表大會和地方各級人民委員會組織法第二十五條第二款第一項的規定爲：省、直轄市二十五人至五十五人，人口特多的省必須超過五十五人的時候，須經國務院批准。

第二章　西康司法審判制度近代化改革的動因

　　民國伊始，中央政府延續清末司法變革的道路，以西方司法制度爲參照，逐步推動其司法體制的近代化轉型。尤其是國民政府在抗戰期間進行的諸種改革，更是中國司法近代化進程中最爲關鍵的一環。爲穩定後方社會秩序從而支持抗戰，國民政府大力推動邊疆司法改革，尤其是將西南邊區作爲其推行的重點區域，西康司法審判制度的建立和完善正是這一司法改革進程中的重要範本之一。

第一節　司法審判制度近代化改革的現實需求

　　國民政府司法近代化進程的步驟之一就是整飭邊疆司法，將國家法令推行到邊遠地區，以期鞏固抗戰大後方的政治、經濟秩序，從而保存抗戰實力。作爲川邊藏區和抗戰大後方的西康，在國難當頭應時務之需而建立行省。由於歷史遺留的很多問題阻礙了西康融入現代文明的進程，爲了推動其社會全面進步，必然要經歷一個全方位打破傳統的近代化改革過程，而作爲社會控制手段之一的司法改革也勢在必行。

一、社會發展形勢對改革的訴求

　　民國以前中央政府普遍對西康採取羈縻政策，歷代經邊者並不重視其發展與否，只要按期朝貢而不爲邊患，便心滿意足。這樣的治邊之策，使西康

地區的人民安於固陋、習於愚昧，社會發展嚴重滯後。作爲一個亟待開發的邊遠省區，要想加快其發展進程，除了對自然資源充分利用，對文化資源加以整合外，還需要對其社會制度進行改善，其中司法審判制度的近代化改革自然不可避免。

（一）社會文明的進步需要司法審判制度改革

西康雖物產富饒，但在過去數千年中一直不發達，社會文明發展滯後。縱觀其落後的原因主要有以下兩點：

第一，橫斷山的阻斷使中原文化不能輸入內部，民衆文化意識狹隘。漢唐爲西康最繁盛時期，但當時康人的政治事務幾乎全聽命於西藏，之後藏人進入中原多由青海借道，西康再一次失去與外界溝通的機會。人口過少、土地過闊、交通聯絡方式不發達使人們生活易於滿足，缺少向外發展的意識，因而轉向神秘的原始宗教信仰。對宗教的膜拜，使他們對神職人員處於被動地遵從，因爲他們相信只有這些人才能夠幫助他們與神對話。拜爾曾說過：「文明與野蠻之別，最重要的只有一點：文明人絕不把自己的靈魂交與別人，信賴別人；野蠻人恰與之相別，絕不信賴自己，絕不以靈魂爲自己之物。」〔註1〕康人把一切推給了山神、鬼怪，凡事不靠己而靠神，這就使得土司、頭人、喇嘛這些負責人神溝通的代言人具備了無限的社會管理權威。沒有了科學知識的保護，僞宗教起而造作，民衆在低陋的文化中不能進步，同時也拖緩了西康社會的近代化進程。

第二，社會制度未脫離原始制度的色彩，社會行爲缺少法定標準。由於社會制度的落後，民衆自我權利意識缺乏，不能爲自己確立生活標準，養成逆來順受的奴性。人都渴望生存，但當其生存條件不能在事實上獲得時，往往出之玄想，以玄想尋找解決之道，顯然這種解決並非眞正的解決。特殊的地理狀況以及落後的社會文化水平使西康社會相對野蠻。西康民衆靠天靠神，將自己的生存與發展完全委託於渺不可知的天命或神命，這成爲西康欠發達的重要原因。與其相對應，西康法律作爲先民時代之物，其中也有很多野蠻的痕跡。諸如，凡決鬥、墮胎、自殺及幫助決鬥、墮胎不爲罪；凡侵入住宅、妨害名譽、妨害信用、和誘者均不爲罪；凡未遂者不成罪；再如，賭博、吸鴉片、重婚、僞造文書證據、僞造印章、僞造貨幣、妨害衛生、妨害

〔註1〕陳重爲：《西康問題》，上海：中華書局，1939年版，第6頁。

飲料、投放危險物、妨害交通均不爲罪。從這些規定可以看出，西康過去律法對於社會倫理、社會安全等問題相對忽視。在審判的過程中，隨意性較大，無章可循，諸如官吏瀆職、泄露機要公務、監禁人犯脫逃等罪均由執行處分的土司長官任意判決，其刑罰也相對殘忍。

雖然漢官所在之地適用國家法律，但沒有獨立的司法機構，司法事務由縣政府知事兼任，而且由於土司、頭人、喇嘛的壓制，縣官對司法事務的管理也很薄弱。因沒有完善的法律建制，人們的行爲難以用正確的標準進行賞善懲惡，甚至兇殺行爲也不能得到應有的懲罰。西康瞻對俗語：「殺人不償命；迫不得已，賠命價而已。其人彪悍輕生，睚皆殺人，視爲當然」，〔註2〕這是在描述當時西康社會刑事案件中普遍盛行的賠命價現象（後文詳述）。對於殺人行爲不處以刑罰，而是按照死者身份類型賠償相當的價銀，這是西康特有的一種對殺人者的處罰方式，在此列舉縣知事張次培任內所辦兇殺案以見其端。「河西麻日村民日登，於去年二月初十邀同村民巴登，至其樓上飲酒，突出家人將巴登亂棒打死。巴登姊弟四人，長兄趨登爲僧，次即巴登，又次名茨臣，又女名桑登日麻，爲覺母子。巴登既死，茨臣控日登。據日登云：『巴登弟兄不睦，疑爲日登刁唆所致。前歲秋間，日登入城上糧，巴登於夜二更時潛來其家縱火，燒死婦人一人，燒殘兒女各一，燒損牛羊糧食甚多。其後趨登喇嘛與桑登日麻並向渠云房屋係巴登縱火所燒。曾請總保頭人說案數次，巴登不理，故忿而誘殺之。』前張知事時，曾飭上瞻、河西兩區總保調處此案，頭人判巴登是否曾燒日登房屋，著兩家各尋出親眷十人賭咒，如敢咒云巴登未縱火，即由日登付銀兩秤，償巴登命價。嗣因茨臣未能請得賭咒人來，日登亦未償命價。本年五月，茨臣再來縣署控告，縣署捕日登來，日登請傳趨登與桑登日麻質問。茨臣稱：『桑登日麻前日撿柴，被大樹打死，趨登赴爐城控告，久無信回。』張知事判罰日登有期徒刑十個月，改罰金三百元，許以藏洋折繳。茨臣湮滅證人，處拘役一個月，雙方具結完案。」〔註3〕從此案可以得知，西康社會沒有以國家法律制度作爲處理矛盾糾紛的依據，凡事只按習慣裁決，社會關係的調節方式相對野蠻。

〔註2〕任乃強：《民國川邊遊蹤之西康札記》之「瞻對娃兇殺案」，北京：中國藏學出版社，2010年版，第56頁。
〔註3〕同上注，第56頁。

因此，要治理西康，就需要完善法律，爲人們建立一個統一、規範的日常生活行爲標準，加強每一個體的自我意識，改變人們的無意識狀態和野蠻蒙昧狀態，幫助他們減少對神的過度依賴。整治法律、完善法治的另一目的則是將人們的行爲規範與內在表示統一在法律的準則之下，放棄個人或神的無限權威，統一社會治理機關，從而減弱部落割據意識，加強中央政府對邊疆地區的統治。

（二）政治秩序的維護需要司法審判制度改革

在西康，以土司、喇嘛、頭人爲代表的地方勢力是造成西康無法與國家政治體系相融的巨大離心力。政府雖設置漢官，但土司割據部落，早已構成相當強大的勢力。

從清末開始，中央派駐官兵管理西康，「滿清末年，經營西康，以川滇邊務大臣總理一切，督總兵官二，漢兵六千人，土兵三千人，副將五人，參將三人，都司七人，守備五人，分駐各地（後徵土兵至八千人）」〔註4〕。清末，川邊大臣趙爾豐關注邊情，勵精圖治，對川邊藏區實施以改土歸流爲核心的改革。所謂改土歸流，即廢除土司制度，收回政權，改派流官治理川邊藏區，行政機構依內地行政制度而設置府、廳、州、縣，這實質上是將土司多年分而治之的權力收歸中央政府以統一管理，實現中央對地方的控制。

「民國元年，四川都督尹昌衡調任川邊經略使，廢府廳，置三十三縣，縣置知事，掌管全縣行政事務，監理司法。旋改置川邊道，設道尹一員，隸屬四川省長。」〔註5〕其後，川邊道改爲川邊特別區，設置鎮守使一員和漢族兵15000人抵禦藏兵。1921年，四川軍閥劉成勳、劉湘、劉文輝分別進駐西康料理政務。1928年，民國政府任命二十四軍軍長劉文輝爲川康邊防總指揮，同年3月，二十四軍設西康特區政務委員會，駐紮康定。

雖然中央政府從清末開始就不斷派駐官員鎮守西康，但由於西康畢竟遠離中央政治核心區域，加上其獨有的民族聚居因素，官府力量在這一地區依然顯得勢微力薄，常常讓位於土司、喇嘛等地方權威。諸如發生在瞻化第一大寺大蓋喇嘛寺的兇殺案，大蓋喇嘛寺仇殺阿噶兄弟三人並掃掠其財產，縣府張知事屢次拘傳不到，後知事親自前往處斷，判放出家屬，繳還財產，賠3人命價3000藏洋及其餘罰款。喇嘛寺抗命不尊，與官府抗衡，導致此案懸不

〔註4〕陳重爲，前注〔54〕，第188頁。
〔註5〕謝百城，前注〔46〕，第100頁。

能結。〔註6〕康屬地區雖改土多年，但喇嘛寺與土司、頭人勢力爲該地宗教和社會重心，掌握著管教養衛之權能。喇嘛握有地方上之中堅勢力，官府一切命令倘不經喇嘛寺通過或承認，便難以執行。有時喇嘛寺甚至以武力要挾官府，提出種種要求。「人民農作之暇，咸集寺廟誦經，大喇嘛岸然高坐，千百人秩然無嘩。一觸條規，鞭楚立至……」〔註7〕至於土司、頭人，則是西康的又一地方權威，人民被其壓榨，深受其苦。地方實權被三大勢力所控，地方政府雖然深惡其專橫，但也因畏於其勢力而不敢干預，國家政令無法達於民間。

由於地方權威縱橫，因而中央所派官吏也就更不勵精圖治。正如李亦人在《西康綜覽》中所言：「漢官來守是土者，又多鮮廉寡恥之徒，擅作威福、逼取民財，以供一己貪鄙之欲，與土司以挑撥勾結之機，群起以抗漢官。況民國以來，服官西康者對於出關視爲畏途，裹足不前，遙領於康定，責由土司按月饋送俸錢，土司懷恨極深，無時不欲一以發泄也，及藏兵東犯，乘機崛起，與漢官絕，漢官無如之何。至是土司之隱患叢生，邊事之困難層層出矣。」〔註8〕由此可知，西康政務之敗壞已達極點。

政務敗壞的主要因素之一便是舊有司法的無序。西康在清末趙爾豐經營時期，因其聲威所及，各縣民刑訴訟均歸當地政府受理、審判並呈報上一級官府核定，各項司法實踐尚能做到有序。自趙氏離任後，政府權力漸衰，喇嘛及土司、頭人的實力日漸伸張，民間訴訟任其操縱把持。各縣雖有地方官吏，一切訴訟仍多投於土司，土司判案常黑暗武斷、濫刑苛罰，毫無法制可言。政權和神權緊密結合，形成複雜的權力結構，使得司法審判野蠻殘暴。即便民遇訟案，控訴於地方官吏，官府准奏後，傳訊審理也存在諸多弊端，或因土司袒護而抗傳不到，或因審判者受賄而顛倒是非。因此，如果要對西康舊有政治制度加以改進，糾正羈縻與武力之偏，那麼改革司法審判制度、實現法令統一則爲首要環節。

二、原有司法審判的無序

如前述，西康社會秩序整飭的迫切需求使得司法改革成爲當務之急。

〔註6〕參見任乃強，前注〔55〕，第59頁。
〔註7〕國民參政會川康建設視察團編，前注〔11〕，第385頁。
〔註8〕李亦人，前注〔21〕，第121頁。

因西康民族複雜，風俗習慣多與內地不同，且各地土司、頭人的勢力尚未根本剷除，一切普通法令能否推行無礙，在未經實地調查之前很難判斷，只有調查詳細後方可因地制宜設計合理的制度。為穩定西康政治局面、樹立法治威嚴，司法行政部派員對西康進行全面的司法調查，以明瞭西康民情風俗及司法情形，然後擬定調查西康司法計劃，為西康司法改革尋求理論和現實依據。

1938 年 8 月，劉蔚淩（司法院秘書）、駱盟雪（山東高等法院庭長）、邱懷謹（司法行政部編纂）等六人分組出關調查康南、康北等少數民族風俗習尚和其它一切與司法有關的事項，其調查區域特別注意比較繁盛富庶或情形特殊的地方。

全省司法調查內容主要包括：過去全省審判制度、司法經費、司法人員之資格待遇及其任免情形，以往適用之法律如何逐漸改用普通法令，過去各地處理人民訟事之機關所用通譯人員的資格及待遇如何，以往一、二兩審民刑案件收案數，過去辦理第二審民刑案件之情形，籌設高等分院之適當地點以及全省一般的民商事習慣等。

在各縣的司法調查事項主要為：各地司法組織及其權力，司法事務有無專人辦理，人民對於此類人員之信仰如何；喇嘛、土司等之訟事是否有特殊機關辦理，其辦案有無一定程序，有無一定成規，是否收取費用，有無類似上訴之救濟辦法；各地司法經費來源及其支出情形，徵收訟費及科處罰金有無一定標準，其管理及處置情形如何；通譯有無流弊及如何防止，各地有無司法方面的輔助機關，各地辦理民刑案件的詳細情形，包括起訴、審理、判決、執行等；訊案有無用刑情形，以往各地所適用之法律如何，漢民與喇嘛土人等之紛爭如何解決，是否適用普通法令，各地民刑案件每年之總數，各地人民在雙方未涉訟以前有無先經親友或公團調解之習慣等等。

通過調查瞭解到，雅屬地區司法情形力加整頓不難改觀，康屬各縣則因種族不同、語言懸殊、習俗相異使其司法改革須大費周折。一般康民從不知法律為何物，遇有糾紛常訴諸於土司、頭人或喇嘛寺而不是縣府，究其原因不外兩點：其一，各縣交通阻塞，以糾紛訴之縣府，往往要四五日才能到達。與其入城興訟，不如就近訴之土司、頭人或喇嘛寺更為方便；其二，各縣政令未能直達民間，土司、頭人有權威可以壓制人民，而縣府則無。康諺有云：

土司如石頭，漢官如流水。康人認為，以糾紛訴諸於形同流水之漢官，得益於一時，終不若訴諸於根深蒂固之土司或頭人，以免後患。

下面列舉關外五縣的具體調查情況。（此材料全部為西康調查組人員真實記錄，或由各縣政府負責人口述，或訪談於民間，全部為確實材料）〔註9〕

1. 九龍

九龍原為民正土司屬地，由一頭人坐治，民國改縣後由縣政府兼理。無司法經費，民刑訴訟均不取分文。過去罰金漫無標準，且罰金多被吞沒，偶有報請上峰處理者。遇有民刑案件，縣府據人民告呈後，即視其情形批答受理與否，如准理案件，隨即出票傳喚，傳喚警兵弊病極多。過去未設治時，均用習慣法，由於該縣檔案卷宗極不完備，因而以往司法案件無可稽考，至於土司法律如何也不得而知。

2. 德格

德格縣司法統由縣府兼理，無一定司法組織，民刑案件極少。司法事務未設專人辦理，遇有案件時，由縣長任審判長，臨時指派縣府科秘擔任書記或檢察職務，法警由政警兼任。喇嘛與普通民眾的訟事通常由土司、頭人處理，雖經迭次嚴禁，而人民在土司、頭人的重重積威之下不敢向政府申訴。土司受理案件，由其屬下知會大頭人辦理。先由原告以口頭或書面向土司起訴，經批准後即派差役拘傳被告對質，由辦理之大頭人訊明判結並發給斷牌，以案情的大小徵收訟費，數元、數十元、或數百元不等。原被兩告，有平均負擔訴訟費的，有以曲直情形分攤的，偶而有因辦案頭人判結不公，當事人不服而向縣府上訴的情況，但為數極少，非萬不得已絕不敢如此。縣府受理上訴後，或立案審訊，或令該土司轉飭辦理頭人另行秉公判結，報府備查。縣無司法輔助機關，訴訟當事人以白紙狀紙起訴，經批准後，法庭派差傳喚被告，被告亦須呈遞辯訴狀。

3. 白玉

白玉由縣政府兼辦司法事宜，為一審審判機關。縣司法經費來源主要是向訴訟人徵收狀紙費及訴訟費。至於開支情形，僅就所徵各費分別補貼職員及公差而已。科處罰金的情況很少，即使有也須先就成文法與習慣法擬報主

〔註9〕 參見丘懷瑾：「西康特殊的司法概況」，《邊事研究》，1938 年第 10 卷第 3 期，第 29～35 頁。

管機關核准執行，並決定其用途。本縣訴訟事件照舊習以村保、頭人的調釋作爲司法輔助。辦理喇嘛與普通百姓的訟事，依慣例由村保以及土司、頭人等調解。村保、土司、頭人調解訟事，按例須徵收費用，且無一定成規。若村保、土司、頭人不能解決時，則卜之於神或訴諸縣府。該縣以往所適用之法律，多依縣習慣法，至於漢民與喇嘛的糾紛解決則援用習慣法，並參酌普通法律。

4. 石渠

石渠縣無司法經費，故無正式組織，行政與司法權力均集中於縣府。司法事務由縣府秘書兼理，人民對之信仰頗深。案件訴訟均由縣府辦理，並無特殊機關。一般民事案件由各區區長、村長調解，如有不服，才由縣府處理。本縣關於漢夷〔註10〕糾紛所適用的法律均採用本縣習慣法與普通法。

5. 定鄉

定鄉縣沒有獨立司法機構，由縣長兼理司法。定鄉民風獷悍，在康屬各縣最爲突出，司法權力相對薄弱。司法事務由縣府秘書兼辦。喇嘛之間發生糾紛，往往由喇嘛寺主管行政的堪布處理；普通百姓發生糾紛，大都由當地頭人或喇嘛寺處理。如有喇嘛、頭人調解不了的案件，方才向縣府請求處理。頭人與頭人、縣與縣間發生糾紛事件，則多向縣府請求處理。該縣人民在雙方涉訟以前，百分之九十先由親友或喇嘛寺調解之，其中能了結者，約百分之八十。喇嘛寺與頭人調解案件並無一定程序，也無一定成規，不事前徵收費用，如遇到賠償命債或賠償債務的案件，調解以後約抽百分之五作爲調解人的報酬，此外並無類似上訴的救濟辦法。本縣並無司法經費來源，既未徵收訟費，也未曾科處罰金。本縣以往所適用之法律大都以地方習慣法爲主，以普通法令爲輔。漢人與喇嘛、頭人發生糾紛，一般參照地方習慣法，只有漢人與漢人發生糾紛，才主要依據官方法令。

根據各縣司法調查，當局意識到，要推進西康司法，須循序漸進，並非一蹴可及。法律爲人民生活之規範，必須與社會情勢相適應，合於人民生活之要求。欲謀司法根本改革之方，首先就應著手對司法活動的重要環節——司法審判制度進行徹底改革，才能最大限度地發揮司法效能。

〔註10〕本文中所提的「夷」，是民國時期對彝族等少數民族的蔑稱，此處專指彝族，新中國成立後已改「夷」爲「彝」，因檔案引用關係，文中使用檔案均保留原文。

第二節　改革面臨的困境與問題

　　過去由於西康政治、經濟、文化落後，加之遠離政治中心，國家法律權威讓位於土司、喇嘛等地方權威，司法設施建設相對缺失，司法秩序較爲混亂，因此，在其司法審判制度改革進程中，司法設施建設、司法組織構建、審判制度的建立與完善都需要經歷一個從無到有的全新過程，而抗戰時期物質的匱乏、經費的緊張以及原有舊勢力的阻礙又使得這個過程變得異常艱難。

一、人力與物力的短缺

　　司法優劣是與經費多寡、人才多少成正比例的，司法經費充足而專業人才多的省份，和那些經費拮据又缺乏人才的省份相比較，司法成效迥然不同，西康司法審判制度改革所面對的境遇便是如此。

（一）司法經費緊張

　　根據 1939 年西康年度概算，「其歲入總數爲二百四十四萬二千九百二十三元六角七分，其項目內容包括田賦、契稅、營業稅、地方稅、牲畜稅、茶課、金課、酒稅、官產租金、禁煙收入、警察捐、協助款、雜捐收入、罰金收入，而其中以協助款占最多數，爲一百五十二萬八千元。所謂協助款，即指中央與川省所補助之款項。其歲出總數爲二百四十四萬二千九百二十三元六角七分，其項目內容包括政權行使（即省黨部經費）、行政、教育、文化、經濟、建設、財務、養恤、禁煙、夷務、協助、預備各項，並未列有司法經費⋯⋯關於司法經費，係專案呈請核撥，故未列入。」〔註11〕司法籌備處成立後，月支千元左右，由建省委員會內統一開支，並無司法專款。由於西康自然優勢並沒有得到開發，各種稅收不旺，因而讓西康自籌司法款項完善司法設施建設非常困難。

　　省級經費如此，各縣經費就更爲緊張。「西康原有縣份，每年賦稅收入不過五六十萬元。」〔註12〕康屬各縣除康定、瀘定略有少量地方款支撐司法外，其餘各縣均無司法經費。根據西康司法調查報告記錄：康定的法收主要是印狀紙及罰金，月收入約三四十元，各種捐稅月收入三百餘元，原作囚糧經費，因囚犯不多，剩餘的用作司法經費，月支出三百餘元。瀘定的司法經費由地

〔註11〕司法行政部，前注〔4〕，第 140 頁。
〔註12〕章任堪，前注〔45〕，第 17 頁。

方財務委員會月撥助國幣一百五十元，不敷之數則挪移訟費填補。道孚以前沒有司法經費，自用部頒印狀紙後，即有正常法收，但為數不多。其餘爐霍、甘孜、雅江、九龍、理化毫無司法經費，即便有少數法收如罰金大半作公益之用。部頒印紙狀紙於 1938 年 10 月開始由司法籌備處分發各縣，售價不一，因案件不多，所以收入較少。訟費及送達費等或收或不收，所收數額各縣亦不一致。〔註13〕

司法經費的緊張狀況對西康司法審判活動產生了重要影響，主要表現在以下三個方面：

首先，壓縮了地方基層法院的生存空間。西康轄境遼闊、交通不便，如巴安、甘孜、西昌等縣至省城所在地康定，往返少則須二十五、六日，多則一月以上。若在康定僅設一高院，各縣第二審案件當事人往來訴訟極為困難，但如果在巴安、甘孜、西昌等縣均設高分院，又為西康當時財力所不及，不得已只有以點帶面，先在西昌和康定設立高分院，並推行巡迴審判制度，以緩解經費短缺和司法設施建設需求之間的矛盾。由於司法經費的捉襟見肘，地方法院的設置也受限，在寧屬、雅屬各縣中，若以歲入、人口、交通等為標準，則只有西昌符合成立地方法院的標準，其餘各縣僅可設立縣司法處。康屬十九縣只有康定、瀘定兩縣可以成立小規模地方法院，其餘關外各縣如巴安、甘孜等，只有等司法經費寬裕時分期成立縣司法處，再逐漸改設法院。

其次，辦案質量低下。司法審判的效率在一定程度上取決於司法人員的職業道德和專業能力。但是俗話說「民以食為天」，只有對司法人員進行必要救濟，給予經濟保障，才能調動其積極性。但是在戰爭環境下，西康司法經費非常拮据，中央所撥有限，地方政府又無力支持。這使得多數司法人員由於生活所迫，最後離開司法部門，部分留下來的也都心不在此。多數司法人員因生活困窘而無心辦案，工作中潦草行事，冤案錯案常有之，並且出現大量案件積壓的情況。

再次，司法腐敗泛濫。民國時期的司法腐敗本就為世人共睹，司法經費的缺乏，更使司法人員的清廉成為了個別現象，司法公正難以保障。執法者的品性和個人魅力對人民的法治意識有著強烈的導向作用。司法人員的清廉將使民眾更加敬畏法的權威，在日常行事中，因畏懼律法的懲戒或是相信法

〔註13〕參見司法行政部，前注〔4〕，第 147 頁。

律對正義的維護而嚴於律己；相反，如果司法人員貪贓枉法、知法犯法，無視法的尊嚴，就會使民眾放棄對法的遵守，轉而違背社會公序良俗，按照有利於自己的方式來設計自己的行為。

（二）司法人才短缺

首先，人員配備不全。在司法籌備處成立以前，省司法人員均由軍政機關人員兼任，任職資格並無一定標準，而是由軍政機關隨意任免。司法籌備處成立後，依照該處組織大綱設主任一人，由建省委員會函請司法行政部另派，主任之下設處員三人，由建省委員會指派會內具有法律經驗者擔任，書記官以下各員丁由建省委員會調用，組織頗為簡單。西康高等法院於 1939 年 3 月成立時，其人員之配置，除留用原四川高等法院第五分院及雅安地方法院人員外，其餘都是由各省調來，人員配置依然不全。

縣司法人員包括審判官、承審員、兼理司法的縣長及秘書科長、審計員、檢驗員、執達員、通譯、監所人員、法警、庭丁。西康原轄十九縣，僅康定、瀘定於 1938 年 9 月同時成立司法處，康定縣審判官即以原任承審員代理。關外各縣無專職承審員一職，所有司法事務或由縣長自兼，或委託秘書科長代理，不限資格，兼職不兼薪。檢驗員只有瀘定、康定有此一職，其餘各縣都沒有此項人員設置。執達員、法警、庭丁只有康定、瀘定兩縣從法警中選擇文字通順者充任，薪餉每名每月支法幣六元左右，其它各縣均無專設名目，一律由政警或士兵兼任。

其次，待遇艱苦導致人才流失。待遇的輕薄使司法人員難以安心盡職。西康本屬邊區，地勢寒苦，各縣交通不便，如無特別獎勵，願意去的為數甚少。司法經費積滯不到，在職者生活無法維繫，都欲離去。個別還沒有來的，則聞風觀望，大多視司法機構為畏途，以致各地方法院人員無法配置完備。「以前雖有甘寧青新司法官任用條例，對於資格審查之從寬，而結果未收實效。」〔註14〕雖經高等法院多方物色，但各方司法人員終不願來，想要聘用合格的法律專業人員，談何容易。與此同時，司法人才又不能權宜就地取才，必須具有法定資格才能派用，所以各級司法機構人員大量懸缺，無法配置。各兼理司法之縣局，大縣設承審員二人，小縣設承審員一人，此項人員大都由縣長自行聘用。各縣雖多次向高等法院請求委派，但其實高等法院也無人可派。

〔註14〕章任堪，前注〔45〕，第 18 頁。

例如「康定高分庭民國 30 年自涂庭長病逝後，僅有饒庭長一人，所有康屬上訴案件完全陷於停頓，因第二審案件必須推事三人始能進行，以致於各縣上訴案件積滯有一、二年之久，方能解決。」〔註15〕

二、觀念與制度的困惑

西康因地居山谷，民性較狹，受宗教、習俗的影響極深，「文化落後，人民智識異常簡單，故對於一切事務，均繫固步自封，不思改進。衣食居住均守祖先之遺教，服力、農耕咸襲千年之古法；而迷信之深，尤非可以理喻者。苟一提及改造之事，恒不惜犧牲性命、財產以爭之。」〔註16〕因此，西康司法審判制度的改革經常遭遇民間承繼已久的傳統觀念和風俗習慣的阻礙。

（一）國家法律與習慣的衝突

康區的習慣法與國家所頒行的實體法和程序法多相牴觸。在民事關係方面，原本應該依照《民法》和《民事訴訟法》對各種民事糾紛進行調節，但是在現實中很難做到。諸如借貸，西康地區的借貸方式大致可分為兩種：一為借糧，一為貸金。借糧多在播種或青黃不接之時，每借一石糧，年利息五斗。康人以批為計量單位，而批的大小則各地不同，有二十批合一斗者，也有更多批合一斗者，其本息比例與斗相同。貸金的月息，每元（藏洋）高至五分以上，而且利息的計算方式很苛刻也很特別。在康屬的定鄉、稻城一帶，債權人將本金借出後，並不事先言明利息，而是事後根據債權人在這一年或一月中以此本金經營所得的利潤多少來確定利息，然後再與債務人結算。例如張三借給李四藏洋一百元，約定一年後償還，之後張三用藏洋一百元自家中運土產品到關內變賣，換回茶、布回家發售，這一來一回之間所獲得的利潤就是李四應負擔的利息。一般平民，一旦借了高利貸，往往一朝借款永世不能還清，結果有房地的借貸者將房產抵償，沒有房地的則以人為抵償。許多家庭，全家人都去充當債權人的小娃子，聽其自由支配使喚。按照國家法律，這種高利貸模式以不對等的借貸關係欺詐弱者，是為法所不容的，但由於債權人多數是當地土司，而土司在該地區的勢力又極大，人民在迫於生存的情況下只有甘受高利貸剝削與武力鎮

〔註15〕參見鍾銘，前注〔44〕，第 19 頁。
〔註16〕楊仲華，前注〔8〕，第 255 頁。

壓，而縣府統治力又極弱，只能遷就土豪劣紳，更無從採取公正的司法手段來保障平民的基本權利。

從刑法而言，康屬風俗民情與內地也有不同。刑法規定殺人償命且嚴禁和解，但西康的槍殺行爲不但不處死刑，更可以說簡直是不犯罪的。譬如說，甲地的人搶劫了乙地的人，只有兩種方法：一種是仍施以搶劫的報復，一種是找第三者提起談判。一般而言，談判解決的情況占多數。這種談判在西康普遍稱爲說官司，雙方都請出喇嘛、土司之類有聲望的人以及當地較有資歷的老民，集合在指定地點舉行談判。談判的性質注重公允，但並不追究以擅行搶殺他人爲犯罪處置，而只是側重於物質方面的賠償。如果甲乙兩方都曾互相搶劫，必須看誰的損失較大，誰的損失較小，除兩相抵消而外，搶劫多的一方必須擔負經抵消後多出的一部分損失。這一部分賠償數目，大概按原數目的三倍至九倍償付，以表示其負理之處。官司宣告結束後，甲乙兩方必須另向所有談判人支付一定物質報酬，然後才算完全了事。這樣一來，西康地區的殺傷賠款之事幾乎成爲慣例。又如天葬之制，劃屍敲骨慘無人道；水葬之制投屍入水，既違背公共衛生，又符合民國刑法第 147 條「損壞死屍」的罪名以及 309 條公然侮辱人的罪名，但這種種行爲在西康民眾心中卻習以爲常，並不認爲犯罪。

顯而見之，西康各縣存在的各種習慣法與國家法律制度有所背離，無論是程序法還是實體法的各項規定在西康的實施都有迷茫莫辯之慮，這使得近代司法審判制度的建立遭遇重重障礙。因此，在西康司法審判制度改革中，首先面臨的難題是如何將國家法律融入鄉土社會，如何制定相當的標準，既能將公共秩序與善良風俗相結合，又不違背人們的社會常識、常理、常情。

（二）宗教信仰與法治的衝突

西康爲佛教支配之地，人民內心均以佛教爲依歸。由於地處邊疆、交通不便，內地文化不易輸入，因此人民信佛極深，哪怕挑水、擔物的苦力在幹活時，口中也是喃喃不已地念著佛經。佛教在西康有極其悠久的歷史與強大的勢力。「西康宗教即佛教，約有五派，即黃教、紅教、白教、黑教、撒家教等是。其中以黃教爲最盛，金沙江以東各區約有寺廟共三百三十餘所，喇嘛四萬餘人。其中紅教寺廟計一百五十餘所，喇嘛一萬二千餘人，黃教寺廟一

百三十餘所，喇嘛二萬五千餘人，是則寺廟以紅教爲最多，喇嘛以黃教爲最多，其餘撒家白黑各教喇嘛較少，勢力亦微，紅教以鄧、德、白、石、瞻、爐等縣爲中心，黃教以巴、理、甘、瀘、康、道爲重心，兩教遍佈全康，勢力極盛，總計全康喇嘛，約占原康屬十九縣人口七分之一，西康佛教之盛，於此可見。」〔註17〕。

西康所有寺廟位居社會最高地位，喇嘛爲地方領袖，社會政治、文化、經濟均與宗教有密切關係，人民的精神與物質生活俱在宗教範圍之內。過去的土司政治也無不直接或間接受宗教支配。從某種意義上說，宗教勢力在西康有著特殊地位，握有政治、經濟、文化大權。

在這裡，宗教尤其是藏傳佛教對人們社會生活的影響極深，如何設法融合民眾的宗教情感，順應多數人民的心理，保存康民固有的宗教文化，利用宗教的有利因素輔助司法，這對司法審判制度改革無疑是一大挑戰。清末趙爾豐治理川邊取得巨大成績，基本完成省治規模，但不久後他所取得的政績便蕩然無存，其原因之一便是趙氏偏重武力而忽視康民固有的文化，對於宗教未加維護，且多施壓力，違反康民心理，以致政教衝突迭演。因此，西康司法審判制度改革必須根據地方實際情形，設法整頓宗教，借助於宗教人士的影響力進行改革，方能取得成效。

（三）地方權威與官方司法的衝突

一方面，土司當道影響改革進程。雅屬地區雖是縣長兼理審判民刑案件，沒有專門的審判機構，但還算是基本依照國家法律實施司法審判。而康屬各縣的土司制度並未根本廢除，尤其是西北、西南一帶，土司固有權威未完全喪失，政府法令在這些區域難以實施。土司在其轄境內作爲最高首領有極大權利，他們總攬行政，行使審判、減刑、懲獎、生死之權。地方人民一旦發生糾紛，無論民刑事件均由土司最後裁奪。「但其判斷，非有成文法典，以作依據，雖有時參酌舊例與各地習慣，然亦可以己意之高下而爲出入……判決之準則，並無一定法條，經任何官署之公佈施行也。所有法律之淵源，完全爲數十百年一般公眾所默認，土司亦隨事摻以己意，判決執行之。且各地相沿，習尚互異，其所援用之律例，亦各自不同。」〔註18〕

〔註17〕 李萬華：「建設西康應注意宗教問題」，《新四川月刊》，第1卷，10、11期合刊，第131頁。
〔註18〕 謝百城，前注〔46〕，第108頁。

另一方面，其餘各種地方權威也阻礙改革。「西康人民頗具服從性質，百姓之於村長，村長之於土司、保正、頭人，無不服從備至、奉命惟謹。凡令辦之事雖極艱險者，亦必努力以赴。而土司保正率爲殘毒苛刻之輩，小者鞭笞、大者劓刖，人民處其積威酷虐之下，從未聞有群起而反抗者。」〔註19〕團總及村保正，實際上多由改土歸流時的土司和頭人擔任。趙爾豐改流設治時，雖廢除土司制度，但在關外未駐兵地帶，土司勢力依然存在，且潛滋暗長、據地稱雄。民國以後，他們紛紛在各村鎮擔任團總、保正，這些村保、團總憑藉自己在地方的根基，一定意義上擁有壓倒地方官員的權勢。「關外各縣夷民，對新任漢官初到時，多請喇嘛打卦以卜其人之良否，如不合意或見官吏行爲不良，即設法偵知其生年干支，做法詛咒，以爲壓勝。」〔註20〕因此，縣官在案件審判過程中，不能不尊重這些地方權威的意見，以之作爲協助。

總之，各縣或因地方豪強橫霸鄉里，或因僧侶擅權把持縣政，加之中央政府在這一地區並無完整的司法建制，「改流以還，漢官所在之地，則通用國家之律例，但無法院之設立，司法事務，率由縣官兼攝，行政司法混而爲一。民國成立，因沿未改。」〔註21〕因此，民眾多不服漢官的裁判，各衙門或法院門可羅雀無人告狀，要告狀的都往土司、頭人或喇嘛寺而去，這是各縣官吏最感頭痛之事。應該如何因勢利導發揮這些地方勢力的作用，使他們在民事方面成爲有用的調解人員，在刑事方面成爲有力的裁判者；如何使繁雜的訴訟程序化爲簡單的形式，以適應西康特殊的社會環境而減少基層司法審判困難，這些都是西康司法審判制度改革所面臨的難題和重點。

第三節　國家司法改革的大勢所趨

從南京國民政府建立至 1937 年抗戰爆發的 10 年間，國民政府進行了全方位的司法改革，建立了相對完備的法律體系，其中包括司法組織體系、審判制度、法官制度、檢察制度、司法行政及監獄管理制度在內的司法制度改革等，均取得了顯著成效。

〔註19〕楊仲華，前注〔8〕，第255～256頁。
〔註20〕梅心如：《西康》，上海：正中書局，1934年版，第126頁。
〔註21〕楊仲華，前注〔8〕，第369頁。

一、六法體系的初步形成

南京國民政府總結清末修律以來歷次司法改革的經驗和教訓，吸收西方近代司法理論成果，結合中國法律制度的固有傳統，建立了以《六法全書》〔註22〕為主體的法律體系，標誌著中國司法制度的近代轉型。

「六法」體系建立的基本理論依據是孫中山的法治思想。孫中山是民國之父，其治國方略除了體現在政治、經濟上外，更體現在其司法創見上。為鞏固新生的民國政權，孫中山融彙中西法律思想創制了五權憲法，並將之視為立國之本。〔註23〕孫中山的五權憲法思想主要包括五權分立、權能分治以及主權在民的思想。五權分立主要針對政府自身的治權而言，包括行政、立法、司法、考試、監察五項權力。所謂權能分治是指政府掌握對國家的管理權即五權，為了防止政府的權力濫用，他提出以民權來對其進行約束。孫中山將五權憲法思想運用於法治實踐中，主要體現在其司法獨立和司法公正的主張。為保證司法獨立，孫中山設立了司法官考核制度，「所有司法人員，必須應法官考試，合格人員，方能任用。」〔註24〕為尊重司法公正，他主張「人民對於判決如有不服，可逕赴該管檢察廳上訴，果有枉屈，不難平反也。」〔註25〕

孫中山法治思想和法治實踐為南京國民政府司法改革提供了理論依據和改革方向。南京國民政府基於這些法治思想，以《六法全書》為軸心，建立並健全了六法體系。在這一體系下，民國的法律精英們通過各種途徑，推動著近代司法制度改革。在這一過程中，他們追求司法公正和司法獨立，強調依法而治和保障人權。諸如1928年3月10日國民政府公佈的刑法就規定：「第1條，行為時之法律，無明文科以刑罰者，其行為不為罪。第2條，犯罪時之

〔註22〕民國初期從日本引進「六法」之名，將其法律彙編稱為《六法全書》，幾經整改，最終以憲法、刑法、民法、商法、刑民訴訟法、法院組織法稱為「六法」。《六法全書》的內容主要是現代法律制度，體現了平等、民主、自由的現代法律精神。

〔註23〕孫中山曾在其廣東省教育會的演說中提到：「五權憲法是兄弟所創造，古今中外各國從來沒有的。兄弟亡命各國的時候，尤注意研究各國的憲法，研究所得，創出這個五權憲法。」「在廣東省教育會的演說」，《孫中山全集》，第5卷，上海：中華書局，1985年版，第486～487頁。

〔註24〕《咨參議院請核議法官考試委員官職令草案等文》，《孫中山全集》，第2卷，上海：中華書局，1982年版，第281頁。

〔註25〕《批毛伯龍呈》，同上註，第188頁。

法律，與裁判時之法律如有變更者，依裁判時之法律處斷。但犯罪時法律之刑較輕者，適用較輕之刑。」這無疑是秉持罪刑法定的法律要義，改變過去執法者主觀臆斷的審判方式，使法律進一步成爲保障人權的工具。所有這些，都爲西康司法審判制度的近代化改革提供了理論依據。

二、司法組織和審判程序的改革

無論在戰爭年代還是和平年代，司法和治國似乎從來就是難以被分開的一對關聯詞。正如張知本在《法治與抗戰建國》中所言，「法治的功用，平時是保障人民的安全，在戰時，則協助行政方面組織民眾並訓練民眾。簡單的講，它的工作是訓練國家的組織力和培養國家的組織力。這個組織力是與抗戰有直接關係的。」〔註26〕很顯然，在抗戰的特殊時期，司法與抗戰建國再一次被相提並論。國民政府認爲，戰時司法審判應區別於和平時期的司法審判實踐，應將戰爭和軍事利益放在第一位，爲保存戰爭實力，避免過多浪費緊缺的人力物力資源，應提高司法審判效率、減少訟累，以穩定後方社會秩序。在這一思想的指導下，爲適應戰爭對社會秩序的特殊需求，南京國民政府在審判機構、審判程序等方面進行了全面改革，採取了一些因時制宜的特別措施，試圖從具體的司法審判層面保障抗戰的順利進行。

（一）增設各級司法審判機構

由於戰爭破壞了正常的司法審判環境，國民政府不得不因時制宜，大量增設審判機構，其中主要包括：設置最高法院分庭、增設各地方法院、改善縣級司法機構。

第一，設最高法院分庭。依法院組織法所定，最高法院應設於國民政府所在地。抗戰開展，首都淪陷，國民政府遷移到重慶，中央各院、部隨同遷往，最高法院亦同。由於敵機常炸毀交通線，造成交通阻滯、舟車艱險、郵遞需時，郵遞卷宗、證物、匯票常遭毀損，不服高等法院裁判的上訴、抗告案件經常被延遲審理。爲適應戰時環境，便於處理訴訟案件，國民政府在抗戰期內設最高法院分庭。

1938 年 7 月 30 日，司法院修正並公佈了《最高法院設置分庭條例》，其中規定：「最高法院分庭之設置及其管轄區域以司法院令定之。最高法院分庭

〔註26〕居正等：《抗戰與司法》，重慶：獨立出版社，1939 年版，第 8 頁。

得設於各該區域之高等法院或分院內。最高法院分庭受理各該區域內不服高等法院或分院裁判而上訴或抗告之案件。最高法院分庭設推事五至七人，以資深一人充庭長，處理該分庭一切事務併兼民刑事庭審判長，其餘推事分掌民刑審判案件。」〔註27〕最高法院在地方設置分庭實為利官利民之舉，一方面，解決了抗戰時期由於交通阻滯和經濟困頓造成的訴訟困難，降低了民眾的上訴成本，滿足了當事人合法的權利訴求；另一方面，最高法院在基層設置分庭，減小了地方法院案件審判的壓力，保障了審判的公正與高效，適應了戰時特殊的社會需求。

　　第二，增設地方法院。民國的法律精英們認為，司法設施建設在戰時司法中具有重要作用，而普設地方法院，將民刑事案件的第一審逐步脫離地方政府而由司法機關獨立行使審判權，又是司法設施建設的關鍵環節。西北與西南各省由於地處邊遠地區，司法設施建設滯後，法院組織相比中東部地區更為落後，不利於司法近代化的進一步推動和基層社會秩序的維護。隨著抗戰中心轉入西北、西南區域，國民政府認為有必要在此普遍增設地方法院，完善司法設施建設，因此於1938年大量調派具備豐富法律經驗的人才加入邊區各地法院服務，同時，在四川涪陵、江津、合川、富順、永川、內江、資中、簡陽、長壽、宜賓等十地增設地方法院。針對即將建省的西康地區，考慮到原無法院設置，於是先成立西康司法籌備處，作為西康高等法院未成立以前的過渡機關。1939年元旦，西康省建立，同年3月，西康高等法院成立。同年冬，其轄區內的西昌、康定兩地方法院相繼成立。「1940年，貴州省增設畢節、大定、興義三地方法院，四川省增設彭縣、宣漢、遂寧、綦江、達縣、隆昌等六地院。」〔註28〕除了對一審法院增設外，為便利人民上訴，司法行政部又在有條件的地區酌量增設二審法院。「1940年，增設貴州畢節高院第五分院、浙江臨海高院第四分院、四川省綿陽高院第五分院。」〔註29〕

　　第三，改善縣級司法。由於司法經費緊張、司法人才短缺等原因，基層司法組織相對欠缺，多數地縣仍在施行由縣政府兼理司法的制度。隨著現代法治意識的增強，社會各界均認為，縣政府兼理司法不符合司法獨立精神，

〔註27〕參見沙千里主編：《戰時重要法令彙編》，重慶：雙江書屋，1944年版，第379頁。

〔註28〕吳學義：《司法建設與司法人材》，出版地不詳：民國圖書出版社，1941年版，第6頁。

〔註29〕吳學義，前注〔81〕，第6～7頁。

應該建立獨立的基層司法機構，因而縣級司法體系的建立呼之欲出，以相對獨立的縣級司法審判機構取代縣政府兼理司法，這已經成爲當時司法界的共同訴求。隨後，國民政府於 1936 年 4 月 9 日正式公佈《縣司法處組織條例》，根據該條例，逐步在以縣政府兼理司法的地方各縣增設司法處，最終過渡到普遍設置地方法院。

縣司法處的基本配置，通常爲審判官一人和書記官一人，審判官單獨行使審判職務。若有兩名以上審判官時，其中一人爲主任審判官，但這種情況是例外。縣司法處的這種人員配備，符合設置獨立司法機構的基本要求。司法處原則上獨立審理第一審民事案件和輕微的刑事案件，不隸屬於縣政府。雖然由於設置在縣政府內，一定程度上依然會受到縣府的牽制，但是司法處的建立是國民政府將行政與司法脫離的一種積極嘗試，也是向地方法院過渡的一種必然途徑，具有一定的時代價值。

抗戰爆發後，由於受到戰爭影響，縣級司法改革的進程受阻，縣級司法機關難以正常行使職權。爲適應戰時需求，國民政府規定戰區各縣繼續執行縣長兼理司法，並另行指定上訴機關。雖然民國縣級司法改革因戰爭特殊情形影響而沒有全面實施，但它畢竟在一定程度上完成了縣級司法體系的初步建立，而這一改革恰恰惠及西康司法審判機構的建立與完善，促其邁入司法審判近代化進程。

（二）充實人員與經費

第一，合理安排戰區司法人員。國民政府針對戰區特殊情況，採取了戰區司法人員登記辦法。「戰區各縣司法處職員及縣政府辦理司法人員，請求救濟者，亦屬不少，均按其資歷發交各省高等法院，酌予任用，計縣司法處審判官四十八人，縣司法處書記官五十二人，承審員三十六人，管獄員五十人，共一百八十六人。」〔註 30〕這些登記人員經審查合格後，即派赴內地各司法機關工作，每月酌情發給一定生活費，並隨時擇優補缺，以資救濟。抗戰時期，對司法人員的登記管理與培訓調配，爲一向落後的內地司法增加了力量。

第二，完善司法人員的考選與任用。司法人員必須經過考試及格，並經相當期間的訓練或學習才能取得任用資格。爲增加高水平的法官人選，1939 年 4 月，中央將黨內從事調查工作五年以上的業績優秀者，根據學歷和職業

〔註 30〕居正等：《抗戰與司法》，重慶：獨立出版社，1939 年版，第 12 頁。

水平分別篩選審核，審核過關的優秀人才被送入司法院法官訓練班短期培訓學習，畢業後派往各地充任檢察官。

第三，保障司法經費。眾所週知，司法經費爲司法之血脈，是司法得以正常推行的要素。民國時期，由於政局動蕩，國家司法經費極度匱乏，特別是各基層司法機構，由於地方政府財力不濟，經費就更加緊張，多數地方法院司法人員連薪俸都難以爲繼。這使得基層法院難以高效辦案，甚至出現大量司法腐敗現象。爲改變這一窘境，1939 年國防最高委員會第二十一次常務會議議決，將全國司法經費統一改由國庫負擔，其實施過程採取以點帶面，先以西南地區抗戰根據地四川及其餘司法經費困難的邊遠省區作爲第一批試點對象，自 1940 年起，四川、貴州、廣西、陝西、西康等九省非戰區省份法院司法經費由國庫統一支給。從此，地方司法經費不再依賴地方政府，而是直接向中央領取，司法活動推行的困境得到了緩解。民國綿延二十年的經費問題，竟在抗戰非常時期得到了解決，實爲戰時司法改革的一大亮點。

（三）提高審判效率

戰爭期間司法審判實踐的一個主要困難就是案件繁多、人員缺乏，尤其是各縣級司法機構案件積壓嚴重，即便是各二審法院也常常是力不從心。爲了適應特殊的形勢，提高司法審判效率，司法院主張簡化訴訟程序。司法院提出以下四點建議：第一，將裁判文書改以節本送達，當事人用油墨抄寫。按照訴訟法規定，裁判文書本應以正本送達於當事人。但由於抗戰期內，各級法院辦公經費緊張，因而改正本爲節本，以便節約紙張和印刷費用。第二，儘量派遣法律專業畢業的書記官代替檢察官進行現場勘驗。這是爲避免因檢察官頻頻出外勘驗而導致院內應辦事務停頓的弊端。如此，既節省了司法資源，又提高了辦事效率。第三，准予執達員與法警所辦事務互相替代，以便統籌支配、節省人力。在過去，執達員與法警分別依據民刑訴訟法執行送達等任務，但戰爭期間由於司法經費緊張，正式執達員和法警名額往往不敷分配，需要送達傳票和執行法務的民刑案件數量又大，爲免訴訟延滯只能採取此權宜之計。第四，將一切民刑案件關於證人、鑒定人的傳喚，都以電話或其它方法通知。1939 年又施行最高法院非常時期處理案件暫行辦法，凡已經裁判之案件，應先由書記科將裁判主文以書面形式通知各當事人，在裁判正本未送達以前，與送達正本有同一效力，目的在於讓訴訟程序更簡捷。

此外，爲方便當事人訴訟，在法律救濟制度方面也有所發展。一方面，確立公設辯護人制度，對無力聘請辯護人的刑事被告提供法律救濟。1939 年 2 月，司法行政部公佈《公訴人辯護條例》，1940 年 7 月 1 日起施行。之後，又於 1945 年 6 月公佈《公設辯護人服務規則》，進一步規範和完善公設辯護人制度，使之對當事人法律救濟發揮實效。另一方面，建立民刑訴訟程序詢問制度。由於民刑訴訟法規內容繁雜，普通百姓往往因爲不懂程序規定而貽誤其合法權益的獲得。爲此，1942 年司法行政部公佈了《高等以下各級法院民刑訴訟程序詢問處通則》，並在各級法院內部設置詢問處，爲不明各項法定程序的訴訟當事人提供專業解答。

三、戰爭形勢催生特別法令

（一）刑事案件的審判管轄

按照《中華民國刑事訴訟法》，地方法院對於刑事案件擁有第一審管轄權，但內亂罪、外患罪、妨害國交罪案件第一審管轄權屬於高等法院。抗戰時期，刑事案件的管轄略有變通，依《戒嚴法》第 9 條規定，接戰地域內凡觸犯「內亂罪、外患罪、妨害秩序罪、公共危險罪、僞造貨幣有價證券及文書印文各罪、殺人罪、妨害自由罪、搶奪強盜及海盜罪、恐嚇及擄人勒贖罪、毀棄損壞罪」一律交由軍事機關自行審判，以上各罪之所以交由軍事機關審判，是由於其足以影響國家民族利益和戰時社會秩序，故由軍事機關審判。如軍事機關無暇審判，則交由普通法院審判，雖交普通法院審判，但依戒嚴法第 7 條規定：戒嚴時期警戒地域內，地方行政官及司法官處理有關軍事之事務應受該地最高司令官之指揮。第 8 條規定：戒嚴時期接戰地域內，地方行政事務及司法事務移歸該地最高司令官掌管。爲提高非常時期案件審判效率，又頒佈《最高法院非常時期處理刑事案件暫行辦法》，規定：刑事案件除原判宣告刑爲死刑、無期徒刑者外，一律適用法律審，自訴人爲被告不利益而上訴之案件，適用法律審。

（二）特種刑事案件的劃分

抗戰時期刑事審判的又一特色便是特種刑事案件的劃分。所謂特種刑事案件，是指盜匪、煙毒、貪污等損害國家利益的案件。在抗戰初期，爲提高司法效率、穩定後方秩序，南京國民政府將這些案件統一歸軍法機構審判。抗戰中後期，爲了避免軍法機構審判的草率性，維護戰時司法的公正與效率，

司法行政部奉行政院令，將除煙毒案件以外的特種刑事案件移歸司法機關審判，並公佈了《特種刑事案件訴訟條例立法原則》12 項，1944 年又公佈了《特種刑事案件訴訟條例》36 條。由此可見，在抗戰時期由於戰爭的需要，對特種刑事案件的審判採取了特別處理，其目的是爲了從重、從快審理案件，提高審判效率，最大限度地滿足戰爭利益需要。

（三）邊疆司法建設的推行

隨著戰爭的擴大，侵略者對中國的進犯步步升級，國民政府意識到邊疆國防安全的重要性，將保證邊疆、邊地的社會穩定作爲要務，而推進邊疆司法建設成爲其重要內容之一。根據《戰時司法紀要》的記載，取得較大成績的是西康和西藏地區。1939 年 3 月，西康高等法院成立，司法部委派大量司法人才前往西康，在經過對西康各縣具體司法情形調查之後，採取了一系列改革措施，諸如普設地方法院和縣司法處，在困難地區保留縣政府兼理司法等等，隨後對西康司法組織、司法審判制度等進行了行之有效的改革，推動了西康司法近代化步伐。

綜上所述，國民政府在司法改革中，注重司法秩序與司法效率，以理性構建爲主導，以司法經驗作爲修正、補充，在法律的制定、司法設施的建設、司法人員的訓練方面得到較爲全面的發展，這爲西康在國家司法改革的大趨勢下，逐步建立近代司法審判制度做好了價值定位。

第三章　西康近代司法組織體系的形成

　　司法組織，是指司法活動的組織者和承擔者，它是爲當事人主持公道和伸張正義的重要載體。只有借助於司法機構及其組織才能實施司法審判活動，才能將各種立法條文由靜態的文本推行到活生生的法律現實中，進而成爲調節各種社會關係的橋梁。

第一節　審判機構

　　作爲司法審判運行與實踐的主要載體，司法審判機構的設置與完善成爲司法組織構建中最關鍵的一環。

一、建省前審判機構沿革

　　西康在趙爾豐治邊以前，被視爲蠻荒之地，在土司和頭人的壓抑之下，民眾毫無維權意識，就更沒有什麼獨立的司法審判機構。趙爾豐任邊務大臣以後，改土歸流、設縣置官，在各縣政府內設置簡易司法機構兼理司法。光緒32年，趙爾豐上奏中央，在西康設道、府、州、縣，並設置按察使兼理刑罰，得到清廷允可。因趙氏的強硬政策，使得漢官在當地影響大大加強，各縣民刑訴訟開始由當地政府受理審判。然而，好景不長，趙爾豐離任後，政府權力漸衰，地方權威此消彼長，勢力日漸伸張，各縣司法大權又落入其手，其間擅斷專權、濫施刑罰，劣跡斑斑，難以盡數。

　　民國初年，四川都督尹昌衡任川邊經略使，改府廳爲三十三縣，置縣知事掌管全縣行政事務併兼理司法。不久後，又改置川邊道，設道尹一員，受

四川省省長管轄，監督各縣知事和兼理司法事務。道尹職權中有關司法者包括：「依法律命令執行道內之行政事務，並受省長之委任，監督財政、司法及其它特別官廳之行政事務。執行法律教令省章程，或依法律教令省章程之委任，得發布道單行章程。」〔註1〕之後，又改川邊道爲川邊特別區，置鎭守使，其司法體系延續舊例。

總體而言，直至民初，西康都沒有專門的司法機關和專職人員，皆由行政軍長官或軍旅人員兼理司法。尤其是巴安、越巂等關外各縣，官吏多因距離遙遠而不問民情，人民訟爭基本上歸土司、喇嘛管理，民情不得上達。「只有漢民占居多數、漢化較深各縣，如康定、瀘定、丹巴、九龍等尚能受理民刑訴訟，但由於經費支絀，也無承審設置，通常由縣長兼理審判事務。能依法辦理者固不乏人，而囿於惡習、致生弊端者亦在所不免。經過第一審審判的訴訟當事人，即便有不服的情狀，因無法定的上訴機關以資救濟，也只能由軍事當局或行政官屬從權處理。」〔註2〕

1928 年，國民政府任命二十四軍軍長劉文輝爲川康邊防總指揮，同年 3 月，爲謀振興康政，二十四軍在康定設西康特區政務委員會以處理西康政法要務，所有司法事務歸該會第一科掌理。1928 年 7 月 30 日及 8 月 6 日兩次政務會議議決，在未設立高等法院以前，暫由政務委員會附設審判處兼理上訴案件。政務委員會雖然承擔一定的司法職能，對於司法方面也有一些改善計劃，但由於環境、經費等各種原因，並沒有徹底實施。1934 年，劉文輝進駐雅安，又命令川康邊防總指揮部和政務委員會重新計劃、積極整理。不久，因諾那之亂司法改革又陷停頓。原本擬於在康定籌設地方法院並設置高等法院爲各縣上訴機關的計劃也落空，之後康藏糾紛連年未決，最終無法院之設置。

因此，西康司法審判機構的設置在西康建省以前一直沒有著手實施。隨著國內形勢的發展，西康在國防上愈顯重要，國民政府不得不重視其發展。爲全面建設西康、維護社會穩定，中央著手完善西康司法設施建設，而其首要任務便是建立各級司法審判機關，即高等法院、地方法院以及縣司法處。

〔註 1〕 蕭文哲，前注〔3〕，第 12 頁。
〔註 2〕 蘇潔：「論民國時期邊疆司法改革原則——以西康司法改革爲例」，《貴州社會科學》，2014 年第 11 期，第 102 頁。

二、西康高等法院

西康下轄康、寧、雅三屬，在未建省以前，寧、雅兩屬歸四川所管，其司法事務完全受四川高等法院管轄。國府奠都南京以後，將審檢兩廳合併為法院，高等法院以下本應設高分院及地方法院，但當時寧雅各屬無一地方法院，因此無法成立分院，於是只能設高分庭。由於雅安距成都較近，且為道尹所在地，民國初年，四川高等審判廳呈准司法部，在雅安成立四川高等第一分庭，設首席推事一人（即庭長）、推事二人，檢察官一人、書記官二人，由首席推事兼管司法行政事宜，專受理寧、雅兩屬各縣二審上訴案件。直到1936年3月裁撤雅安第一分庭，高分庭始改為四川高等法院第五分院，管理寧、雅兩屬各縣上訴案件。隨著西康建省在即，司法組織的完善勢在必行，但由於建省前期各種機構設施的建設尚需計劃籌備，因而在西康高等法院未成立以前，西康民刑審判二審案件由司法籌備處負責。

（一）西康高等法院的前身：西康司法籌備處

1935年司法院召開全國司法會議，西康駐京代表辦事處提出建議：「除金沙江以西外，暫就現有轄境，於左列人口較多、事務較繁、地位適中、相距較近之縣先設地方法院數處，酌定相鄰之一二縣為其管轄區域。（1）於康定設院，相鄰之瀘定、雅江兩縣屬之。（2）於甘孜設院，相鄰之瞻化、爐霍兩縣屬之。（3）於巴安設院，相鄰之白玉、理化兩縣屬之。已設地方法院各縣之第二審機關，如能在康定成立高等法院一所自屬盡善，否則暫行指定四川高等法院為其監督及第二審機關，其餘各縣暫仍舊制（縣長兼理司法）。」〔註3〕經大會議決，建議中央撥款籌設二審機關。

1935年12月21日，司法行政部奉司法院訓令就籌設邊疆法院一案函征西康建省委員會意見，西康建省委員會於1936年6月19日覆函：西康境域僅康、瀘兩縣漢人較多，風土人情略同川省，關外各縣漢人較少，一切習俗不同於內地，訟獄亦稀，主張先就康定設立高等法院籌備處，以便督促各縣司法行政，規劃全康司法改革事宜並受理第二審訴訟案件。至於地方法院，在土司制度未能徹底廢除、國家法令未能暢行以前，殊無設立之必要。為建立這樣一個司法機構作為代理西康司法審判事務的過渡組織，西康建省委員會曾擬具計劃、編製預算，向中央建議在建省委員會內設立司法籌備處，以

〔註3〕蕭文哲，前注〔3〕，第12頁。

期與省政齊頭並進，終因經費問題未被採納。之後，經過與司法行政部的多次商榷，1937年12月13日，司法院令司法行政部對西康建省委員會所呈送的西康司法籌備處組織大綱進行核議，最終同意設立司法籌備處。司法行政部派蘇法成擔任籌備處主任，下設處員三人、書記員數人，掌理全省司法行政及第二審民刑案件，成爲西康司法機關的核心，其性質相當於西康省高等法院，但並非完全獨立的機構，受制於西康建省委員會。

司法籌備處的職能有二：其一爲綜理西康司法行政事務；其二爲審理第二審民刑案件，以下是司法籌備處大綱：

西康司法籌備處大綱〔註4〕

第一條　西康建省委員會（下略稱委員會）在西康高等法院尚未成立前，爲促進司法獨立，依本組織大綱所定，設西康司法籌備處。

第二條　本籌備處於委員會指揮監督下，執行左列職務：

一、綜理西康司法行政事務

二、審理西康第二審民刑事案件

第三條　本籌備處置主任一人、處員三人、書記官及其員警丁役各若干人。

第四條　本籌備處主任由委員會函請司法行政部令派，處員由委員會就會內富有法律學識經驗之職員指派函報司法行政部備案，書記官以下各項人員就委員會相當人員調派兼充。

第五條　本籌備處應指定處員一人專司檢察職務。

第六條　本籌備處一切費用均在委員會經費內開支，不另立預算。

第七條　本籌備處於西康高等法院成立時裁撤之。

第八條　本組織大綱自公佈之日施行。

司法籌備處成立後，積極籌辦一切司法事務：其一，清理積案。「本處成立以來，對於原有積存第二審案件積極清理，短期便已結清，並令飭各縣將從前未結案件迅予訊結，各縣尚能遵令辦理。至本處新收案件則隨到隨訊、隨訊隨結，向無積擱。」〔註5〕其二，審理第二審上訴案件。西康第二審訴訟，

〔註4〕司法行政部，前注〔4〕，第126頁。

〔註5〕蘇法成：「一年來之西康司法」，《康導月刊》，1939年1月第8期，第9頁。

過去主要由駐康軍政最高機關受理，自司法籌備處成立以後，即選派專門人員承辦。第二審訴訟程序按照國民政府《民事訴訟法》和《刑事訴訟法》相關規定辦理。其三，籌劃成立西康高等法院、康定地方法院和監所，成立西昌地方法院和看守所。其四，增設承審員。在過去，西康各縣因經費支絀，多無專職承審員，基本是由縣政府兼理司法審判事務。縣官對民刑案件的審判往往有失公允，當事人經常對審判結果難以接受，這就使得民間發生訟爭後，民眾仍承沿舊習不告官府，而是前往土司、頭人處或喇嘛寺院尋求解決方式，政府司法權無形斷送。因此，司法籌備處成立後，設法補助各縣司法經費並設置合格的承審員以改善縣級司法。其五，訂立單行法規。西康關外各縣民情特殊，普通法律難以適用，訂立單行法規成為必要。1938 年，司法籌備處設法調查各地特殊習俗，根據調查結果縝密審查、斟酌盡善，擬訂特別法草案以解決國家法令與地方風俗規約之間的矛盾。

　　經過一年的努力，司法籌備處在改善西康司法狀況方面取得了顯著成績。以下是 1938 年 1 月至 9 月西康司法籌備處受理民刑案件的統計表：〔註6〕

西康司法籌備處受理民刑案件月計表（民國二十七年一月至九月）

	一	二	三	四	五	六	七	八	九	總計
民事	12	8	7	19	22	14	19	26	30	157
刑事	13	14	12	17	15	15	23	32	37	178
其它	6	19	28	11	19	29	22	34	33	201
合計	31	41	47	47	56	53	64	92	105	536

　　從上面這份民刑案件統計表所列數據可以明顯地看出，西康司法籌備處代行高院職權所受理的民刑二審案件數目逐漸增加。這樣，通過獨立司法審判機關的設立及其有效運轉必定能使人民感受法治之益，對於司法機關以及法律漸生信仰，進而有助於推動西康司法審判制度的發展。

（二）西康高等法院

　　隨著西康建省步驟的加快，各政務機構紛紛建立，西康正式法院的建立也呼之欲出，司法院決定於 1939 年之內成立西康各級法院，使之與行政機構配合共同完成建省任務。1939 年 1 月，西康正式建省，除康屬各縣外又將原

〔註 6〕司法行政部，前注〔4〕，第 126 頁。

屬四川的寧、雅兩屬劃入。西康建省後，西康高等法院的籌設也就迫在眉睫。不久，中央任命費有潚爲西康高等法院院長，任命李永成爲西康高等法院首席檢察官，隨即開始籌備建院事宜。爲便利起見，高等法院本應設於省政府所在地康定，但費院長前往康定考察後，終因康定市區狹小、人口稠密而沒能找到適當的公地可以撥用。隨後又到市外尋找地點，「前經司法籌備處覓得本市南門城邊縶家鍋莊之後、天主堂之側，後面臨河空曠公地一方，以之建築法院，甚爲相宜，即呈請建省委員會委員長將該地劃歸西康高等法院建築」，〔註 7〕本來計劃第二年春天開始建設，因經費、人力等各方面原因，也沒有如願。最終只好暫借四川高等法院第五分院（設雅安）舊址，經簡單修整後，暫作西康高等法院院址。1939 年 3 月 29 日，西康高等法院終於宣告成立，同時四川高五分院即告結束，四川雅安地方法院改爲西康雅安地方法院，其地院院長由時任川康邊防總指揮部軍法處副處長的張宗翽接任。西康高等法院內部設置檢察處，首長爲首席檢察官。首席檢察官與法院院長地位平行，各自獨立辦理檢察和審判實務，西康司法從此方具雛形。

（三）西康高等法院分駐庭及臨時庭

西康高等法院建立後，康屬關外各縣及寧屬各縣上訴案件一律要到雅安就審，路途遙遠、頗費周折，人民極感困難。1939 年夏，司法行政部爲積極推動西康司法改革，按照部定計劃，將高院內部分爲三庭：一庭設於高院本院內，其餘二庭分駐於康定、西昌兩處（第二年高院遷移康定，則雅安改爲分駐庭）。「始令飭西康高等法院於康定（因係省會）、西昌（行轅所在地）兩地籌設高等分庭及地方法院。」〔註 8〕隨後，派江鴻勳籌備康定分庭，洪子競籌備西昌分庭，1939 年冬籌備完善。1939 年 12 月及 1940 年 1 月，司法行政部分別宣佈在西昌縣和康定縣設立分駐庭，江鴻勳爲康定高等分庭庭長，廖成廉爲西昌高等分庭庭長。康定分駐庭受理康屬各縣（包括康定、瀘定及關外各縣）第二審上訴案件；西昌分駐庭受理寧屬各縣第二審上訴案件；雅屬各縣第二審案件則由高院受理。「各庭均設庭長一人（高本院庭長由院長自兼）、推事二人，並配檢察官一人、書記官五人。」〔註 9〕分駐庭的設置和調

〔註 7〕 蘇法成：「西康司法近況」，《康導月刊》，1938 年創刊號，第 44 頁。

〔註 8〕 鍾銘，前注〔44〕，第 18 頁。

〔註 9〕 駱盟雪：「最近一年來之西康司法」，《康導月刊》，年份不詳，第 2 卷第 6 期，第 20 頁。

度是根據西康特殊的社會發展情形所採取的一項權宜之計，在法院組織法中未曾提及，各省也沒有此先例，其所需人員及經費與設立高等分院實際相差無幾，〔註10〕因而兩分駐庭的設置其實是爲高分院的建立做準備。

康定分駐庭設置後，緩解了康屬各縣民眾第二審上訴的困難，但是康定分駐庭共轄 19 縣，「第二審上訴在途期時除康定、瀘定兩縣外，超過 20 日者多至 12 縣，超過 10 日者亦有 5 縣，益以關外交通不便，上訴極感困難。」〔註11〕司法行政部爲方便各縣訴訟當事人能夠有機會向分駐庭提起第二審上訴，於是令西康高等法院依照《法院組織法》第 64 條關於臨時開庭的規定，在康定分駐庭所轄各縣中擇定若干適宜地點設立臨時分庭，定期前往駐地臨時開庭。〔註12〕原則上，臨時分庭推事人選由分駐庭自己提供，但由於康定分駐庭推事的員額較少，因此西康高等法院只好親自派員前赴各地臨時開庭。考慮到臨時庭的人員短缺問題，爲使審判得以順利進行，西康高等法院規定，臨時庭的審判以推事一人進行審判，遇到要案時才採取三人共同進行，下面是分駐庭臨時開庭辦法：

附：西康高等法院康定分駐庭臨時開庭辦法〔註13〕

第一條　西康高等法院康定分駐庭對於管轄區域內上訴在途期間逾越十日之各縣，爲謀訴訟人之便利得依法院組織法第六十四條第一項之規定，於適宜地點臨時開庭

第二條　臨時開庭地點爲理化、巴安、甘孜、德格四縣，分別受理各該縣及附近各縣之上訴、抗告及覆判案件，前項開庭地點受理案件區域之劃分由西康高等法院擬訂，呈報司法行政部備案

第三條　臨時庭之審判以推事一人或三人行之

〔註10〕各分駐庭地處偏遠，不便向西康高等法院送呈卷宗，經西康高等法院呈奉司法行政部後，康定、西昌分駐庭准於民國 33 年（1944 年）7 月改組爲第一分院、第二分院，民國 37 年（1948 年）兩分院分別以所在縣市命名，依序分別改稱康定分院、西昌分院。

〔註11〕謝冠生，前注〔47〕，《推進邊疆司法》，第 5 頁。

〔註12〕「司法行政部二十九年十二月十四日第三一九號呈：經訓令西康高等法院依照法院組織法第六十四條臨時開庭之規定，就該分駐庭所轄各縣中擇定若干適宜地點定期前往臨時開庭，飭擬訂具體辦法呈核。」參見謝冠生，前注〔47〕，第 5 頁。

〔註13〕謝冠生，前注〔47〕，第 6 頁。

第四條　臨時庭得由高等法院令派開庭地之縣長執行檢察官職務

第五條　臨時開庭之期間為每年四月至九月，各地開庭日期經預定後應於相當期間前通知開庭地之司法機關或縣政府並布告民眾

第六條　關於書記官、錄事、執達員、檢驗員、司法警察、庭丁、公役之事務由開庭地司法機關或縣政府派人承辦，但臨時推事得酌帶分駐庭人員辦理。前項司法機關或縣政府所派之人員應分別受臨時庭推事、檢察官或書記官之指揮

第七條　前項司法機關或縣政府所派之人員得酌給津貼及必要之繕費

第八條　臨時庭推事、檢察官、書記官所經辦之文件得借用開庭地司法機關或縣政府之印信

第九條　不服臨時裁判，得將書狀提出於開庭地之司法機關或縣政府，或逕向分駐庭提出之。開庭地之司法機關或縣政府接受前項書狀後，應於三日內檢同卷證轉送分駐庭

第十條　臨時庭之推事兼行司法宣傳，宣傳辦法由司法行政部定之

第十一條　本辦法自呈准之日施行

　　這種臨時開庭的辦法，對於關外各縣距離政治中心遙遠，交通又極為不便的具體情況而言，無疑是一劑救濟良方，減輕了當事人第二審訴訟負擔與成本，方便其為實現自身權利主張而提起上訴。

三、地方審判機構

　　西康高等法院建立的同時，各基層法院的籌設也同時進行。民國 28 年（1939 年）3 月西康高等法院成立前，已有雅安、康定兩地方法院。民國 28 年（1939 年）11 月成立西昌地方法院，民國 30 年（1941 年）冬成立會理地方法院，民國 35 年（1946 年）7 月成立越巂、冕寧兩個地方法院，到 1946 年底，西康設有地方法院 10 個。1949 年以前，西康已經基本沒有了兼理司法縣政府，條件較差的康屬各縣也都已經建立縣司法處。

（一）建省前各縣審判機構設置

　　「在二十四軍未入康前，藏番竊據金沙江以東各縣，各縣土司、頭人死

灰復燃，壟斷一切，縣府權力極為薄弱，迨二十四軍驅除藏番於金沙江以外，康北各縣縣府權力逐漸伸張。」〔註14〕建立縣司法處或地院後，普通民刑案件由縣司法處或地院獨任審理。其它未建立司法處和地院的縣，根據建省委員會規定，一等縣於縣長之下設一名承審員，專管第一審裁判事務；二、三等縣的司法事務由縣長自兼，縣長有事時便委託秘書或科長審理並依法參酌當地情形處斷。

　　1938 年調查西康司法小組針對各縣司法機構做了相關調查。康定縣司法處於 1938 年 9 月正式成立，縣長兼任司法行政及檢察職務，設置審判官一員，獨立行使審判職務，另有書記官、錄事、檢驗員各一員，執達員四名、法警八名，兼服庭丁職務。康定縣漢人多、藏人少，藏民也多數被漢化，基本能遵守法律，故司法權力亦能彰顯，不像關外各縣司法被喇嘛、頭人操縱把持。瀘定縣司法處隨後也依照組織規程正式成立，檢察職務及司法行政由縣長兼理，設一名審判官獨立審判民刑案件。道孚縣司法由縣長自兼，無承審員。按規定，道孚縣是二等縣，無專任書記官，以科員代之，以政警代行法警職務。

　　多數縣份都沒有專門的司法人員和機構。爐霍縣由縣長監理司法，既無法定執達員，也無政警；理化縣由第一科長兼理司法，由科員兼充司法審計員，由政警兼辦法警、執達員等事務。除附近漢人偶而向縣府提起訴訟外，其餘皆為喇嘛、土司管理，縣府司法權極為微弱。雅江縣司法由縣長兼理，縣長有事便委第一科長代辦，書記員由科員兼充，政警兼辦法警職務，執行和送達事務一律由政警負責。土司所管範圍內由該土司解決人民糾紛，司法權力不能及於該地。〔註15〕司法籌備處根據各縣調查報告所得及各縣公牘中所上報的內容，斟酌情形擬定意見書向西康高等法院和司法行政部呈報，要求在有條件的縣增設地方法院和縣司法處。

（二）縣司法處和地方法院相繼而起

　　在各地方法院成立以前的過渡時期，沒有設立地院的縣依法均成立縣司法處，作為正式法院成立的基礎。「司法組織較為完備者，首推康、瀘二縣，以瀘定與四川毗連，文化水準較高，除邊界山中極少數猓夷外，盡係漢人，既無喇嘛又無土司、頭人，風尚與內地無異。康定向為關內外商業之總匯，

〔註14〕司法行政部，前注〔4〕，第 127 頁。
〔註15〕參見司法行政部，前注〔4〕，第 131 頁。

又爲省會所在，經濟活動，文化優先，康人亦都漢化」。〔註16〕上述兩縣均於 1938 年 9 月依縣司法處組織規程成立司法處，各設有審判官一員，縣長兼司法行政及檢察職務，受理第一審案件。

1939 年初西康建省後，各縣司法處紛紛改處爲院。雅安地方法院改組成立後，康定、西昌兩地方法院相繼成立，汪潤爲康定地方法院院長，駱盟雪爲西昌地方法院院長，從此西康全省除縣局兼理司法外，共有兩所高等分庭、兩所地方法院。

1941 年春，西康高等法院又接司法行政部訓令，設立瀘定、會理兩所地方法院。因限期緊促，高等法院調派康定高分庭庭長籌備瀘定地院，西昌高分庭推事張冕籌備會理地院。民國 1941 年 4 月，瀘定、會理兩地方法院同時成立，兩院院長即由籌備員江鴻勳、張冕充任。

1943 年，天全、榮經、漢源三縣設縣司法處。1944 年 7 月蘆山、越雋、冕寧、鹽源四縣亦奉令設縣司法處，同期又將康定、西昌本院兩分庭改爲高分院。李永成就任後，於 1945 年 7 月就天全、榮經、漢源三縣司法處改組地方法院，並成立寶興、德昌、道孚司法處。1946 年 1 月在各兼理司法縣政府一律成立司法處，7 月又將越雋、冕寧兩縣司法處改組爲地方法院。「至此西康司法機關單位，已有高分院兩所，地方法院五所，縣司法處 7 所，以邊遠新建之省，在此 5 年中，擴充高分院地方法院有 7 個之多，縣司法處亦有 7 所，西康司法不能不算突飛猛進」。〔註17〕至於審判管轄區域，高院管雅安地區，西昌分院管西昌地區，康定分院管康定地區的二審上訴案件。

（三）對兼理司法縣政府加以監管

雖然西康高等法院爲了完善各縣級司法組織，逐步在各縣成立縣司法處，讓司法脫離縣級行政，縣長僅兼任司法行政事務，以此來作爲西康各地方法院未經成立時期的過渡機構，但是由於經費等問題的阻礙，一時不便在西康各縣全設司法處。於是，西康先就訴訟案件較多、經費稍可籌措的康定、瀘定兩縣成立司法處，由建省委員會委派審判官辦理第一審訴訟。其餘關外各縣份，或因經費短缺，或因訴訟案件過少，仍然保留縣級行政兼理司法審判的權限，縣長繼續兼理司法。縣政府兼理司法事務，常因經費緊張而缺乏合格的承審員，案件處理也因草率而有失公允。爲避免各種弊端，西康省政

〔註16〕司法行政部，前注〔4〕，第 127 頁。
〔註17〕鍾銘，前注〔44〕，第 19 頁。

府設法補助各縣司法經費，幫助其增設合格承審員，以監督並改善縣級行政兼理司法。

四、軍法審判機構

　　抗戰期間，由於政治、戰爭等原因，刑事案件數量大增，案件積壓嚴重。爲了有效懲治犯罪，解決刑事糾紛，西康有綏靖公署、警備司令部和保安司令部設置的地區將大量刑事案件根據案件性質移交軍法審判，以提高刑事審判效率。軍法審判原本應由軍事機關負責，但由於戰事緊張，國民政府於1938年規定，由各縣政府兼理軍法審判，審判結果由軍事機關覆核。

（一）縣長及地方行政長官兼理軍法

　　根據1938年5月15日軍事委員會公佈的《縣長及地方行政長官兼理軍法暫行辦法》，西康各縣政府既兼理司法，又成爲軍法案件的兼理機關，各區警備司令部、保安司令部爲軍法案件的上級受理機關。在各軍法機關轄區範圍內的軍法案件只能訴諸於有軍法審判權的機關，而該地普通法院或縣司法處均無權管轄。各警備司令部或保安司令部受理軍法案件後，一般應向所轄區域或鄰近縣府的縣長或地方行政長官移送審判，受命之縣長或地方行政長官不得拒絕受理。軍法案件審判過程中，如遭遇調查取證不便或其它客觀情形造成的困難時，可以向鄰近有條件的縣府移轉管轄。中央最高軍事機關是軍法案件的最高覆核機關和審議機關，縣長或地方行政長官對於其所兼理的軍法案件之訴訟管轄若產生爭議時，應呈報中央最高軍事機關定奪。

（二）省軍事機關代核軍法案件

　　根據1938年5月13日軍事委員會公佈的《各省高級軍事機關代核軍法案件暫行辦法》，縣長及地方行政長官審判之軍法案件除其它法規有特別規定外，由各省高級軍事機關代核。代核機關如下：已設中央軍事最高長官行營的各省由行營代核；未設行營的省由綏靖公署代核；未設前兩款軍事機關的各省由全省保安司令代核；未設前三款軍事機關的各省由常設之高級軍事機關代核；如在戰區或因其它情形，依前項規定確有窒礙時，由中央最高軍事機關指定代核機關。以前西康各縣兼理軍法案件一直由軍委會指定川康綏靖公署代核，自西康建省以後，因考慮到川康綏署與本省保安司令駐地隔絕較遠，若由各縣送呈川康綏署審核，則道途險阻，公文周轉費時，不免發生困

難。因此西康省政府電呈軍委會，請求將軍法案件准由西康省保安處代核，以資便利。軍委會經核定後，指令西康省保安處為全省軍法案件的代核機關，主要代核轄區內處刑較輕之軍人犯罪案件、處有期徒刑 3 年以下之煙毒案件、處有期徒刑 5 年以下之盜匪案件或部分判處有期徒刑十年以下之案件。

　　從軍事機關代核案件的相關規定可以看出，抗戰時期，在整個國民政府擴大軍法審判範圍的大背景下，西康的軍法審判機關和普通刑事審判機關的審判管轄錯綜複雜，軍法機關對於刑事案件的干預似乎超過了其應有的限度，這對司法獨立無疑是一個重要的阻礙。也許正是意識到了這一點，1941 年，西康省政府保法字第 0667 號文件宣佈：「凡縣長及地方行政長官嗣後對於士兵犯罪案件不必呈經各委任代核機關及軍事委員會授權，逕予審判核呈」。〔註 18〕1943 年，西康省政府保法字第 1286 號文件規定：「依現行法令規定應由軍事審判之刑事案件除軍人為被告者外，均歸司法機關照特別審判程序辦理。」〔註 19〕至此，劃歸軍法審判的案件大大減少，普通刑事案件一律轉歸各級司法審判機關審理，這是抗戰後期司法審判常態化的一大轉變。

第二節　司法人員

　　西康建省前，雖然司法行政部為推行邊疆司法，在人力、物力上對西康司法設施建設給予一定支持，但是按照國民政府司法經費劃撥辦法，各省司法經費主要由省庫負擔，而西康經濟落後，各項行政經費收支不平，司法經費開支就更加困窘。經費緊張導致西康司法組織很不健全，最初由縣知事兼理訴訟審判，1930 年改為縣政府兼理訴訟審判，1939 年西康建省併成立西康高等法院以後，開始普設基層法院和縣司法處，人員配置才開始得到改善。

一、建省前司法人員的設置與待遇

　　西康在建省以前由於沒有建立各級法院，有獨立縣司法處的地方也很少，因此也就基本沒有完善的司法設施，司法人員均由軍政機關人員兼任，

〔註18〕 「保法字第〇六六七號訓令」，西康省政府秘書處編譯室：《西康省政府公報》，1941 年第 71 期，第 20 頁。

〔註19〕 「保法字第一二八六號訓令」，同上注，1943 年第 149 期，第 16 頁。

其資格待遇並無一定標準，由軍政長官隨意任免。司法籌備處成立後，依照該處組織大綱設主任一人，由建省委員會函請司法行政部指派，主任之下設處員三人，由建省委員會指定會內富有法律經驗者擔任並報部備案，其餘如書記官、秘書等各員丁由建委會內部調用，組織頗為簡單。

民刑案件的初審主要由兼理司法縣政府負責，其內部人員主要包括：審判官、承審員、兼理司法縣長、秘書科長、書記員、檢驗員、執達員、通譯、監所人員、法警、庭丁，其資格待遇頗不一致。

審判官：西康原轄十九縣中，僅康、瀘兩縣於1938年9月同時成立司法處，康定縣審判官以原承審員代理，月薪五十元；瀘定縣審判官為四川大學法律系卒業生，經承審員考試及格後擔任，月薪七十二元。

承審員、兼理司法縣長、秘書科長：康定、瀘定兩縣原來各設有承審員，自司法處成立後即行裁撤；關外各縣尚無承審員一職，所有司法事務或由縣長自兼，或委託秘書科長代理，不限資格，均兼職不兼薪。

主任書記員與書記：康定縣司法處書記員以原任司法書記代理，月薪三十元，瀘定縣司法處主任書記員月薪三十二元，書記員月薪二十元，其它各職均由縣府職員兼任，既無資格限制，亦不另行給薪。

通譯：西康原轄十九縣中，瀘定縣百分之九十人口為漢人，即使有極少數獷夷，也都會講漢語，無須通譯；其餘各縣政府均設有通譯，其資格無一定標準，主要以會藏語併兼會漢文者充任，待遇也不一致，如康定縣府月支法幣十六元，甘孜縣府月支法幣六元。

檢驗員：瀘定縣檢驗員係由原縣府檢驗吏充任，康定縣由法警中選擇熟悉檢驗者兼任，其餘各縣未見有此項人員設置。

執達員、法警、庭丁：康定縣的執達員從法警中選擇文字通順者充任，薪餉每名每月支法幣六元；瀘定縣關於上項人員則甄別試用；其它各縣的執達員、法警、庭丁均無專設名目，一律由政警或士兵兼任。

縣監所人員、管獄員及看守所主任：康定由審判官兼任，其餘各縣或由縣府科員兼任（如道孚）；或由縣府收發人員兼任（如甘孜）；或由警察隊長兼任（如九龍）；看守與所丁則由政警或士兵兼任，且不另支薪餉。

土司與喇嘛寺司法人員：土司處理司法事務沒有專任人員，或由其手下之頭人處理或由土司自行調處。喇嘛寺的司法人員為：鐵棒專管喇嘛與喇嘛之間的紛爭，傳號專管普通百姓間的訟爭。兩種人員均由寺中德高望重的喇

嘛指定，傳號任期二年，鐵棒任期一年，其資格無標準，也不另外發給薪水。

從以上可以看出，西康高等法院建立以前，西康各縣司法基本由縣政府兼理，沒有專門的基層司法機構，雖有少數司法人員，但由於機構的不完善，以及待遇、身份的不確定，加之司法人員素質的參差不齊，使得其無法認真專一地從事司法工作，民刑案件的審理也自然混亂不堪。案件審理長久拖拉，各縣民刑案件出現大量積壓。如前第一章所述，土司、頭人及喇嘛經常阻留藏民向「漢官」投訴，私設法庭、任意捕人、刑訊逼供、魚肉鄉民。百姓遇有民刑案件，也一般不會訴諸司法機構，而是轉向他們所信任的土司、頭人等地方權威。因此，西康高等法院建立以後，在逐步建立並完善各地方法院及縣司法處的同時，非常注重專業司法人員的考選、任用和管理。

二、建省後司法人員的任用與管理

如前述，建省以前的司法人員少有專職人員，多由縣府職員兼任，既無資格限制，也不另行給薪，這就無法保證司法人員的專業素質與敬業精神能夠充分發揮。建省後，由於中央對西康司法地位的重視，也由於國民政府司法經費收歸國庫統一劃撥後，司法經費相對充裕，因而開始補充大量專職司法人員。為保證其職業水平的發揮，在人員的選拔和任用上相對嚴謹與規範。

（一）司法人員設置

西康高等法院內，院、檢共處，檢察處設主任書記官、檢察官、書記官、法醫師、錄事、公丁、司法警察等；院方設審判庭，置推事兼庭長一人、推事四五人、主科書記官一人（科長）、書記官四至五人、庭丁和執達員若干人。

各縣級司法機構由於條件有限，有的仍是縣政府兼理司法，由西康高等法院委派主任承審員或承審員，在縣長領導下承辦民刑案件。縣政府兼理司法的地方是在縣政府內設司法室，經費由國庫開支。司法室設書記員、錄事、執達員、庭丁、檢驗員、司法警察等。

康定、西昌、雅安等地方法院均設院長、檢察官、推事、書記官長各一人，書記官四人、檢驗員一人，錄事、執達員、法警十餘人。康定、雅安兩地方法院每月受理民刑案件一般一二十件，至多不過四十件，人員基本夠用。西昌地方法院接收下級縣府移交民刑未結案件一月多達五百餘件，故事務繁忙，原定人員不敷分配。

各縣司法處設主任審判官、審判官、主任書記官、書記官、錄事、執達

員、檢驗員、司法警察等。檢察官一般由縣長兼任，不另支薪。縣司法處主任審判官負責該單位司法行政，有銅質印信一顆、銅質官章一方，儼然是一個七品官。

院、檢兩方的高級人員如院長、首席檢察官、推事、檢察官等，都由司法行政部簡派或薦任，書記官長由院長保薦，首席的主任書記官由首席檢察官保薦，其它下屬人員大多由院長、首席檢察官任命，報請司法行政部存查或銓敘部定級，即算完成任命手續。

總體而言，西康司法官員基本按照國家司法人員職位的相關要求進行設置，為司法審判制度的改革做好了相應的人員準備，但各縣經濟發展的具體困境也阻礙了司法人員的合理任用。由於西康是邊遠省份，很多合格司法人員都不願來，用人多由高院自行物色，這就使得高院兩長具備了獨特的人事行政權。上行下效，西昌分院、康定分院乃至各地方法院、縣司法處的長官也都相應掌握了較高的人事行政權，除個別清廉者外，多數長官往往將自己的親屬、家眷等安置在各院處中。諸如會理法院院長黃驤貪污案件，在下屬職員對其檢舉狀中就羅列了其家屬、親眷在會理法院的任職表：

黃驤院長親屬關係 [註20]

姨表弟	姑表弟	妾	妾兄	妾表兄	妾表嫂	妻姨表	妻姨表侄	同堂表弟	妾表弟
王□□	姜永華	李慧芳	李少文	胡玉德	胡顧士賢	蘇少昌	蘇君友	董國柱	劉嘉寶
書記官	出納	錄事	執達員	執達員	錄事	執達員	公丁	公丁	白役

這樣的人員配置必然會產生各種弊端，位高權重之下，司法系統內部的貪污腐敗便可想見，這對司法審判的公平、公正造成了直接的負面影響。在黃驤案中，下屬人員借機使弄手腳，致監獄一百多人犯全在夜間越獄逃散，想以此引起中央注意，司法行政部下令西康高院嚴肅處理，高院轉令西昌分院院長饒世科、首席檢察官陸雁秋赴會理查明真相併擬具處理意見，但因案件牽涉到複雜的政治關係，最後饒、陸二人採取抹稀泥的辦法，將一切責任歸咎為監獄負責人大意疏忽，當事人皆不知情，一件驚人大案就這樣煙消雲散。

〔註20〕「黃驤貪污案」，四川省檔案館藏，檔案號252－10。

（二）司法人員的選拔與培養

儘管在司法人員配置上存在多種弊端，但爲了提高司法審判效率，盡力保證審判結果的公平公正以及審判活動的合法有序，西康在司法人員的選拔和培養上，還是著力改進。

首先，在司法人員的選拔中看重專業素養。「適合西康司法人員之條件，爲推檢及書記官者，第一，須具備法律知識與司法經驗；第二，能吃苦耐勞明瞭西康情形。」〔註21〕西康高等法院嚴格執行司法行政部對司法人員的考選規定，將應聘者專業能力放在第一位，要求「關於辦理訴願及有關司法案件應以法律專門人材擔任」。〔註22〕所有大學法律系司法專業的畢業生，必須經銓定資格後參加招錄考試，根據成績擇優錄取之後進行短期理論和實戰訓練。受訓人員依例也可以將學習期間延長六個月代替訓練，並以學習或辦案成績作爲再試成績。

很明顯，西康司法人員的選拔採取了「逢進必考」的制度，並且注重對備選者的綜合考核，既有司法理論的書面考試，又結合了其辦案業績和專業技能的考察，這種人才選拔方式，即使在今天看來也是值得推崇的。不僅如此，針對司法人才的學歷高低和工作能力的差別，又把各級幹部人才進行分類管理，分爲高、中、初三級。專科以上學校的畢業生及國外留學生之回國者爲高級；各職業學校的畢業生爲中級；各種技工或小學畢業程度而曾受短期職業訓練者爲初級，分別於每年中及每年度終了時向中央設計局查報一次，並呈報行政院備查。

其次，注重司法人員的養成與培訓。司法人員的養成與培訓不同，養成是指法科專業畢業生在進入法律實務界之前，要根據所學專業知識，結合實務情況而進行專門教育。司法人員的培訓則是針對已經具備司法官資格且具有長期辦案經驗的司法人員，進行繼續深造教育。

由於司法人才缺乏，西康高等法院於 1945 年、1946 年，分別在省政府主席劉文輝舉辦的西康省幹部培訓團第九期、第十期中開設司法班，專門培訓一批職業司法人員，畢業以後多派往關外擔任各縣審判官、主任審判官、看守所長等職。各司法班培訓班又根據工作需求分爲三類：

〔註21〕蕭文哲，前注〔3〕，第 15 頁。
〔註22〕「保法字第一一六九號訓令」，西康省政府秘書處編譯室：《西康省政府公報》，1942 年第 114 期，第 27 頁。

一是法院班，招收下列三種：其一，被疏散或由戰區退出的法官及司法行政官；其二，在國內外大專院校法律專業畢業的西康本地人；其三，在國內外大專院校法律專業畢業的外省人民。前兩項人員可免試入班受訓，第三項人員須加考試。訓練科目爲現行法律、司法實務、監獄學與監所法令、西康人文地理以及西康社會調查、邊疆政策、軍事訓練、精神講話。顯然，這樣的人員分類培訓方式，實質是要求司法官需要同時具備專業知識和西康風土人情、社會常識，這是爲了今後在審判實踐中，法官能夠因地制宜地將人們的生活實際和民間習俗融入司法審判之中，這種人才培養和選拔模式可以更好地引導法官尊重民間公序良俗，運用民俗習慣來審判案件，增強司法審判的公正度和社會效果，這對於當前司法人才選拔機制的構建也是值得借鑒的。

二是書記官班，招收下列三種：其一，被疏散或由戰區退出的法院書記官；其二，在中等以上學校專業畢業的西康本地人；其三，在國內外大專院校法律、政治、經濟專業畢業的外省人。第一項人員可免試入班受訓，第二、三兩項人員須加考試。訓練科目除與法官班相同的內容外，另外增設會計、統計兩科。

三是監獄官班，受訓人員也招收三種：其一，被疏散或由戰區退出的典獄長、看守長、管獄員及司法行政官；其二，在中等以上學校專業畢業的西康本地人；其三，在國內外大專院校法律、政治、經濟、農、工、商科或甲種職業學校專業畢業的外省人。第一項人員可免試入班受訓，第二、三兩項人員須加考試。訓練科目除與法官班相同的內容外，另增設工商管理、農林管理、畜牧學、犯罪學四科。

西康司法改革的推動者們意識到，司法人才的選任並非是一勞永逸的，既要嚴格其進入司法機構時的考選，更要加強其進入後的各種培訓。爲適應現代司法工作需要，也同時考慮到抗戰結束後建國工作必然迅速展開，各種專門人才需用甚多，如不事先培養，則建國步驟必受阻礙。因而張榮恭、陳光宗、高家祐等提出培養人才儲備建國方案〔註23〕，主張大力鼓勵青年人才學習深造，公費標準不能因科系之不同與地域之差異而有區別，應以學業優良與家境貧寒兩條件爲準繩；品學兼優之青年除公費待遇

〔註23〕「西康高等法院民國二十六年二月二十二日雅人字第四二三號訓令」，雅安市檔案館藏，檔案號 187－4－236。

外，應另給獎金以資鼓勵；停止自費留學制度，增加公費留學名額，而派遣名額之分配除實際需用之急緩外，宜各科並重，不可偏廢；提高研究人員待遇，並選擇成績優良者，給予其以出國深造的機會，回國後本著人盡其才的原則統籌任用。

（三）司法人員管理規定

司法人員的職業素養和職業道德將直接影響著審判效果。因此，西康針對司法人員的日常管理制定了一系列規則。

第一、嚴格日常勤惰考核

西康高等法院制定了所屬各級法院職員給假規則，規定高等法院長官請假須經司法行政部核准，高等法院下屬各司法機關長官請假須向高等法院申請核准，並按月列表報部備查，如請假逾限，應依照「司法官俸給細則」分別支半俸或停止支俸。平時勤惰考核由該院長、首席檢察官視察所屬機關時進行抽查，以下是「司法官俸給細則」第 10 條條文：

「凡請假不滿十日者仍支原俸，但轉任官在途請假者，雖不滿十日支半俸。凡請假十日以上而在左列期間以內者，自准假之日起支給半俸，逾期停止支俸。因病一月以內；因事兩星期以內；因親喪二月以內；因婚事或配偶之喪一月以內；因其它特別事故一月半以內；女職員因生育二月以內。請假須回籍者，其假期除去程期內得支半俸，請假回籍程期視所經地方交通便利與否於本細則第 5 條轉任程期二分之一範圍內，由各該長官從嚴核定，造報司法行政部備案。因重大疾病或因公致疾特別給假者，其假期內應支俸額得由各該長官聲敘特別事由，報司法行政部核定。」〔註24〕

第二、加強司法人員職業操守和工作作風的管理

西康省政府建立之初，由於長久抗戰導致司法設施建設始終難具規模，各項法令雖詳細，卻未必每條必守。西康各級司法機構雖初步建立，但由於戰爭的影響，法令始終不能貫徹，各級法院權責亦欠分明，一般官吏因循敷衍，視法令為具文，於其主管事務多有廢馳，特別是一些司法人員知法犯法，以致貪污、叛亂等層出不窮。

在抗戰後期，國民政府開始籌備實施憲政工作，司法機關的職權日益增強，司法人員的責任日益加重，這就要求各級司法人員均應專精職務、恪守

〔註24〕 「西康高等法院民國三十六年四月九日雅人字第七二七號訓令」，「司法官俸給細則第十條條文」，雅安市檔案館藏，檔案號 187－4－236。

紀綱。同時，各地物價增高，司法人員薪俸較低，其清苦較一般公職人員為甚，更需要司法人員秉承養廉之訓。因此，西康高等法院要求各司法機構大力整頓司法風紀，司法人員節約自勵、素位而行。「各機關首長均負有監督之責，尤先以身作則、恪勤職事，對於所屬人員考覈勤惰並密察操行，其有嚴守四知、拒絕賄賂者呈請優加褒獎，而假借名義、希圖誣衊者，亦宜查究藉申保障，倘竟有甘心自污、苟且用事之徒，即當隨時檢舉從嚴懲處」。〔註25〕針對司法人員的種種陋習，提出整治綱紀的措施：「一曰懲治叛亂，處此危急頹勢之下，意志不堅分子最易動搖變節，必須嚴密偵察、予以整肅，本治亂用重之旨，對於危害國家、叛亂政府之不法官員，一經發覺，決盡法以懲，不稍姑息。二曰肅清貪污，自抗戰以還，國用告急、經濟失常，我公務人員生活清貧，□□乃心者雖屬多數，而隨波逐流、貪贓枉法者亦不乏人，政府既失之瞻徇顧忌，社會上亦鮮是非之論，遂至薰蕕同器、涇渭不分，敗壞風氣莫此為甚，必須迅予肅清以懲官邪。三曰統一權責、修明政治，必須官有專責、職有專門、權責分明，方能增進效能。嗣後各級機關、各級人員皆應各盡各責，不得逾越代負，亦不得相互推諉，務遵系統、恪守職權，徹底革除拖沓偷惰、割裂分歧之惡習。四曰健全人事，用人賢否攸關政治隆污，目前用人、行政牽制重重，不能為事擇人、浪費至多，亟待加以糾正，各機關長官應駁除情面、謝絕請託，本為效用人，唯效繩人之旨，任免賞罰，一本至公，對於優異忠貞之士尤應破格擢用以資激勵。五曰撙節開支，值此財政極度困難之際，各機關用錢應力求撙節，員工待遇務必劃一，絕不許有虛報員額、濫支經費，或巧立名目、自訂待遇，違者以機關長官失職論。」〔註26〕

西康高等法院對各級司法職員的禮儀規範也非常重視。鑒於各縣司法人員在坐廳審判時的儀容形態與衣冠禮節過分隨意、不成體統，為規範之，1940年西康高等法院擬具各縣司法人員庭訊時關於儀式的整飭辦法。

各縣司法人員庭訊時關於儀式之整飭辦法〔註27〕

關於開庭時司法人員之位次，法官、書記官、律師、當事人位次及旁聽席排列整齊打掃清潔。

〔註25〕「西康高等法院民國三十七年三月十三日雅人字第三〇號訓令」，雅安市檔案館藏，檔案號187－4－236。
〔註26〕「整治綱紀辦法」，雅安市檔案館藏，檔案號187－4－250。
〔註27〕「西康高等法院民國三十九年八月十七日文字第736號訓令」，四川省檔案館藏，檔案號252－1152。

關於司法人員之服裝，各級法院司法人員應按照推事、檢察、書記官、律師服制條例所規定，縣司法處及縣政府司法人員未製備制服者應一律服中山裝，並應注意新生活須知，衣之一項格外嚴肅整齊。

關於儀容形態之整肅，儀表應尊嚴，態度應誠懇，言語應莊肅，舉止應端凝，並應注意新生活須知住行兩項。

關於法庭秩序之維持，應注意法院組織法第十章關於法庭之開閉及秩序之規定。

此外，西康高等法院還要求職員在休息時要檢討過去工作以期日新月異，並講讀國父遺教、主席言論輯要、古今名人論著等。法警於每天早晨早操時間集合，由檢察官或書記官宣講法警應作為之事項及刑事訴訟法規定之送達事項。

第三、對司法審判工作方式進行規範

西康建省初期，司法工作混亂無章，並未嚴格按照司法程序辦事。尤其是各兼理司法縣政府辦理民刑案件雜亂錯誤、毫無統準。例如民刑案件卷宗混合不分，行政事件與司法事件混合不分，用白呈來代替民刑狀紙或自製訴狀，不貼用印花稅票；民事訴訟費用不遵裁判費規則，隨意徵收；裁判費不貼司法印紙，或貼不足額，或貼而不予塗銷，或於案件上訴時臨時補貼；傳喚訴訟人等不用傳票和送達證書，而僅開一總名單；訊案不製筆錄，判決不作判決書，僅於點名單內記明要領且不予送達；一案判決多次，不指示當事人可提起上訴，判決未確定即強制執行；民事當事人濫行羈押，刑事被告日久羈押而不予判決；殺人案件不檢驗屍體，刑事不送覆判；偵查勘驗為調查證據的重要程序，承辦案件人員每遇命案發生，卻常不注意辦理，任由犯罪現場變動，致使有冤難伸，司法機關備受指責，諸如此類不勝枚舉。

西康各級法院和縣司法處從 1940 年開始，對於上列情形均逐案予以糾正。西康高等法院 1940 年 8 月 2 日令康定分駐庭：「不服縣政府或縣司法處之判決而上訴者，在《縣知事審理訴訟暫行章程》第 31 條、縣司法處辦理訴訟補充條例第 22 條明定應向第二審法院提出上訴狀，本院收到上訴狀，向縣調卷核辦，並不發交原審，嗣後凡不服縣政府或縣司法處之判決，徑向該庭

提出上訴狀者，該庭並應調卷核辦，不必將上訴狀發還交原審，以免延誤」。
〔註 28〕又規定，凡有訴訟案件嚴守審限規則辦理，不得稍事積壓，須迅速結案，以減輕人民訟累。此外，規定「受理訴訟，應恪遵法定程序辦理，不得非刑逼供、輕率判罪，所有跪審、刑訊諸惡例一律嚴予制止……縣府司法警察或差役以及管獄員丁，應責成縣知事與承審員隨時考察、嚴加管束，倘有刁難搵索情事，毫不瞻庇，即予盡法懲處以免害法病民。」〔註 29〕經過一年的整頓，各法院和基層司法機構人員的工作相對有序。

三、建省後司法人員的待遇保障

由於西康社會發展相對落後，司法人員的工作條件因而也相對艱苦，為避免人才的流失，也為了保證司法人員能夠專一工作，西康在司法人員的待遇保障方面也採取了相應措施。

（一）薪俸保障

1928 年 4 月 6 日，國民政府公佈了有關司法官官俸的暫行條例，該條例對地方各級法院司法官的級別、官俸標準作出統一規定。此外，《法院組織法》還規定，符合一定條件的推檢可享受簡任職待遇，為免除司法官在職時的後顧之憂，還作了有關退養金的規定。西康按照國民政府的相關法規，對司法官官俸進行了調整。但是，由於國民政府時期的司法經費是由中央和地方二者共同承擔，中央主要負責司法行政部、最高法院和其它相關司法機構的經費開支，各地方司法經費則由省級財政負擔。這種二元化的經費分擔方式使地方司法長期面臨經費匱乏困境。中央下發經費入不敷出，而各省地方財政既要承擔司法經費，還要將部分司法收入交付中央財政統一支配，以至於經濟發展落後的地方司法機構對於司法經費的支出，往往捉襟見肘、困難重重。在這種情形下，地方司法官本已微薄的薪俸更難按時足額發放，積欠現象極為普遍。事實上，國民政府時期，西康由於地處邊遠，地方財政收支不平，司法經費短缺，司法官的薪俸始終有名無實，或者照支原俸，或者減半增支，基本上是畫餅充饑。

〔註28〕「西康高等法院民國二十九年八月二日文字第 194 號訓令」，四川省檔案館藏，檔案號 252－1152。
〔註29〕謝百城，前註〔46〕，第 104 頁。

（二）任職保障

西康由於過去司法與軍政相混合，司法人員多由軍政機構指派並監控，即使在建立獨立的司法機構後，各縣軍政人員依然對司法領域有所干預，司法人員時有被軍政機關捕禁情事。司法人員在西康不受尊重已成普遍現象。雅安地院首席檢察官鄧楠在辦案中無意得罪了某軍官，在辦公室被幾十名保安隊士兵拖到法院門外拳打腳踢，打得遍體鱗傷，無人過問；天全司法處審判官邱光姜出差到離縣城一百多里的太平鄉驗屍，途中被關卡保安隊人員索要保商費；雅安地院院長李安國每年過節都要給軍政要員拜節、拜年。究其原因，多由於當地人士與軍政人員相勾結，利用軍政機關的權力對司法人員濫加控訴，以圖陷害或藉故侮辱、報復，司法人員的自由、名譽隨時有被人侵害之慮，人民對於司法權威的信任頓減。爲了保證司法的公正和有效，爲了維護司法尊嚴，防止舞弊行爲，西康司法機構開始加強對司法人員合法權益的保護。

首先，對司法人員被控案件謹愼對待。《法院組織法》規定：「實任推事，非有法定原因並依法定程序，不得將其停職、免職、轉調或減俸；前項規定，除轉調外，於實任檢察官準用。」〔註 30〕這條規定顯然是爲保障司法人員能夠獨立履行職務。具體而言，依《公務員懲戒法》規定，推事被免職或減俸的法定原因包括違法與廢弛職務或其它失職行爲；推事停職的法定原因包括受刑事追訴或相關處分。根據此規定，西康各級法院對於司法人員被控案件非常愼重。

一方面，對於確有違法亂紀行爲的司法人員嚴懲不貸。「兼理司法之縣知事及承審員，如有循情或受賄情事，應視其情節輕重分別懲處，以顯示司法之尊嚴。」〔註 31〕

另一方面，不偏聽偏信，而是注重取證。規定司法機關審理司法人員被控案件應注意：人民告發司法人員案件，依法律規定應負相當責任；檢察官應先行調查，不能妄加論斷。檢察官實施偵察，非有必要情形不得先行傳訊被告。最重本刑爲拘役或專科罰金之案件，除有必要情形外，法院或檢察官應許被告委任代理人到場。法院或檢察官傳喚或拘提被告時，除認爲必要者外，不用通知該管長官。

〔註 30〕 中華民國法學會編：《袖珍六法新編》，上海：昌明書屋，1946 年版，第 1195頁。
〔註 31〕 謝百城，前注〔46〕，第 104 頁。

1942 年 7 月 30 日，西康高等法院令康定分駐庭：「所屬各地方軍政機關及駐防部隊，嚴禁對於現任司法人員加以非法之侵害，遇有司法人員被控涉及軍法事件，受理機關應斟酌案情證據慎重處理，不可偏聽一面之詞遽行傳拘羈押。如被控人員犯罪嫌疑確屬重大，認為有傳訊之必要時，並需將傳訊之事由與時期事先通知其長官或其上級機關，以免引起誤會妨害司法事務之進行。」〔註32〕

1948 年，西康高等法院處理的一樁有關縣民控訴法院推事袒護妻族違法處斷的案件，就體現了法院對司法人員被控案的慎重態度。1948 年 8 月 30 日，滎經縣民張志忠訴該縣地方法院推事史丕易袒護妻族違法處斷，西康高等法院接到訴狀後，令滎經地方法院院長廖豫查核該推事是否在該縣與陳姓之女結婚，對控張志忠房產糾紛案有無偏袒情事。滎經地方法院經過查證回覆，「本院推事史丕易配偶陳璧輝籍隸滎經本屬事實，惟查具原來經辦張陳氏與張志忠等因撤銷買賣事件一案，於本年 7 月 20 日審訊，曾經御諭和解，張志忠給付食米五斗與張陳氏，但未經該張志忠承認和解，卒未成立，當即宣告辦理終結，定 24 日宣判，並經於 23 日送閱判決書原本，仍係該張陳氏敗訴。現有筆錄及原擬之判決書可查，殊於該項判決書原本送閱之後隨即批辦，22 日所收書狀內有該張志忠呈遞之書狀一件，指謫史推事內人與張陳氏有親戚關係，認為應行迴避，該推事當即自行迴避，未予宣判，該案經改由推事周鴻濱重開辯論辦理終結，是此經過情形，推事史丕易辦理該案顯無偏袒情事」。〔註33〕這一樁民告官的案件終於宣告結束。此案充分說明，西康各法院對司法人員被控案件重視取證、謹慎對待。同時也反映出，西康建省後其司法制度更加趨於保護民權，和過去土司、頭人、地方官員獨霸司法話語權的舊有司法秩序大為不同，人民的法律意識、維權意識已經進一步提升到敢於控告司法官員，而西康高等法院和滎經地方法院對此事的重視與徹查，也體現了新的司法體制建立後，西康司法審判對司法人員秉公執法的要求更高，這無疑是司法審判制度改革的一大進步。

其次，避免被控司法人員與訴訟人對簿公庭。由於各地檢察官辦理司法人員被控告或被檢舉案件，常不問案情如何，任意將被控人員拘捕羈押，導

〔註32〕 「西康高等法院民國三十一年七月三十日第 127 號訓令」，四川省檔案館藏，檔案號 252－1161。
〔註33〕 「史丕易袒護妻族案」，雅安市檔案館藏，檔案號 187－4－142。

致受控者所管事務因而停頓。如果確實是證據明確、罪無可赦，固應依法嚴辦；但據調查，最終因罪嫌不足而給予不起訴處分或判決無罪者仍居多數。這樣的情形既損法院之威信，也增加司法人員辦案的紛擾。

為維護司法威信，西康高等法院要求在處理司法人員被控案件中，如毫無證據足以認為有犯罪行為者，應儘量避免被控司法人員與訴訟人對簿公庭，以保全司法人員的威信，使司法工作不致有停滯之虞，以此維護司法之尊嚴。「檢察官偵查現任司法人員被控案件，應避免使其與一般訴訟人對簿公庭，於質訊方法應加注意，必要時，並須通知其長官或其上級機關，俾對其所掌之職務，得為適當之處理……此項通令，意在維護司法之威信與法院之事務不使因個人之被控而受影響。」〔註34〕

再次，審理過程遵守相關程序。法院受理司法人員被控案件，法院或檢察官拘提或逮捕司法人員後，應通知該管長官，並應注意保護被告的名譽，除令告訴或告發人依照控告官吏相關手續做好準備外，應先傳訊告訴或告發人，並搜集或調查證據。一旦發現案件是單一民事案件，或告訴人利用自訴程序恐嚇被告者，應曉諭自訴人撤回自訴。法院可於第一次審判期日前，以不公開方式訊問自訴人，如認為犯罪嫌疑不足或不成立犯罪時，應採用不起訴處分，裁定駁回自訴，不必傳訊被告。法院經訊問自訴人並調查事實後認為應宣告無罪者，依刑訴法第 298 條規定，不待被告到庭陳述即進行判決。法院經訊問告訴人或告發人並調查事實後，如認為被告確有犯罪嫌疑時，須通知被告書面聲辯並實施傳訊。「訊問被告應出以懇切之態度，不得用強暴、脅迫、利誘、詐欺及其它不當之方法，被告經訊問後，除有刑事訴訟法第 76 條所定之情形而認為必要者外，法院或檢察官不得予以羈押（刑事訴訟法第 98 條及第 101 條）。被告雖有法定羈押原因，但無羈押之必要者，法院或檢察官得逕命具保責任，或限制住居（刑事訴訟法第 120 條）。」〔註35〕法院或檢察官辦理司法人員為被告的案件，可視情形將審判結果通知該管長官。

如果司法人員被控案件涉及特別刑事法令，則依法送軍事機關審判，

〔註34〕 「西康高等法院民國三十二年二月二十二日訓令」，四川省檔案館藏，檔案號
　　　　 252－1160。
〔註35〕 「西康高等法院檢察處民國三十六年四月九日雅檢牘字第□號訓令」，雅安市
　　　　 檔案館藏，檔案號 187－4－146。

辦理時尤其審慎，除急速處分之案件外，應先將案情詳細密呈西康高等法院院長或首席檢察官或逕呈司法部，然後再移送該管軍事機關審判，以示慎重。

從上可知，西康高等法院以及各基層法院建立以後，司法人員的選拔、任用、管理相應有所改進，司法人員待遇和地位保障也有所改善，這對於司法審判制度的改革起到了很大的支持作用。

第三節　司法經費

西康司法組織體系的建設過程中，面臨最困窘的問題之一就是司法經費的短缺。自民國建立以來，司法經費一直由地方政府負擔，成為困擾和制約司法改革尤其是地方司法改革的主要因素。西康高等法院依靠法收坐支，津貼有限。至於縣司法的經費，由司法行政部向省府商定預算，用以分期設立縣司法處和地方法院，以及調查習俗之用，但上級撥款有限，各縣由於案件不多，司法收入也入不敷出。各地方法院與監獄的經費和縣司法的經費更是常陷困窘，從 1939 年西康省政府財政廳給瀘定縣長李林的回覆可略見一二：

西康省政府財字第 0067 號文件令瀘定縣長李林，「二十七年十二月，呈一件為呈報二十七年度司法經費收支不敷情形，造具收支四柱清冊，懇予補發，仰祈鑒核一案由，呈件均悉，該縣冊列二十六、二十七兩年度不敷司法經費，共計陸百玖拾柒元貳角，准由該府就地設法籌備，收據發還。另附原呈：職府二十七年度司法經費，前曾按收入、支出兩部門分別編造計算概算書，呈請核示。茲計二十七年全年度司法經費收入，法幣共三千一百玖拾貳元八角，支出法幣三仟伍佰陸拾八元，連舊管項下移來，二十六年度不敷經費三百貳拾貳元，品迭實不敷法幣陸百玖拾柒元貳角整，竊以瀘定地方素稱瘠苦，查每年地方款收入，時感不敷開支，就上年度不敷司法經費三百貳拾貳元，迄今覓無款彌補。」〔註36〕由此足以可見西康各縣司法經費的緊張。

司法經費拮据的最大影響，就是司法人員的俸給待遇無法得到保障。西康地處邊疆，經濟發展較為落後，加之氣候高寒，邊區生活較為清苦，如無特別獎勵，願去的司法人員為數實少。人同此心，若在同樣待遇之下，勢必

〔註36〕「財字第○○六七號訓令」，西康省政府秘書處編譯室：《西康省政府公報》，1939 年第 1 期，第 143 頁。

很少有人自願受苦，因而即便放寬人員考選的資格審查條件，其結果也未必盡收實效。這樣一來，留用專業的法律人才，加強司法效能就成為一句空話。因此，在全國司法經費改革的大背景下，西康政府也開始為西康的司法經費運轉謀劃新途。

一、國庫統一劃撥與管理

西康各縣以往司法經費主要靠法收坐支，因此訴訟費用極高，挫敗了民眾向官方提起訴訟的信心。1939 年國防最高委員會第 21 次常務會議核准通過法案，確定自 1940 年起先在大後方四川、貴州、雲南、廣西、陝西、甘肅、西康、寧夏、青海 9 省施行，其正式法院及新式監獄、看守所之經費改由國庫負擔；自 1941 年起無論戰區或非戰區省份已設或未設法院之縣份，其經費一律由國庫負擔，訴訟費用亦隨之減輕。

（一）司法經費由國庫補助

依照各省先例，司法經費應由省庫負擔，但西康省庫無此財力，經司法行政部與財政部商議同意，除法院本身收入外，按月由財政部發一萬三千餘元，交由西康財政處轉發高等法院領用。「本省建省成立，各項政務均積極推進，司法事務當然不能單獨落後，去年十一月曾由西康司法籌備處斟酌後方實際情形，擬具二十八年度西康司法經費計算，計經常、臨時兩門共需款三十五萬餘元，呈報中央，茲經核定，法院監所延至 7 月成立，高院及各縣補助費從三月份開始，共可收經費八萬餘元，司法收入估計約三萬餘元，其不敷之二十三萬餘元，准由國庫補助云」。〔註37〕如果說此時還主要是將西康高等法院以及部分縣份的司法經費進行統一管理，1941 年省政府財稅字第 0291 號文件則正式宣佈，「准西康高等法院公函三十年度各縣兼理司法經費統由國庫負擔。」〔註38〕自此，西康各級司法機構的司法經費均改由國庫統一負擔，從而在制度上突破了長期以來困擾其司法審判制度改革的「瓶頸」。

（二）各縣法收一律上繳國庫

過去各縣罰金由縣府自行處分發用，從未向上級部門報解。各縣所用

〔註37〕 「西康正式建省後司法費由國庫補助」，《康導月刊》，1939 年第 7 期《一月來康事輯要》，第 75 頁。

〔註38〕 「省政府財稅字第○二九一號文件」，西康省政府秘書處編譯室：《西康省政府公報》，1941 年第 58 期，第 33 頁。

民刑狀紙也由各縣府自製，徵收訟費亦無一定標準，這一切都與法規不合。西康司法經費統歸國庫收支管理後，為方便司法經費的統一規劃與調配，規定各縣法收不得隨意處置，而是統一化管理，按照要求一律報表上繳國庫。各縣所有罰金應一律按月報解，如遇地方公關事件需款輔助者，亦須專案呈請核發，不得任意挪用。1947 年 2 月 17 日，西康高等法院令榮經地方法院，「司法機關所收當事人所繳案款，依照二十八年關於施行公庫法後司法部份收支各項會商記錄第四項規定，應繳存國庫以保管金科目處理，現從總分支庫經收，該項保管款為數甚微，各司法機關司法收入依法應分別性質繳送國庫或交庫保管以符規定。」〔註 39〕據此，各縣代收法收及印狀紙工本費應按月報解高等法院，然後轉解國庫。高等法院再根據各縣訴訟案件的多少情況頒發印紙、狀紙，令各縣遵照司法行政部所規定的統一價格出售，並依法徵收訟費、貼足印紙、按月報解，如此標準化管理，以杜流弊。「凡受理訴訟，除依法徵收審判、抄錄、執行、送達、及必要之食宿費外，無論員司丁役，不得違章需索，並應革除一切陋規，如鋪堂、開單、草鞋等之類，用清積弊。」〔註 40〕

　　但是，西康各縣由於過去的管理鬆散，加之缺乏獨立的司法機構，因此，各兼理司法縣政府對於法收及工本款項常常延不報解、自收自支、任意截留。部分縣政府甚至於自製狀紙，藉口請領未到任意發售，或不待請准，擅自將司法印狀紙費加徵五成，加重人民負擔。種種弊端無法杜絕，老百姓怨聲載道。針對此種亂象，西康高等法院特擬定制度，要求「各縣代收法收及工本款項，應按月報解清楚，不准抵扣或截留，領用民刑繕狀紙應預計請領，不得擅行自製及附加分釐。」〔註 41〕

二、各級法院經費管理

　　隨著西康省司法機構日臻健全，訴訟案件與日俱增，逐年法收均有超收，以 1944 年至 1946 年西康高等法院為例，「計三十三年度，一百四拾一萬四千四百三拾二元，三十四年度六百二拾九萬三千七百九拾四元，三十五年度二

〔註39〕「西康高等法院 1947 年 2 月 17 日會字第 308 號訓令」，雅安市檔案館藏，檔案號 187－4－145。
〔註40〕蘇法成，前注〔88〕，第 9 頁。
〔註41〕「民一字第一九〇七號訓令」，西康省政府秘書處編譯室：《西康省政府公報》，1940 年第 48 期，第 18 頁。

千四百六拾二萬九千七百二拾四元，均悉數解繳國庫。」〔註42〕而與此同時，由於多年持續抗戰，國民經濟秩序遭到破壞，西康作為抗戰大後方自然也受到一定影響。經濟的衰退使司法部所能劃撥到西康各級法院的經費漸趨緊張，而西康各縣司法處的司法經費又由省府負擔，在多重壓力之下，為解決經費困境，西康省政府開始允許各基層司法機構適當保留一定法收以作開支。

（一）合理留用司法收入

1944 年 10 月 3 日，西康高等法院轉發司法行政部 1944 年 9 月 14 日訓會字第 6052 號訓令：「查司法經費向極緊縮，近年來，雖中央力謀改善公務員生活，如籌設公共食堂、宿舍及醫務設備，舉辦合作社以廉價供應日常用品等，乃以經費支絀無法開支，致使良法美意未能一體享受，本部有鑒於此，經數度經述困難呈請行政院准予留用超收法收。」〔註43〕對於各司法機關留用的法收，西康省政府有明確規定：首先，主要用於各機關職雇員的生活補貼以及機關辦公經費補貼，雇員生活補貼按當地生活補助費基本數，每人每月補助三百元。各項罰鍰提成辦公費和留用超徵法收中，除已指定作為員工福利費、繕狀費、獎金外，對於未設有公共食堂者應即設立。如經常費用內所定膳食補助費不敷開支，又無其它經常費餘款可以支出時，也可從超收法收中支出。

其次，各級法院應設立醫務所或診療室，其開辦設備費用由西康高等法院就當年發還保留經費內自行統籌支配。至於經常性辦公費用須視同一區域內各機關徵收各項罰鍰、超徵法收及繕狀費情形而定，如收入不多，可由各機關向當地醫務機關或公共醫院協商，酌情讓醫生前來義務應診，酌送車繕費以資津貼，所需藥品如衛生署醫療藥品經理委員會未供給時，亦得酌予配備。

以上各款由各司法機關在超收法收內統籌支配，仍應將擬用數額呈報高等法院備總列冊，報請司法行政部備查，不得於指定用途以外任意濫支。各機關按照規定福利費用數額支用，倘有不足當月之用時，將下月費用酌量減少，以資彌補，但不准挪用其它款項。

〔註42〕 西康高等法院編：《西康高等法院工作報告》，出版地不詳，1947 年版，第 8 頁。

〔註43〕 「西康高等法院民國三十三年十月三日會字第四七號訓令」，雅安市檔案館藏，檔案號 187－4－146。

（二）嚴控司法人員經費支出

　　抗戰結束後，全國各省司法機關進入到司法復原階段，司法行政部要求司法經費管理規範化，西康也不例外。爲防止司法經費的濫用，西康高等法院對於所屬各司法機關經費開支非常慎重，尤其是司法人員外出經費支出更是有明文規定。

　　首先，西康高等法院對下屬各機關司法警察路費嚴格管理。1948 年 1 月，西康高等法院制定西康各級司法機關司法警察請領路費規則。「司法警長及值日法警應將每日發交之傳拘搜索各票及其它應送達之文書按照送達地點及執行處所匯總，分爲若干路線，於每一路線遴派法警一名分別辦理，即照該路線最遠地點請領路費，但遇特別情形或事實上顯有困難者不在此限……路費之支給除距城十里以內者不給外，應依左列規定數目請領之。距城十一里至二十里三千元，距城二十一里至三十里六千元，距城三十一里至四十里九千元，距城四十一里至五十里壹萬貳仟元……距城百里以上者，每十里加領三千元。」〔註44〕本規則根據生活消費程度及經費狀況每年初提出修改。

　　其次，對法院書記官外出調查案件經費也做了詳細規定。1947 年 11 月，西康高等法院就法院書記官外出調查案件經費問題作出規定：「調查證據之地點在法院所在之城區以內者，概不徵收食宿舟車費。推事書記官出外調查證據應徵之食宿舟車費由承辦推事按當地交通及生活情形酌定數額。論知當事人預繳撙節開支有餘發還，不足令其補繳。舟車費應按當時實價計算徵收，徵收費用如係法院依職權出外調查證據者，應就徵收總數向兩造當事人或代理人平均徵收之，如係一造當事人或代理人請用，如請求當事人數有二人以上者，應按其人數平均分徵，但其中一人或數人願負擔費用之全部或代他人負擔一部分時，得向願負擔之當事人徵收之。應徵收之食宿舟車各費經繳納後，由書記官填發收據交繳費當事人收執，應徵收之費用如當事人不按規定繳納，應於該案確定後強制執行，但未經執行前，已由已繳費用之一造或代理人代爲墊繳時，應視爲訴訟費之一部，於裁判確定後強制執行。」〔註45〕

〔註44〕「西康高等法院民國三十七年元月二十二日雅會字第二一五號訓令」，雅安市
　　　　檔案館藏，檔案號 187－4－251。
〔註45〕「西康高等法院民國三十六年十一月八日雅擬字第二二二一號訓令」，雅安市
　　　　檔案館藏，檔案號 187－4－251。

通過各種整治和輔助措施，西康司法經費雖然依然困窘，但相比建省以前已經有了很大的改善。

第四節　審級制度

審級制度是司法審判制度的重要組成部分。審級制度主要是指司法系統內部各級審判機關根據法律規定所設置的各種審判等級，其中包括原、被雙方當事人或者檢方公訴人在對原審裁判不服時，依法可以向上級審判機關上訴或者抗告的權限與次數，換句話說也就是，一個案件需要經過多少級法院審判後，其判決和裁定才是最終結果，才能最終產生法律效力的一種制度。「自清末實行變法以來，中國的法院編制體例以及審級制度幾經變化，變化的規律是從最初的簡單模仿、照搬西方資本主義大陸法系國家的四級三審制，逐步向三級三審甚至三級二審制過渡。」〔註46〕

清末民初頒行的《法院編製法》仿傚日本的《裁判所法》採取四級三審制。依照《中華民國暫行法院編製法》，民刑審判機關依次為初級審判廳、地方審判廳、高等審判廳、大理院四個審級。民刑案件審理採取三審制，初級審判廳為普通民刑案件的第一審機關；地方審判廳為普通民刑案件的第二審機關和特別案件的第一審機關；高等審判廳為普通民刑案件的第三審機關和特別案件的第二審機關；大理院為中央最高審判機關，也是終審機構。實際上，北洋政府因財力和人力不足，將初級審判廳撤銷，而在地方審判廳中設置簡易庭辦理初級審判廳的事務。但是，除了一些大中城市外，應設置地方審判廳的大多數縣都未設置，所以初級審判廳和地方審判廳管轄的案件實際上大都是由「兼理司法縣政府」辦理。

民國16年即1927年10月，南京國民政府公佈《最高法院組織暫行條例》，沿用了北洋政府四級三審制。「四級」即在中央設最高法院，在各省設高等法院、地方法院，在不設地方法院的縣設司法處，最高法院是全國終審機關。「三審」即同一案件可經三級法院審判，規定在最高法院設置檢察署，各級檢察廳一律撤銷。根據這個條例，各省高等審判廳改為高等法院，地方審判廳改稱地方法院。各級檢察廳改為檢察處，廢去廳長職務，另設首席檢察官。檢察處為各省省府的一部分，受司法部和省政府共同指揮監督。

〔註46〕李光燦、張國華：《中國法律思想史（四）》，山西：山西人民出版社，1996年版，第580頁。

　　隨著國民政府司法制度的完善，四級三審的審級制度受到了法律界人士的普遍質疑。國民政府的司法精英們針對審級制度的改革與否展開激烈爭論。部分司法界人士認爲應該繼續沿用北洋政府時期的四級三審，理由是「審級制度的設立以方便訴訟當事人爲原則，而要想方便訴訟當事人就必須多設審級；考慮到中國的具體國情，以實行四級三審制爲宜。」〔註47〕與此同時，以司法院長居正爲代表的人士則認爲四級三審制嚴重影響了司法效能的發揮，主張實行三級三審制，其理由主要有：「（1）地方法院的範圍應以縣境爲限（2）三級三審制簡便易行（3）初級法院本身威信全無，難以維持（4）實行三級三審制，維護法律的統一。」〔註48〕由於居正作爲司法院長社會影響力頗大，也因當時社會潮流的需求，國民政府最終認可了有關三級三審制度的觀點。

　　南京國民政府於 1932 年公佈的《法院組織法》改變了原來的四級三審制，效法國施行三級三審制，規定從 1935 年 7 月 1 日起實行。三級三審制即指法院的設立由原來的四級改爲三級，分地方法院、高等法院、最高法院三個層次，即：中央設最高法院，各省設高等法院，按照當時的行政區域劃分，全國共設置高等法院 37 所。根據高等法院轄區範圍的大小，可在高等法院之下設立高等法院分院，縣設地方法院，分別執行一審、二審、三審職權。

　　西康是在國民政府遷都重慶後建立的省份，因而其司法審級是採用改革之後的三級三審制，即由地方法院、高等法院、最高法院逐級審判。無論刑事、民事案件上訴到最高法院就算終審。西康高等法院和西昌分院、康定分院負責審理民刑二審案件。凡當事人不服西康高等法院或西昌、康定分院的判決，均上訴於最高法院西南分院（設重慶），這是第三審，官司打到這道衙門就算終審了。西康對三級三審制度的執行，從 1942 年至 1947 年瀘定縣天主教堂與范興發有關田產糾紛案件（具體案情將在第四章西康民事審判實踐一章詳爲分析）〔註49〕的三份判決書可說明其執行情況。

　　一審判決：

西康瀘定地方法院民事判決

三十一年度訴字第九三號

〔註47〕李光燦、張國華，前注〔129〕，第 581～582 頁。

〔註48〕李光燦、張國華，前注〔129〕，第 582 頁。

〔註49〕參見「天主教堂爭奪田產案」，四川省檔案館藏，檔案號 252－16。

原告　范興發　住瀘定

被告　天主堂

主教　華朗廷　住瀘定

代理人　靳永壽　住瀘定

右當事人因贖業事件本院判決如左

主文

　　原告之訴駁回，訴訟費用由原告負擔

事由

　　原告請求贖業，其陳述署稱，民先輩范世澤曾於光緒宣統年間將沈村水田出典與天主堂，典銀九千兩，未訂期限，民備價往贖，伊拒不准云云。

　　被告辯稱，本堂於光緒二十二年買田十二坵，價五百四十兩，三十二年買房地原價三千四百兩，宣統元年買田三處，價一千三百四十五兩，四十二年買田六十坵，價一千二百五十兩，同年買田八坵，價四百二十兩，又民國四年買業連當價共三千五百一十三兩，均有約可憑。業係買受何能放贖，現在原告奉傳不案，請求一造辯論判決駁回云云。

理由（略）

　　據上論結，原告之訴為無理由，應予駁回並依民事訴訟法第七十八條判決如主文。

中華民國三十一年七月二十二日

瀘定地方法院民庭

推事　江鴻黎

　　右判決經核對與原本無異，如有不服應於送達後二十日內向院提出上訴狀

書記官　盧元厚

中華民國三十一年十月二十二日　收領

二審判決：

西康高等法院第一分院判決
卷宗號不詳

上訴人　范興發　住瀘定縣冷磧

被上訴人　天主堂　住康定

法定代理人　華朗廷（法國，主教）住同上

訴訟代理人　童肇春　陳彥青

　　右當事人間請求贖產事件，上訴人對於中華民國三十一年十月二十二日瀘定地方法院第一審判決提起上訴，本院判決如左：

主文

　　原判決廢棄，被上訴人應收取上訴人價款，將沈村天坪碼子房後處岩窩子水田三股，大小二十七坵三塊，又沈邊白秧樹田十二坵、槽田二十二坵，房後十七坵、房屋十一間，又沈村下壩水田大小八坵，又咱威磨子溝下田壩水田二十八坵、瓦房三間，又金銀坎水田十塊，又沈村水田三十一坵返還與上訴人，第一、第二兩審訴訟費用均由被上訴人員負擔。

事實：（略）

理由：（略）

　　基上論結，本件上訴為有理由，爰依民事訴訟法第四百四十七條、第八十七條、第七十八條判決如主文。

中華民國三十四年八月七日

西康高等法院第一分院民庭

審判長推事　汪潤　推事　吳正江　推事　鍾銘

中華民國三十四年八月二十八日

書記官　吳英毅

三審判決：

最高法院民事判決
三十六年度上字第八三號

上訴人　西鑪天主堂　設康定河西沙壩

法定代理人　華朗廷　住同上

被上訴人　范興發　住瀘定冷磧

　　右當事人間請求返還田產事件，上訴人對於中華民國三十四年八月七日西康高等法院第一分院第二審判決提起上訴

本院判決如左

主文

　　上訴駁回，第三審訴訟費用由上訴人負擔

理由

　　本件係爭各田土係由被上訴人先人范世澤等於光緒三十二年、宣統元年二年、民國四年先後立契出賣與上訴人西鑪天主堂，有卷附兩造不爭之各賣契可憑。而西鑪天主堂爲依外國教會章程設立之外國教會又屬顯著之事實，並爲上訴人訴訟代理人靳永壽在第一審所自認不答，上訴人更以空言爭執。原審因而判斷上訴人西鑪天主堂屬於外國傳入之一種外國教會，其在土地法施行前買受爲條約所未許可之上開田土，依司法院院字第二五一一號解釋不生法之效力，出賣人有返還請求權。爰爲有利被上訴人之判決，自難謂不合。上訴論旨猶以西鑪爐天主堂並非外國教會爲詞指謫原審判斷事實不當，顯非足操……

　　據上論結，本件上訴爲無理由，依民事訴訟法第四百七十八條、第四百四十六條第一項、第七十八條判決如主文。

中華民國三十六年一月十日

最高法院民事第六庭

審判長推事 林組絕　推事 李受益　推事 諸葛魯

　　當然，西康對三級三審制度的遵行也並非完全一致，地方一審原則上是由地方法院或縣司法處負責，但關外各縣由於經濟社會欠發達，司法組織體系有待完善，很多縣份都沒有地方法院，也沒有司法處，仍以縣長兼理司法，另設置承審員協助縣長審理案件。西康高等法院儘管多年標榜司法獨立，但在很長時期內仍繼續著古代「縣太爺審案」的舊例，由縣長兼理司法。直到1946 年才基本結束承審員制度，實行半獨立的司法處制度，而地方法院未曾普遍設立。儘管如此，關內各縣設立地方法院或縣司法處的地方還是嚴格按

照國民政府統一規定的三級三審制度進行審判，這不能不說是其司法審判制度的一大進步。

綜上所述，西康在建省以後，隨著各級法院的建立，已經在司法審判機關、司法人員、司法經費、審級制度等各方面相繼完善，建立並健全了其司法組織體系，為實現司法審判制度的近代化改革打下了基礎。

第四章 西康司法審判的程序規範及其運用

　　西康多民族聚居的地方特色與其曾經政教合一的權力結構，使其社會制度相對落後，表現在司法方面便是司法審判缺乏公正、合理的規則程序，與國家律令秩序相悖。西康司法大權多操縱於土司、頭人或喇嘛手中，他們在解決各種民刑糾紛時，往往單向度地依靠經驗判斷，忽視了司法程序的合法性和公正性。審判民刑案件時，通常由當事人具稟或面訴案情原委，一經受理，即下令傳人審訊。民刑案件若無人告發，土司、喇嘛便自行提起公訴，並不准他人調解。犯人傳齊，由土司、頭人或喇嘛寺之執事喇嘛審訊，一次不明，可審二次、三次。民事犯可坐地問答，刑事犯則須跪稟並帶刑具。「判決時，原被告人均須罰款，但無標準，大致以受罰者之家計而定。有判決書及判牌，判牌一掛，即成鐵案，無可上訴。故案皆速了速結，縱有冤枉，亦不敢不服也」。[註1] 此外，遇有疑難案件，審判人無法解決時，一般不行偵查手續，而是由原被告人頂「告鳥」或隨身佩戴的護身符賭咒，也可擲骰子以點數的多少來判斷是非。這樣的司法審判方式無疑違背了司法審判的程序正義，於當事者權益無從保護，於法的精神不符。

　　有鑒於此，西康各級司法機構成立後，將司法審判制度改革的重點放在了審判程序的規範上。在民刑案件的審理過程中，一方面要求遵守國家既有的司法程序規定，對案件公開、公正依法審判，另一方面又結合西康具體的

〔註1〕李中定：「康區的習慣法」，《邊疆通訊》，1943年第1卷第1期，第6頁。

風俗民情以及戰時的具體司法環境對審判程序作了適宜的變通，強調了國家審判制度在西康的適用，這些制度設計和運作方式有其值得探討的地方。

第一節　基本審判原則

司法審判是司法正義得以伸張的主要途徑，爲改變舊有司法審判制度的種種弊端，西康各級審判機關圍繞司法公正這一宗旨，依據南京國民政府 1935 年《民事訴訟法》和《刑事訴訟法》以及戰時各項特別程序法，對訴訟審判程序進行了規範，主要堅持雙方審理公開、當事人平等、程序公正、審判獨立等原則。

一、雙方審理公開

各審判機關在審判過程中，堅持雙方審理公開原則。法庭審理一般採取雙方審理主義。所謂雙方審理主義即是指，「法院以當事人雙方提供的訴訟材料爲基礎，進一步調查核實，作出裁判，以顯示法律及審判的公平性。」〔註 2〕因爲若依一方言詞和證據審理，往往會由於當事人爲了一己利益，提供僅僅有利於自己的訴求主張，從而使審判官偏聽偏信，勢必會不利於另一方當事人利益，從而造成審判不公的結果。「採取一方審理主義，則裁判之公平正確不可得而期」。〔註 3〕因此，無論民刑審判，法院通常會要求雙方當事人同時到場，在庭審中根據雙方的訴求主張，參考各自提供的言詞、人證、物證等作爲裁斷基礎，而非僅根據一方當事人的主張或者證據進行審判。如果當事人有意外情況，諸如身體不適等情，可以向法庭申請展緩審訊期，從下面一則遺產案件的展緩申請可見於此。〔註 4〕

爲聲請展緩訊期案

竊民被淵謀等具控請求判決分割遺產一案，奉均院卅七年度訴字第二八〇號傳票定期於十一月九日審訊，應遵曷瀆。惟以氏於半月以來疾病纏綿，臥床不起，險有生命之危，現正延醫調理中，是

〔註 2〕謝冬慧：《民事審判制度現代化研究——以南京國民政府爲背景的考察》，北京：法律出版社，2011 年版，第 198 頁。

〔註 3〕邵勳、邵鋒：《中國民事訴訟法論》上，北京：中國方正出版社，2005 年版，第 48 頁。

〔註 4〕「劉鄭氏有關分割遺產案」，四川省檔案館藏，檔案號 252－192。

以不能到案，尚祈鑒宥，茲特據呈聲請書，懇請展緩訊期，以免有誤審期，實沾德便。謹呈會理地方法院公鑒。

中華民國三十七年十一月七日

　具狀人劉鄭氏

　　從這封聲請展緩的書狀可以看出，西康司法審判原則上要求原被兩造當事人同時到庭才能進行審判。當然也不完全排除一方審理的例外情況。根據1935 年《民事訴訟法》第 385 條規定，當事人之一造於言詞辯論期日不到場時，可依據到場當事人的聲請，由其一造辯論而為判決。因此，在某些民事案件中，如果一方當事人故意不到，為拖延訴訟而缺席審判時，法庭可根據一造當事人的主張和證據進行審理，並依法作出判決。

　　雙方審理公開原則還內含了與秘密審理相對應的「公開審理主義」。所謂「公開審理主義」即是指「公開訴訟程序而為審理，許與訴訟無涉之第三人自由旁聽主義」，〔註 5〕也就是允許那些與訴訟案件無關的第三人諸如親屬、民眾等自由旁聽。案件審理的公開，首先是審理過程的公開。在民事案件的審判中，除了雙方當事人及其家屬到場外，還特別要求與雙方當事人相關的鄉公所、鎮公所、參議會等派人參加旁聽，這就與以往土司衙門秘密審理並不准他人調解、不准上訴的審判制度大相逕庭。當然也有部分特殊案件的審理依法不得公開，諸如特種刑事案件中的漢奸案件由於牽涉到國家政治機密而採取秘密審理。再如最高法院的第三審程序，由於是針對法律適用的書面審理，不需要雙方當事人到場，因此也不存在公開審理。除此而外，一般案件審理過程一律公開。審理公開還包括審理結果的公開，所有判決都由主審官當庭宣讀判決主文。

　　雙方當事人審理公開原則實質是給予訴訟當事人一定的主動性，通過其對案件的親自參與，賦予訴訟人相應的話語權。一方面有利於增強案件審判過程的透明性，在程序上盡可能地避免法官濫用職權、獨斷專行，從而實現司法審判的程序正義；另一方面，允許公眾的旁聽，也有利於一般民眾通過瞭解案情而加深對司法機關執法過程的可信度，同時增加自身法律常識、提高法律素養。

〔註 5〕邵勳、邵鋒，前注〔135〕，第 62 頁。

二、當事人平等

法律面前人人平等是近代西方資產階級所提出的理念追求，也是西康司法審判制度近代化改革的精神要旨。恩格斯說：「一切人，作爲人來說，都有某些共同點，在這些共同點所涉及的範圍內，他們是平等的。」〔註6〕平等對待當事人原則主要體現在三個方面：

其一，雙方平等享有訴權。在法庭上，無論是民事還是刑事審判；無論是審判訊問，還是判決宣判；當事人雙方無論是原告還是被告，都平等地享有法律所賦予的權利和義務，他們都有理由有資格在法律規定的程序下爲己方利益表達自己的主張，換句話說就是雙方訴訟權利是平等的。如果當事人一方發現法庭在審判過程中出現明顯偏袒，可以針對法庭的裁定向上級司法機構提出抗告。判決宣誓後，任意一方如果對判決或裁定結果不滿，除特種刑事案件或其它聲明不得上訴或抗告的案件外，皆可依法向上一級審判機關提起上訴或抗告。幾乎在所有的民刑事裁定或判決中，法庭都告知當事人在法定期限內有提起上訴或抗告的權力。諸如以下民事判決書：〔註7〕

西康高等法院民事判決

三十六年度，上字第一六五號

上訴人　吳陳氏　住雅安晏場鄉，吳廷高　住同右

被上訴人　吳福廷　住同右

右當事人間因確認所有權及返還侵地事件，上訴人對於中華民國三十六年七月十八日西康雅安地方法院第一審判決提起上訴本院判決如左：

主文

上訴駁回，第二審訴訟費用由上訴人負擔

事實

上訴人聲明……被上訴人聲明……

理由

……

〔註6〕《馬克思恩格斯全集》，第42卷，北京：人民出版社，1979年版，第122頁。

〔註7〕「吳陳氏訴所有權案」，四川省檔案館藏，檔案號252－353。

綜上論結，本件上訴爲無理由，依民事訴訟法第四百四十六條第一項、第三百八十五條第一項、第七十八條各規定判決如主文。

中華民國三十六年十一月二十二日

西康高等法院民庭

審判長**　推事**　推事**　推事**

　　右件正本經核對證明與原本無異，當事人如有不服應於送達後之翌日起廿日內向本院提出上訴狀，並誌。

書記官**

中華民國三十六年十一月廿二日

在這份判決書中，雙方當事人都在明確表達自己的主張，並各自說明理由，法庭最後的宣判既明確告知了判決所依據的法律條文，又告知當事人如有不服，應於送達後之翌日起廿日內向本院提出上訴狀。也就是說，在案件審理全過程中，雙方當事人所擁有的訴權是平等的。

　　爲合法保證當事人的平等性，在刑事案件審判過程中，本著當事人平等主義的原則，爲保證沒有經濟來源、且憑一己之力無法雇請辯護律師的當事人能夠擁有同等的辯護權利，西康根據國民政府《公設辯護人條例》的相關規定，特別設定了公設辯護人制度，被告可以言詞或書面形式聲請法院爲其指定公設辯護人。公設辯護人不得收受被告任何數額的報酬。公設辯護人制度的設計目的旨在有力保護弱勢刑事被告的合法權利。

　　其二，實行迴避制度。爲保證審判的不偏不倚，爲了最大限度地保證雙方當事人的合法權益不被損害，允許對其親屬或其它重要關係人涉案的推事聲請法庭迴避。

　　其三，重視言詞辯論。爲保證原被告雙方當事人在法庭擁有平等的訴訟權利，西康司法審判以言詞辯論式的審判取代了過去糾問式的訴訟模式。法庭審理在主審官、控訴人、被告及其辯護人的參加下，按法律規定的程序進行反駁和辯論，雙方證人陳述證言，接受對方盤問。言詞辯論相比單一的書面審理更能夠從雙方的辯駁中發現客觀眞實，而不是偏信於某一方的一面之詞，從而最大程度地滿足當事人的合法訴求，也充分反映了近代西康司法審判已逐漸步入平等化、民主化。

三、程序公正

各民刑案件的審判嚴格遵守國家既有的審判程序規定慎重審理,其中規定:「判處死刑、無期徒刑案件,應檢卷判、專案呈報,俟核准後,始能執行,其它刑事案件,如宣告刑期在三年以上者亦須報請審核,以示慎重。各縣受理民刑案件,均應隨到隨訊、隨訊隨結,不得任意拖延。非有逃亡之虞不得任意羈押,其在押期間,亦應依照法律規定,以重民權。」〔註8〕西康高等法院 1948 年 7 月給蘆山縣司法處的訓令:「各該院長、首席務應督飭所屬,恪遵迭次通令,嚴禁濫押所有未決案件,更應趕速偵審結清積案,新收案件並應隨時辦結,不得延壓。刑事被告如無不得已情形可以責付交保者務須依法辦理,勿得率予羈押,嗣後各級推檢之升調考績即以其辦案是否妥速及有無濫押被告爲依據,務各特加審慎,勿稍怠忽。」〔註9〕

爲保證審判程序的規範性,如果遇到案情重大或較複雜的情況,無論民刑案件,均應作成正式判決書。判決除了當庭宣判以外,須依法送達當事人收受,不得以堂論取代判決送達。判決書內須寫明上訴期間及上訴機關,以便當事人有不服時可依法聲請上訴,以資救濟。這就在程序上保證了司法的公正性,減少了人爲偏離國法之舉。

四、審判獨立

雖然由於西康基層司法條件限制,尤其是各縣多數是由縣政府兼理審判,使各初審機關並沒有能夠擁有真正意義上的審判獨立權,但是在國民政府相關法規的允諾之下,也在盡可能地給各縣承審人員一定的獨立空間。「合格之承審員,對於其地位應予保障,免受縣長之牽掣。」〔註10〕由於各地司法機關辦理地方行政人員或鄉鎮保甲長被控案件時,各縣政府經常有不予協助甚至加以阻礙的情況,導致司法威信影響較大。因此,西康高等法院規定,司法機關辦理刑事案件時,各縣政府應盡量依法協助,使案件迅速辦理並合法判決,不得任意對之干預而導致訴訟無法進行,也不得藉故橫加爲難司法人員,使其司法職權無法行使。爲了保障案件的公正審判,省政府隨時負責

〔註 8〕 蘇法成,前注〔88〕,第 8 頁。
〔註 9〕 「西康高等法院民國三十七年七月十七日雅監字第一一三號訓令」,雅安市檔案館藏,檔案號 187-4-250。
〔註10〕 謝百城,前注〔46〕,第 104 頁。

督察，以維護司法威信，這就在一定程度上給予了承審人員公正執法和獨立審判的可能性。

　　當然，由於西康除了康定、漢源、會理建立了地方法院以外，多數縣份並沒有建立基層法院，要麼是在縣政府內設縣司法處，要麼是行政兼理司法，因而司法審判一定程度上受到行政的干預。再者，西康作為抗戰大後方，各軍政要員駐守於此，來自軍方的干預也很多，因而並沒有實現完全意義上的司法獨立。

第二節　普通審判程序

　　審判程序，即訴訟程序。司法審判作為國家司法活動的重要內容，首先應注重運行過程的合法性，以不侵犯當事人的人身權利為其合法限度。西康在建省以前，由於司法多被土司、頭人所操縱，因而訴訟程序相對混亂。當事人一般不提交訴訟書狀，也不交訟費，只在投到時納手續費，判決後也沒有聲請之權；判決的依據並沒有法定標準，所有法律淵源均為數百年來公眾所默認的規則，而且土司隨時摻以己意判決執行。「人民畏土司，因畏訴訟，狡黠者即以健訟為橫霸閭里魚肉鄉民之工具。」〔註11〕

　　因此，西康司法審判要保持其合法性，就必須在程序規範上統一。南京國民政府成立以後，頒佈了《中華民國民事訴訟法》和《中華民國刑事訴訟法》，還頒行了各種特別訴訟條例。這些法規對各種審判程序作了詳細規定，形成了比較完備的訴訟程序規範，為中國近代訴訟程序制度的建立奠定了基礎，也為西康司法審判制度的近代化改革提供了重要的法律依據。為了進一步明確西康在具體的司法審判實踐中是如何以國家法令來規範審判程序，使其雖處在邊疆地帶，卻依然能夠合法、合理地處理地方民刑事糾紛，本書有必要將國民政府時期司法審判所涉及到的具體程序以及在西康的實施情況進行逐一說明。

　　程序規範是訴訟法的核心組成部分，訴訟法的基本原則、制度、規定都貫穿於每一個具體的訴訟程序之中。根據 1935 年《民事訴訟法》和《刑事訴訟法》的規定，把審判程序分為一般程序和特殊程序。無論是民事審判還是刑事審判，其一般程序主要是第一審程序、上訴審程序、抗告程序、再審程序。

〔註11〕蕭文哲，前注〔3〕，第 8 頁。

一、第一審程序

第一審程序即在民刑案件第一審中所適用的相關程序，也是法院受理民刑案件所適用的最基本程序，在沒有其它法律特別規定的情況下，都參照此程序進行審判。第一審程序作為標準程序，相比第二審、第三審而言更加完整，包括當事人的起訴〔註 12〕、法院審查和受理、法庭審判、裁定判決等幾個階段。國民政府時期，西康普通案件的第一審程序基本都是由各地方法院、縣司法處或兼理司法縣政府負責。

（一）起訴

起訴，即提起訴訟，是指原告就其特定的權利或訴求向法院提出相應判決請求，它是開啓審判程序的第一步。無論是民事案件還是刑事案件，都必須以起訴程序作為審判的開始。

第一、起訴主體的要求

受大陸法系的影響，國民政府民事審判採取不告不理原則，也就是由權利主張人向法院提起訴訟，只有原告起訴後，法院才受理並進行審判，否則不主動追究。刑事訴訟的起訴與民事訴訟不同，包括了公訴和自訴兩種形式。據民國史料記載：「我國現行刑事訴訟制度，法院依追訴而審判犯罪，起訴的主體可分為公訴與自訴二種，在法院之外另設檢察處，代表國家追訴犯罪為公訴，其餘犯罪之被害人或其它之人自行追訴犯罪者為自訴。」〔註 13〕

所謂公訴，是指有起訴權的國家專門機關向審判機關提起刑事訴訟，要求法庭對犯罪嫌疑人進行審訊、判決並給以懲罰。國民政府時期，主要是由檢察官作為公訴主體向法庭提起公訴，所以當時的公訴實質是「公訴者，檢察官請求科刑之訴也。」〔註 14〕提起公訴時，必須向法院提交正式的起訴書狀，連同案件卷宗和各種書證等材料一起提交。提起公訴是追究和懲罰犯罪審判途徑的重要環節，民國西康的刑事訴訟大多數是採取檢察官提起公訴的方式。

〔註 12〕刑事審判第一審起訴前還包括立案、偵查階段，在此處主要就民事、刑事第一審共同的程序進行說明，關於偵查階段暫行略去。

〔註 13〕「司法行政部調查團第二組（刑事部分）調查報告書」，第二歷史檔案館藏，檔案號 7－2－49。

〔註 14〕劉澄清：《中國刑事訴訟法精義》上冊，出版地不詳：劉澄清律師事務所，1948年版，第 120 頁。

　　與公訴相對應，另一種起訴形式是自訴。《刑事訴訟法》第311條明確規定，「犯罪之被害人得提起自訴，但以有行為能力者為限⋯⋯」具體講，刑事自訴是犯罪行為的被害人依法直接向法院控告犯罪人，要求其負相應的刑事責任。自訴人的範圍僅限於被害人本人，配偶或親屬無權代為自訴，這使得自訴的適用範圍非常有限。自訴也必須提交正式的書狀，若自訴人無法撰寫，則由其口述，法院專設繕狀處代為撰寫。自訴不能超過規定期限，否則不得提起。

　　第二、訴狀要求

　　起訴狀紙由司法部統一印發。刑事起訴狀需要寫明被告身份情況以及犯罪事實和證據。依據1935年《刑事訴訟法》243條規定，起訴書應記載下列事項：第一，列出被告的姓名、性別、年齡、職業、住所以及其它身份辨別內容；第二，呈明主要犯罪事實、證人證據以及其所觸犯的法條，起訴時應將卷宗和證物一併遞交受理法院。由此可見，起訴書的重點內容為犯罪事實、證據及所犯法條。犯罪事實即檢察官根據前期對案件偵查的結果，斷定被告所實施的足以構成犯罪的一切行為。在起訴書中標明犯罪事實的目的在於請求對被告所犯罪行適用相關刑罰，這實質上是在確定法院的審判範圍，因為國民政府刑事審判的前提是未經起訴的行為不得審判。以下是一份會理地方法院檢察官提起公訴的刑事訴狀：〔註15〕

西康會理地方法院檢察官起訴書

　　卅七年度偵字第二一號及第五〇號

　　告訴人　雷棟宇　男　年卅三歲　住沫東鄉第二保　農

　　　　　　雷棟開　男　年卅十三歲　同上

　　被告　管李氏　女　年四十歲　住蓮華鄉　農

　　　　右被告因連續侵害他人墳墓案件，經偵查終結，認為應行提起公訴，茲開列各項於後。

　　犯罪事實證據及法條（略）

　　⋯⋯⋯⋯⋯⋯⋯⋯⋯⋯⋯⋯⋯⋯⋯⋯⋯⋯⋯⋯⋯⋯

　　　　該被告等有刑法第廿八條、第五十六條、第二百四十七條第一

〔註15〕「雷棟宇等控告管李氏掘墓案」，四川省檔案館藏，檔案號252－192。

項、第二百四十九條第一項罪嫌，合依刑事訴訟法第二百卅條提起公訴。

中華民國卅七年九月二日　　檢察官李恬農

中華民國卅七年九月三日　　書記官柳光裕

顯然，這份訴狀就把被告的犯罪事實和所犯法條盡數羅列其中，非常有針對性地概括了其對犯罪行為的刑罰主張，明確了法官對案件的審判範圍。

民事起訴狀的書寫也有嚴格要求，《民事訴訟法》第 116 條規定：民事起訴當事人提交的起訴狀除了法律有其它特別規定外，均應詳細標明下列各款事項：第一，原被告雙方的姓名、年齡、職業及住所；第二，訴訟標的、價金；第三，當事人聲請或陳述；第四，為其訴求主張提供證明所用的證據；第五，附屬文件及其件數；第六，呈訴法院以及日期。下面這份 1947 年西康蘆山縣「高裴氏訴陳楊氏買賣房產案」〔註 16〕的民事起訴狀非常完整地包括了這些內容：

起訴狀

原告：高裴氏，三十六歲，蘆山人，住蘆陽鎮西街第四所，農

被告：陳楊氏，年齡不詳，蘆山人，住蘆陽鎮西街第四所，農

繳款人：高裴氏　案號　三十六年度審字第一五七號

標的：八十三萬元

徵費標準：捌仟三佰元

呈為憑中價買，違反訂約，告請傳訊確認有效，判令領價交房。事緣，氏原籍天全銅頭場，氏夫早故，遺留一子，氏孀居守孤，因地方不靖，遷居來城，佃房居住已有年矣。三十五年冬，被告請託本街民李克誠、龍門鄉民武太鵬作中，願將生母所遺房地基一併出賣與氏，當憑中證照市場價法幣八十三萬元於廢曆冬月二十八日成立訂約即付買價法幣三拾萬元取有收條可證，訂約內注明限全月十六日書立正式買契，交清買價。全月十一日城內發生事變，秩序紊亂，雙方商得同意展至三十六年正月十五日新年以後立契交價。新年之後被告拒不承認，釀成訴訟，氏催促立約交價，被告要挾氏負

〔註 16〕「高裴氏訴陳楊氏買賣房產案」，四川省檔案館藏，檔案號 252−217。

擔訴訟費用又用去十萬元，俱有收條可證。判決以後，被告藉口當價增加，請求增加買價，結果加價壹拾柒萬元，共爲壹佰萬元，登記、謝神、劃字等費一併在內，二月十二日立合同爲據……經過又二月、三月、四月上旬三個月，氏迭請調解會保甲長中證人催促，被告無詞再推，始於四月二十六日正式成立買契，仍不接受買價……查其情形，似欲照市另賣，但遲延過失責任在被告……是以告請傳訊，判令確認買賣契約有效，飭其領價交房，不勝感戴之至。

謹呈蘆山縣司法處公鑒

中華民國三十六年七月二十四日

具狀人：高裴氏

　　本遺產案原告所提交的民事訴狀完全按照《民事訴訟法》有關訴狀規範的相關規定進行寫作，內容完整、格式規範。在此訴狀中，具狀人將身份信息、訴訟標的詳細列出，並對訴訟理由進行陳述，又提供了可供證明其理由的物證——付款收條，這樣完整規範的訴狀爲公開、公正審判提供了依據。

第三、民事訴訟費用繳納

　　民事案件提起訴訟，應向法院繳納民事訴訟費，費用標準按照訴訟標的價額的相應比例進行繳納。若原告無力支付，可以聲請訴訟救助。

（二）受理以及送達

　　民事案件的受理與送達：根據《民事訴訟法》規定，在原告向法院（處）提交訴訟狀以後，法院（處）根據具體案情需要來確定受理及開庭日期，建審理單，並分別派員向原告、被告送達傳票及副本。〔註17〕例：

高裴氏買賣房產案送達證書

送達證書第 36 號

書狀目錄：民國三十六年訴字第 36 號

買賣田產案送達左列各件　傳票一件

受送達人：原告　高裴氏（被告陳楊氏）

送達日期：民國卅六年七月二十五日

〔註17〕「高裴氏訴陳楊氏買賣房產案」，四川省檔案館藏，檔案號252－217。

送達住所：蘆陽鎮十保

西康蘆山縣司法處

被告在接受送達後，隨即向法院提交答辯狀，陳述事實與證據作爲回應，或者提起反訴。民事訴狀送達後，未經被告允可，原告不得擅自變更原訴或追加他訴。「訴訟自提起後，即已發生拘束力，若於訴狀送達後，仍許其隨時爲訴之變更或追加，而毫無限制，則殊有妨於被告之防禦及訴之終結。」〔註18〕根據 1935 年《民事訴訟法》的這一規定，西康在司法審判中也要求，民事案件一旦被法院受理並將傳票送達原、被告以後，就已經進入法定程序，不得根據原告方的意願隨意變更訴訟或改變訴訟標的，這和現行民事訴訟法允許當事人自由變更訴訟請求有所不同。這樣的規定實際上是在戰爭期間司法經費緊張、司法人才短缺的特殊情況下，爲了防止某些當事人故意拖延訴訟時間、隨時變更訴訟請求，以實現不正當的目的而採取的特別措施。倘若訴訟請求變更無限制，既可能使被告措手不及，無從準備，嚴重影響其訴訟權利的行使，不利於司法公正；同時又使得審判期間無限延長，訴訟變成了馬拉松，不利於提高辦案效率，這在戰時環境下尤其不利。

刑事案件的受理與送達：法院受理刑事案件以後，須傳喚或通知原告方和被告方於審判期日到庭。原告方主要是檢察官或自訴人，被告方包括被告、法定代理人、辯護人、輔佐人。傳喚被告用刑事傳票，傳喚檢察官、辯護人、輔佐人則用通知。

西康蘆山縣司法處移送片　偵字第四四號

中華民國三十七年三月二十四日

爲片送事：民國三十七年度，偵字第四四號，告訴殺人罪案件，業經偵查完竣，被告李紹榮犯有刑法第二七一條第一項第八款之罪嫌，應行提起公訴，合依縣司法處辦理訴訟補充條例第十二條第一項前半段呈請依法審判。

此致本處主任審判官江

計移送偵查卷一宗，證物八件，被告李紹榮一名，在押。

四月十日

〔註18〕郭衛：《民事訴訟法釋義》廖永安等勘校，北京：中國政法大學出版社，2005年版，第 184 頁。

兼檢察官　李***

李紹榮殺人案送達證書

送達證書第3號

書狀目錄：民國三十七年刑字第三號

殺人一案送達左列各件　傳票一件

受送達人：告訴人　蔣李氏（被告李紹榮）

送達日期：民國卅七年四月五日

送達場所：鳳禾鄉

西康蘆山縣司法處：申邦本

同時，還要於審判期日之前傳喚證人等相關人員到庭。另外，根據國民政府《刑事訴訟法》規定，在刑事審判第一次審判期日以前可以提前訊問被告。

（三）言詞辯論

開庭當日，原被告雙方在推事（審判官）的主持下展開言詞辯論。由於是言詞審理主義，所有訴訟材料必須在法庭以言詞形式呈現方為有效，因而言詞辯論是審判的中心環節。為保證雙方當事人在法庭辯論的有效性，法院會提前要求雙方在庭前做好相應準備，包括書證、物證、人證的準備以及當事人能保證按時到場。

刑事審判在言詞辯論前，要依次先實施下列程序：一是朗讀案由，即檢察官或自訴人起訴的罪名事實；二是身份訊問，包括被告姓名、年齡、職業、住址等基本情況，用以判斷審判對象是否有誤，以免錯審、錯判；三是案件陳述，即陳述被告犯罪事實；四是事實訊問，即審判長向被告就犯罪事實進行訊問；五是調查證據，就人證、物證進行法庭調查。一切準備工作就緒後開始言詞辯論，辯論過程中，由原被告雙方分別提出各自認為對己方權利主張有力的證據（人證、物證）以支撐自己在起訴狀和答辯狀中的主張，並反駁對方的訴求，審判全過程由書記官做好審訊筆錄記載。國民政府時期，言詞辯論在法院審判中的重要性和效力程度相比今天都更為有力。言詞辯論當事人對證據的證明力予以說明和質辯，使法院能夠正確地認定證據，保障當事人的程序權利。

（四）判決

「判決是對特定糾紛主體之間具體糾紛或者法律事實的事後性解決或者確認，以明確法律上的權益、義務、責任的具體內容和特定歸屬為目標。」〔註19〕為縮短案件審判時長，無論民刑案件一旦結案後，一般都會當庭宣佈其判決或裁定結果，只有部分案件考慮到一些具體情況會選擇其它恰當日期宣告。在判決或裁定宣佈的同時，由書記官完整地將其結果以書面形式記載下來，然後以正式判決書或裁定書形式送達原被告雙方。為保證宣判的公正與及時，民刑訴訟法對於宣判日期都有明確規定。《民事訴訟法》第223條、第235條規定：民事判決的宣判應於辯論終結之期，或於辯論終結當天所指定的宣判日期作出正式判決。所謂指定的宣判日期，原則上是從辯論終結當天開始計算，不得超過5日。《刑事訴訟法》第303條規定：刑事判決的宣判為慎重起見，應從辯論終結當天起 7 日之內進行正式宣判，其當庭所為之裁定也應一併正式宣判。

刑事案件即便雙方不到場，也可宣佈判決，法庭作出正式判決書以後，送達雙方當事人。「刑事被告經合法傳喚，無正當理由不到庭者，得不待其陳述逕行判決，以刑訴法第 298 條所列舉之案件為限。」〔註20〕刑事判決的種類在民國時期主要有六種：一是科刑，針對已經證明犯罪事實者；二是免刑，即是免除刑罰；三是無罪，即無罪判決；四是免訴，因案件事實清楚，曾經由法院依法判決，但由於時效已過，或遭遇特殊時期的大赦，或犯罪者所觸犯的法律已廢止刑罰者，犯罪者因他罪已受重刑判決，本罪已不用科刑者將被免訴；五是不受理；六是管轄錯誤。

民事案件雙方當事人若不到場，原則上不得判決，若有特殊情形可以例外，以一造到場作出判決，但必須符合相關要件。越雋縣兼理司法的縣長對此問題曾向西康高等法院提出請示，得到回覆：「查民事當事人之一造聲請就其一造辯論而為判決，應以他造已受合法傳喚，無正當理由，於言詞辯論期日不到庭（民訴法第 385 條），而又無民事訴訟法第 386 條所列情形者為限，如兩造均不於指定言詞辯論日期到庭，即應另為示期審理，不得據一造於審期已過後之聲請而公開一造辯論。」〔註21〕

〔註19〕宋洪飛，前注〔51〕，第72頁。
〔註20〕「民刑訴訟庭諭效力問題」，四川省檔案館藏，檔案號252-559。
〔註21〕同上注。

　　民刑判決作出以後，都要製成正式判決書。判決書有嚴格的格式要求：首先，要記載判決主文，刑事判決在主文內還要記明判決刑期、折服勞役天數或罰金數目等具體內容；其次，要記載案件事實和處理理由，主要包括法庭認定事實的理由以及適用的法律條文；再次，要記載上訴期間及提交上訴狀的法院；最後還要載明法院名稱、推事、書記官等人的姓名和判決日期。下面是一份刑事判決書：

西康蘆山縣司法處刑事判決〔註22〕

三十六年度刑字第四號

公訴人　縣長兼檢察官

被告　樂先進　男　二十六歲　住升恒鄉二保　業農

右被告因殺人一案，經兼檢察官提起公訴，本處判決如左：

主文

　　樂先進殺人處有期徒刑十年，剝奪公權五年。

事實

　　被告樂先進於本年八月二日早晨在清源鄉二保所屬石倒紅地方，聲稱與乃兄樂先開報仇，用其已有之土手槍槍擊樂生敏，槍鳴兩響，一中手上，一中頭上，登時斃命，適有當地保長李秦瑞、副鄉長趙廷英、副保長駱秉雙等聞得槍聲追趕而至，見被告已將手槍拋於河中，當即孥獲送經兼檢察官偵查起訴。

理由

　　查已死樂生敏屍身頂心由髮際進彈，洞穿至頂偏左方處彈一傷，傷口烏黑色，進彈處縮圍八分，出彈處一寸五分，並右膊由右後膊進彈，直穿至右膊出彈一傷，傷口烏黑色，進彈處縮圍五分，出彈處縮圍八分，委係生前被人槍擊身死，業經飭查中，驗明填具驗斷書附卷，被告樂先進係由當地鄉長保甲人員聞得槍聲趕至，虜獲並於當場眼見被告將兇器手槍投拋河中，經訊被告到庭，人證保長李泰瑞、副鄉長趙廷英、副保長駱秉雙等結供證明，記卷在案，該被告自難辭咎，訊據被告樂先進歷歷自白，供認槍殺樂生敏不諱……

〔註22〕「樂先進殺人案」，參見「西康高等法院刑民判決書」，雅安市檔案館藏，檔案號187－4－258。

據上論結，應依刑事訴訟法第二百九十一條、刑法第二百七十一條第一項、第三十七條第二項、第五十七條第一、七、十款、第五十九條判決如主文

中華民國三十六年十月二十一日

西康蘆山縣司法處刑事庭

審判官鄭坤一

本件證明與原本無異，當事人如不服本刑事判決，得自收受之翌日起二十日內向本處提出上訴狀，上訴於西康高等法院

右件證明與原本無異。

書記官何南卿

中華民國三十六年十月二十三日

二、上訴審程序

上訴審程序是指根據《民事訴訟法》和《刑事訴訟法》，對於原審法院所作出的判決，除法律有專門規定外（如特種刑事案件當事人不得上訴，只能聲請覆判），當事人均可以在法定的期限內向上一級法院提起上訴。國民政府時期上訴審程序跟現代的上訴審程序不盡相同，因爲現行審級制度是兩審終審，所以向上級法院提起上訴只能一次，一經判決立即生效，不得再次上訴。而國民政府後期的審級制度是三級三審，所以其上訴審程序又分爲第二審程序和第三審程序。西康的第二審程序主要由西康高等法院及康定、西昌二分院受理，在兩分院未建立以前，西康高等法院康定分駐庭也負責二審上訴。戰爭期間，各巡迴審判法庭也成爲了二審上訴機構。第三審程序一般適用於最高法院，在抗戰時由於條件有限，也適用於最高法院的分院。

（一）第二審程序

第二審程序是指當事人對一審法院或審判機構的判決不服，在規定期日內向上一級法院提起上訴。

1. 第二審上訴權限

第二審程序的上訴主體不僅限於被告，當事人任何一方如果對於一審判

決不服，都可以提起上訴。但若對於各地方法院的民事裁定不服，則只能向上級法院提出抗告而不能上訴，這與現行的民事裁定上訴和抗告制度也有所不同。第二審上訴理由通常是基於一審判決事實不清或是對法律條文的運用不當。上訴請求內容可以是對原審判決的全部，也可以是對判決內容的一部分加以否定。請求內容必須以一審判決書正式宣示的內容為前提和基礎，不得任意新增內容。關於上訴期間，規定刑事判決在送達判決書後 10 日內，民事判決在 20 日內，可以提交上訴狀。判決宣示後，於判決正式書狀送達前提起的上訴也是有效的。

二審程序中，上訴狀不應直接向上級法院或審判機構遞交，而是向原一審法院提交。隨後，再由一審法院根據相關法條規定對當事人是否符合上訴條件、是否符合上訴法定期間等內容逐項進行法律審定，查核上訴聲請是否被允許和在受理範圍內。查核後，若符合程序規定，則由原一審法院將上訴狀送達於被上訴人。倘若雙方當事人都同時就原審判決提起上訴或者一方上訴期滿，則一審法院應將審查完畢並符合條件的訴訟卷宗連同其它材料一併轉呈上一級法院，以便進入二審程序。對於依法不在上訴權限範圍內或已超過上訴期間而不得上訴的聲請，則不予受理。即便如此，一審法院也應以正式裁定駁回當事人的上訴請求。在西康高等法院受理的「劉肇端確認業權案」〔註23〕中，劉肇端與劉光漢等因確認業權事件涉訟，經滎經地方法院判決，送達在案，劉肇端於法定期內向原審法院提交上訴聲請狀聲明上訴，上訴期滿後，滎經地方法院向西康高等法院呈繳劉肇端上訴的批示送證。

事由　為呈繳劉肇端因不服判決上訴批示送證，仰即備查由

院長　推事

鈞院本年九月十一日法字第一二四九號令飭代送達劉肇端因不服判決上訴批示，等因奉此，遂即派員送達去訖茲處，呈繳送證前來，理合將是項送證呈送均院備查。

謹呈　西康高等法院　院長李　計呈劉肇端批示送證一件

西康高等法院隨後要求一審法院滎經地方法院將訴訟卷宗及其它材料轉交到院。

〔註23〕「劉肇端確認業權案」，雅安市檔案館藏，檔案號 187－4－145。

西康高等法院訓令　法字第一二四九號

中華民國三十四年九月十二日

　　　令署榮經地方法院院長廖豫，案據劉肇端以不服判決具訴前來，業經本院批示，合將是項批示連同送達證書暨副狀令發該院，仰即查收，依法辦理，並將批示派員代送爲要！

此令　計發副狀一件　批示送證各一件　院長李永成

西康榮經地方法院呈　牘字第七十二號　民國三十四年九月十五日

　　案查劉肇端與劉光漢等因確認業權事件涉訟，經本院判決，送達在案，茲據劉肇端於法定期內聲明上訴，除批示即送達裁定令遵繳第二審裁判費外，理合檢齊該案卷宗，連同上訴狀備文齎送。

查收核辦

謹呈　西康高等法院院長李

　　計呈卷一宗上訴狀一件，土地所有權狀三張，簿據一本，警察局卷一宗

　署　西康榮經地方法院院長　廖豫

　　西康高等法院建立後，對於二審上訴程序的處理非常愼重，一切程序依照國民政府頒行的《民事訴訟法》和《刑事訴訟法》相關要求執行，這就一步步改變了原有司法審判的無序狀態。

2. 第二審審理與判決

　　二審程序的審判組織形式與地方法院或其它基層審判機構的初審程序不同，初審爲了節儉人力，通常是由審判官獨任審判，第二審爲了進一步保證程序和事實的公正，其審判組織形式原則上一律採用合議制，〔註24〕由三名以上推事共同組成合議庭進行審判。和第一審一樣，二審程序的審判也要經過雙方言詞辯論。當然，在二審中如果二審法院認爲案件事實非常清楚，當事人對於事實無異議，那麼二審也不需要通過言詞辯論去審理，而是直接採用書面審理的方式。如「劉肇端確認業權案」中，當事人劉肇端對一審判決不服，向西康高等法院提起上訴。西康高等法院認爲，「本件上訴人於本年 6

〔註24〕西康高等法院康定分駐庭臨時分庭所負責的二審程序由於條件限制，有時會採取獨任制。

月 26 日與被上訴人等在原審榮經地方法院當庭成立和解條件，勸令買主鄭子君給付原告法幣 20 萬元作此房之價金，俾息訟累、各方均願。辯論筆錄內承認和解畫押無異。有關審判上之和解一經合法成立，若沒有和解無效及撤銷之原因，當事人間即不許其翻異，曾經被最高法院著為判例。而此案中，和解並無撤銷及無傚之原因，既已合法成立和解，亦不得翻異原判決，宣示本件已因和解而終結。最後，高等法院判決上訴駁回。」〔註 25〕在此案上訴審理中，承擔二審程序的西康高等法院認為，案件事實清楚，當事人雙方都沒有異議，無需傳集雙方進行法庭言詞辯論，只需根據相關法律規定進行判決即可，於是駁回其上訴。

二審程序的判決通常分為三種類型：一是駁回判決，二審法院認為上訴無理由，以判決形式駁回上訴，維持原判決；二是變更判決，二審法院認為上訴有理由的，應將原審判決經上訴部分撤銷判決，並作出新的判決或發回原審法院重審；三是廢棄原判決。針對第一審判決有重大事實不清或判決理由有重大失誤的，應發回原審法院重審或者直接作出新的判決。二審判決依然要求製作正式判決書，根據民刑事訴訟法，判決書需要載明理由，案件事實可以引用一審判決，不再重複，並載明可以繼續上訴的期間。

（二）第三審程序

第三審程序是指，當事人對高等法院或其它二審機構的判決不服，在規定期日內再次向上一級法院即最高法院提起上訴的程序。

1. 第三審程序的上訴範圍

根據 1935 年《民事訴訟法》和《刑事訴訟法》的規定，同樣是針對原審判決的上訴審，第三審程序和第二審程序的區別在於其審理的範疇與目的不同：第二審程序是高等法院或分院就案件事實和法律適用的審查，主要審查案件事實有無不清以及法律適用是否恰當；第三審程序則不再糾結於案件事實，忽略事實審查，僅僅審查法律適用一項。第三審是由最高法院受理的法律審，只關注二審判決適用的法律有無違法之處。因此，上訴人可以請求二審法院對於一審判決關於事實認定和法律適用兩方面有無瑕疵進行審查，但若再次向最高法院提起上訴，便只能就法律適用有無錯誤提起。

法律適用不當的情況主要包括：第一，原二審法院的審判組織形式未按

〔註25〕第四章「西康民事審判實踐」中有對該案件的詳細分析。

照法定程序實施；第二，原審審判推事因涉嫌案情，本應迴避的卻未依法迴避，而是繼續參與審判；第三，法院在審判管轄問題上辨別錯誤或違背專屬管轄規定而違規審判（關於審判管轄權問題，由於訴訟法規定不明確，因此經常存在一些爭議，由「最高刑庭會議決議」作出特別規定的，視為同等有效。諸如，被第一審裁定不受理之判決經過上訴期間後提起上訴，第二審誤認上訴合法，將第一審判決撤銷發回更審後，經一、二兩審先後判決，又上訴於第三審，最高法院能否以職權調查將兩審判決予以撤銷。最高刑庭會議決議認為：「此項情形不屬於第三審，得依職權調查之事項，不得因此以職權將兩審判決撤銷，即令上訴意旨，□及此，但一、二兩審係受發回更審判決之拘束，其判決不能指為違法第三審，仍不得將其撤銷。」〔註26〕）；第四，當事人未由合法代理人提起訴訟；第五，法庭言詞辯論有違公開、公平原則；第六，判決不具備充分理由或理由前後矛盾。總而言之，第三審的審理、裁決的最終目的是為了確保案件審判在法律適用方面的正確性和統一性，盡可能地保障程序正義的最終實現。

2. 第三審程序的權限

根據《民事訴訟法》第 467 條第 1 項、第 485 條第 1 項以及《刑事訴訟法》第 342 條第 1 項、第 399 條等規定，第三審程序當事人對於第二審判決提起上訴時，必須依法向原二審法院提交書面上訴狀，表明上訴理由並繳納相應的訴訟費用，而不能直接向最高法院呈遞訴狀。當事人向第二審法院提交的上訴狀必須詳細載明上訴理由，附具必要證據。上訴人在第二審法院提出上訴理由書後，二審法院則依法對上訴狀的格式規範、上訴理由以及上訴是否超越法定期間等做相應的資格審查。經過核查，如果符合上訴基本條件，則由二審法院書面通知被上訴人，將繕本副本送達於被上訴人，被上訴人則於繕本副本送達後，提交答辯狀於原二審法院。最後，由二審法院將送達證書連同答辯狀卷宗一併送第三審法院即最高法院審核，最高法院擇日開庭審理。

民事案件當事人提起第三審上訴，除依法不得上訴者外，均應先由原第二審法院依照起訴時之訴訟標的金額或價額裁定，限期命其補正第三審裁判費。起訴時之金額或價額的具體數目與能否上訴第三審以及計算應繳各審裁

〔註26〕「三十年度四月八日第六次刑庭庭長會議決議錄」，雅安市檔案館藏，檔案號 187－4－146。

判費之數額均有重大關係。因此，應由第一審法院就起訴時之價額切實調查予以核定後計明於卷宗，如第一審漏未調查，第二審法院亦應予以查核。「上訴人如有數人時，補正裁定應依照人數個別送達，不得僅向其中一人爲之，而上述人收領後，在送達證書內簽名、畫押、蓋章或按指印亦應分別爲之，不得僅由其中一人爲之。送達文件除指定送達代收人及訴訟代理人有受送達之權限者外，應送達於當事人本人，如不獲會晤本人，不得已由他人代收，應依照民事訴訟法第 137 條規定辦理，並詳細證明於送達證書內。」〔註 27〕

3. 第三審程序的判決

第三審程序因爲是法律審，所以其審理以書面審理爲原則，其判決一般不經過言詞辯論。第三審判決主要有兩種：一是廢棄原判決，發回重審。這種情形一般是因最高法院認爲上訴有理由，原審判決違背法令，或作出管轄錯誤、免訴，或不受理等不當裁決，因而撤銷原判決發回原審；二是廢棄原判決，直接判決。

在下列兩種情形下，應作出直接判決：一是三審法院如果認爲原審判決雖然違背法令，但由於案件事實已經原審法院合法認定，僅僅是由於判決沒有法律依據或使用不當，不影響於案件事實眞相之確定時，原判決不必發回原審而由最高法院自爲判決；二是二審法院管轄錯誤或因民、刑判決產生後法律有所變更者，或應諭知免訴或不受理者，也不必發回重審，直接做出判決即可。

三、抗告程序

抗告程序是與上訴程序並列的司法救濟途徑。是指當事人對原審法院尚未確定生效的裁定事項不服，請求直接上級法院撤銷或變更原裁定的救濟方法。與上訴不同的是，上訴是對法庭已有的判決提起，而抗告是對法庭的裁定事項提起。

和上訴主體一樣，抗告主體也不僅限於被告，當事人任何一方對於法院之裁定如有不服，除法律另有特別規定外，都可以抗告於直接上級法院，包括證人、鑒定人、通譯及其它非當事人認爲自己受到非法裁定者都可以抗告。

抗告也有其法定權限，對於正在進行的訴訟程序中的裁定不得抗告，因

〔註 27〕「有關第三審程序訓令」，四川省檔案館藏，檔案號 252－1094。

爲這將妨礙訴訟的有序進行，但是如有可以抗告的明文規定者，或關於羈押、具保、責付、限制住居、搜索、扣押或扣押物發還、因鑑定將被告送入醫院或其它處所之裁定則可抗告。關於抗告的期間限制，除有特別規定外，自送達裁定後起算五日之內，如有不服可以提起抗告。對於不得上訴於第三審法院的案件，相應地也不能對第二審法院所做出的裁定事項進行抗告。

抗告應以抗告書狀載明抗告理由向原審法院提出。原審法院經核查，認爲抗告有理由，則應於接受抗告書狀後三日內添具意見書送交抗告法院。原審法院認爲抗告違背法律程序或超過期間，抗告權已經喪失或法律規定不得抗告，應以裁定駁回。抗告裁定相對比較簡單，「抗告因裁定而提起，也以裁定而告終。即抗告案件的審理結果仍以裁定爲表現形式，由直接的上級法院裁定。」〔註 28〕抗告法院僅就抗告書狀及意見書進行審查，並不需要言詞辯論等環節。對於內容複雜的抗告，還需要原審法院送交卷宗、證物等材料。抗告法院審查後，若認爲抗告有理由，則撤銷原裁定，重新作出裁定；若認爲抗告無理由，則駁回抗告。針對抗告法院的抗告裁定，如果當事人不服，原則上規定不得再抗告，但是如果抗告法院違背法令，或對於駁回上訴之裁定抗告者，或對於因上訴逾期而聲請恢復原狀之裁定抗告者，或對於聲請再審之裁定抗告者，證人、鑑定人、通譯及其它非當事人對於所受之裁定抗告者，則抗告人還可向最高法院再次提起抗告。

四、再審程序

再審是指對已經產生法律效力的判決或裁定不服，從而提起聲請要求再審理的程序。「再審程序的目的主要在於爲當事人提供最後的訴訟救濟機會和手段。」〔註 29〕因而，無論是民事再審還是刑事再審，都嚴格要求必須有相應的法定理由。例如《刑事訴訟法》第 28 條至第 33 條，都是關於再審程序的規定。「根據《刑事訴訟法》作出的有罪、無罪、免訴或不予受理的原審判決在產生法律效力後，如若發現確實有新證據者，可以爲受判決人之合法利益向法院聲請再審，若發現有重要證據被法庭漏審的，當事

〔註28〕謝冬慧：《民事審判制度現代化研究——以南京國民政府爲背景的考察》，北京：法律出版社，2011 年版，第 315 頁。

〔註29〕邵明：《民事訴訟法理研究》，北京：中國人民大學出版社，2004 年版，第 334頁。

人也可以聲請再審，但是再審聲請原則上應在收到判決後 20 日內提出，逾期不予受理；聲請再審由原判決法院管轄。」〔註30〕聲請再審的理由要麼是原審判程序不合法；要麼是原審判違背實體規定，諸如審判過程存在貪贓枉法、徇私舞弊等情形。經過再審，法院認為請求無理由的，以裁定、判決等形式駁回再審；若認為請求有理由且判決有誤的，法院可將原判決廢棄，並依照相關程序規定變更判決或者發回重審，或者作出移送管轄的判決。總之，再審程序是出於人道主義和法律理性精神，對當事人的合法利益進行最大可能的保護。

第三節　特殊審判程序

　　根據《民事訴訟法》規定，民事特殊訴訟程序包括：督促程序、保全程序、公示催告程序和人事訴訟程序。至於刑事特殊訴訟程序主要是指《特種刑事訴訟條例》和《刑事訴訟法》所規定的特種刑事案件的相關程序以及簡易訴訟程序、刑事裁判的執行等相關規範。此外，特殊訴訟程序還包括巡迴審判程序。通過閱讀西康民事訴訟檔案，筆者發現，在戰時對督促程序、保全程序、人事訴訟等特殊程序訴訟很少涉及，因此在本書中暫略，僅對特殊訴訟程序中具有戰時特徵的巡迴審判程序和特種刑事審判程序進行分析，以探析作為大後方的西康在司法審判中所適用的特別程序規範和相關制度。

一、巡迴審判程序

　　巡迴審判通常是指高等法院或分院為方便民眾訴訟，根據當地經濟、交通等具體情況，結合法院自身實際問題，深入農村特別是交通不便、人員稀少的邊遠地區，以法庭就當事人的原則就地立案、就地開庭、當庭調解、當庭結案的一種特殊審判方式，如馬背上的法庭、炕上法庭就是這種審判方式的典型代表。這也是抗戰期間，國民政府為了適應戰爭形勢，維護戰區和後方社會秩序，因地制宜而推行的一種審判制度。

（一）巡迴審判制度的制定

　　抗日戰爭時期，由於交通阻滯、路途艱險，司法設施遭受不同程度的

〔註30〕參見最高法院編輯：《最高法院刑庭會議記錄類編》，上海：上海法學編譯社，1948 年版，第 158 頁。

破壞，司法組織難以正常運轉。各省高等法院多設於省會，而各省戰區因省會被占、高等法院搬遷、戰區交通失其常態，致使當事人上訴不便。與此同時，戰區的糾紛化解、人心安定又對於抗戰有著重要意義。因此，司法行政部認為，針對這一情況應該簡化程序、便利司法，但第二審上訴程序仍然是注重案件事實的審理過程，為了獲得事實真相，直接審訊當事人就成為必須。為適應艱難的戰爭環境，讓司法改革服務於抗戰需要，國民政府在戰區試行巡迴審判制度。司法行政部認為，鑒於戰爭對交通的阻滯以及民眾生活的勞頓，為方便當事人訴訟，第二審上訴審程序的審判「與其以當事人就法官，毋寧以法官就當事人」〔註31〕，於是試行巡迴審判，以免訴訟當事人跋涉之勞而謀人民訴訟之便利。1938年、1939年司法行政部草擬《戰區巡迴審判辦法》和《戰區巡迴審判民刑訴訟暫行辦法》，並先後公佈施行。後由於戰爭的進一步擴大，大後方經濟社會秩序也受到較大影響，大後方司法審判也開始困難重重，為了便於民眾向司法機關提起訴訟，1944年國民政府擬定「高等法院巡迴審判條例草案」，將巡迴審判在全國更多的地方推行，特別是像西康這樣交通不便的邊遠地帶。一時間，巡迴審判制度在全國範圍內遍地開花。

（二）巡迴審判制度在西康的實施

抗戰時期巡迴審判制度主要體現在以下方面：

第一，審判區域和期間。西康實行巡迴審判的區域主要在康定下屬的關外各縣，諸如瞻化、甘孜等地，一則各縣由於地處邊遠，本身法律資源就薄弱，人民二審上訴極為不便，加上抗戰的特殊情境，阻礙就更大。因此，施行巡迴審判制度，有利於民眾訴訟。具體的審判區域由西康高等法院或兩分院酌量定之。巡迴審判就其管轄區域內司法機關或縣政府或其它適宜處所開庭。但是西康由於推行巡迴審判的區域並不廣泛，因此沒有再細分審判區。「1942年司法行政部據西康高等法院報告請示後，准令西康高院康定分庭（這時尚未建立高分院）庭長巡迴審判康定關外各縣。」〔註32〕巡迴審判的具體期間由高等法院根據交通狀況等具體情形決定，通常會提前廣為張貼布告，讓民眾知曉，每次巡迴期間大約在3個月以內。

〔註31〕 李生瀁：《戰時司法》，上海：商務印書館，1939年版，第5頁。

〔註32〕 中國人民政治協商會議四川省委員會文史資料研究委員會編：《四川文史資料選輯第二十九輯》，成都：四川人民出版社，1983年版，第207頁。

　　第二，審判人員與經費保障。巡迴審判一般由西康高等法院或兩高分院委派有多年審判經驗的推事三人組成巡迴法庭，下到基層進行審判。巡迴審判推事的人選沒有明文規定，但原則上應具備《法院組織法》所規定的高等法院推事資格。其餘司法人員由當地司法機關或縣政府派人承辦，但巡迴審判推事於必要時可以酌情攜帶法院人員辦理。巡迴審判推事除了原來俸祿外還有額外的津貼補助。巡迴審判所需經費，由西康高等法院編具預算呈報西康省政府，省政府按照原縮編預算所列法院經費照舊例撥發，款項不足或無款可撥時，則在省預備費中支出。

　　巡迴推事在巡迴審判期間，應與當地司法機關和縣政府密切合作，由當地司法機關負責委派人員擔任書記員、執達員、司法警察等職務，負責調查取證、排定審理日期，傳集訴訟關係人和證人，為審判推事做好審理前的一切準備工作。

　　第三，訴訟費用。西康在最初的巡迴審判制度實踐中，沿用 1938 年《戰區巡迴審判辦法》的規定：如民刑訴訟案件當事人因經濟困窘等原因沒有購買狀紙，巡迴審判推事仍應受理其訴訟，民事案件還要免徵訴訟費用。從這一規定可以看出，巡迴審判相比普通民刑審判程序而言更加注重便民，簡化了一切繁文瑣節，對有訴訟困難的當事人施以援助。但與此同時，西康高等法院又規定：免徵訴訟費用的案件僅限於對巡迴審判推事所作出的二審判決結果不服而上訴的案件，而對高等法院和兩分院所為判決不服而上訴的案件則不在免徵之列。這樣一來，使得巡迴審判在理論和實踐中都出現了矛盾。在理論上，前者規定民事案件訴訟當事人可以向巡迴法庭免交訴訟費用，但是後一條指令又強調只有不服巡迴審判推事所作的判決而上訴的才能免徵，普通上訴則要徵收，二者之間顯然出現悖論，同一省區內竟然出現兩種制度，於法理不合，於情理不通；在實踐上，在未指定巡迴審判的區域，很多當事人由於經濟困難，無法繳納訴訟費用，因而不能合法提起上訴。如此一來，巡迴審判初衷本是為了減輕民眾訴訟負擔，方便民眾的訴訟，加強對戰區或者大後方社會關係調節，結果反而造成了一地兩種待遇的情況，這似乎與推動巡迴審判的便民意圖南轅北轍。

（三）相關審判規則

　　西康巡迴審判原則上主要適用國民政府所頒行的《戰區巡迴審判辦法》和《戰區巡迴審判民刑訴訟暫行辦法》審理二審上訴案件，如涉及到上述兩

個文件沒有明文規定者，則依據《民事訴訟法》和《刑事訴訟法》以及其它相關的民事、刑事訴訟條例進行審判。刑事訴訟告訴人對於一審判決不服的，須於判決書送達日第二天起 10 天內向巡迴審判推事上訴。巡迴審判推事判決死刑，如當事人未上訴，則連同卷證呈送最高法院檢察署，最高法院檢察署檢察官接受前項卷證後，可於 10 日內上訴。巡迴推事未到達前，當地司法機關可實施緊急處分，推事到達時即送該推事辦理。

巡迴審判推事在巡審期間主要是以遍及所轄區域為目的，因此即便是所巡之地沒有案件也要前往。例如 1942 年康定分庭庭長饒世科巡迴康定關外縣份期間，基本沒有什麼上訴案件，就只是兩個漢族人買賣一隻小豬，因不服縣司法處的判決，最後也提出了上訴。儘管如此，巡迴審判以官就民、便利司法的價值也是要充分肯定的。

二、特種刑事案件的覆判與再審程序

抗戰初期，國民政府出於戰爭需要，為達到從重、從快懲治犯罪的目的，將影響戰時軍事利益和社會秩序的一部分犯罪諸如煙毒、漢奸、盜匪、貪污等列為特種刑事案件，一律交由有軍法審判權的機關辦理，西康各縣的軍法審判主要由各縣政府辦理，由西康省軍事機關綏靖公署等覆核。很長一段時間，軍法審判的權限範圍被任意放大。軍法審判以其簡單的審判形式和程序對案件進行審理，並不准當事人有所申訴，這在特殊的戰爭環境下提高了審判效率；但是軍法審判片面追求速度、忽視公正與效果、無視刑事被告的合法權益，加上軍法審判機關的腐敗行為，導致草菅人命現象嚴重，社會各界對此怨聲載道。抗戰後期，迫於政治需要和內戰、外交的壓力，國民政府於 1944 年末頒行了《特種刑事案件訴訟條例》（下稱條例），規定除軍人為被告外的特種刑事案件統一移歸普通法院審理。因此，西康除煙毒案件暫時保留軍法審判以外，所有特種刑事案件都由地方法院或縣司法處根據《特種刑事案件訴訟條例》進行審判，但危害國家利益、漢奸、違反戰時軍律及妨害軍機等案件由西康高等法院或分院審理。

根據條例所為之判決不得上訴，但可以聲請覆判，第 7 條至第 23 條、第 26 條、第 27 條均為特種刑事案件聲請覆判的程序規定。在此，對特種刑事案件覆判程序作一簡單介紹。

（一）覆判權限

條例第 7 至 10 條對覆判權限加以規定：「對於覆判法院之判決，不得聲請再覆判；對於依條例所爲之裁定，得依法抗告，但不得再抗告；對於覆判法院之裁定，不得抗告；依條例所爲之判決，經聲請覆判者，應由原審法院送直接上級法院覆判，但宣告死刑或無期徒刑之判決應依職權逕送最高法院覆判；聲請覆判，得由依刑事訴訟法有上訴權之人或依其它法令有申訴不服權之人爲之。」14 條規定：「有聲請覆判權之人，可捨棄其聲請權，已經聲請的覆判，覆判法院判決前可以撤回。」〔註 33〕本條例所指之原審法院不包括高等法院在內，向該院聲請覆判者裁定駁回之。

（二）覆判的受理與送達

根據條例規定，被告若對原審判不服，依法可向上級法院聲請覆判，其聲請的期間爲自送達判決後 10 日之內，但判決宣示後、文本送達前之聲請同樣有效。和上訴聲請一樣，聲請覆判應由不服者本人以書狀向原審法院提出，若聲請非由被告爲之者應由法院抄錄書狀繕本送達於被告。原審法院接受聲請後，應速將該案卷宗證物送交覆判法院，並於送達之判決正本內載明聲請覆判期間及提出聲請狀之法院；覆判法院對於覆判案件之判決，應自接受卷宗證物之日起 20 日內爲之，但須提審、蒞審者其審判得酌量延長，但不得過 20 日。

針對死刑的覆判，司法院特地作出相關司法解釋，依《特種刑事案件訴訟條例》宣告死刑或無期徒刑之判決，如被告已聲請覆判，仍應由原審法院將該案卷宗證物送達最高法院覆判（司法院院解字第 2937 號解釋）。特種刑事案件經由高等法院或分院覆判，改處被告死刑或無期徒刑者毋庸再送最高法院覆判（司法院院解字第 2963 號解釋）。

從以上規定可以看出，該條例規定的覆判，目的在於限制上訴、減少審級、縮短審判期間、提高審判效率，這與縣司法處覆判條例所規定的普通覆判程序旨在彌補上訴和再審程序的不足這一目的有所不同。

（三）覆判審理

覆判案件一般以書面審理形式進行，但由高等法院或分院覆判者須提審或命推事蒞審。覆判案件認定事實適用法律無誤或者訴訟程序雖係違背法令

〔註33〕申請不服權之人限於告訴人。參見最高法院編輯，前注〔162〕，第 154 頁。

而顯然於判決無影響時，覆判法院應爲核准之判決，若有違背法條，應於判決內指正。覆判法院爲核准判決時，得同時諭知緩刑。覆判案件除應駁回或應全部核准者外，覆判法院應撤銷原審判決而自爲判決，但原審判決認定事實顯有不當者，須將判決發回原審法院，或交同級其它法院重新審理。

對於覆判管轄出現錯誤的情形，司法院院解字第 2972 號作出解釋：如第一審判決適用普通刑法處斷者，案件依縣司法處刑事案件覆判暫行條例呈送覆判，經覆判法院查實認爲該被告所犯罪名確爲特種刑事案件者，應仍依該覆判暫行條例發回原縣司法處更審，然後作出複審裁定，並分別情形於裁定理由內指示應由何級法院依特種刑事案件訴訟程序辦理。法院書記官接受判決原本後，除有特別規定外，應於 7 日內製作判決正本送達檢察官、聲請人或被告；覆判法院認爲聲請覆判違背法律上之程序或其聲請權已經喪失者，應以判決駁回之，但其情形可以補正者應指定相應期間命其補正。

（四）有關上訴和覆判程序的認定

由於原審在普通刑事案件和特種刑事案件的界定上往往容易產生偏差，使得案件的上訴和覆判也容易出現混同，因此，《關於特種刑事案件訴訟條例之指示與解釋》對此加以詳細規定：原爲特種刑事案件，第一審判決認定爲普通刑事案件，依照普通訴訟程序辦理；經當事人上訴後，第二審法院經審理認爲所犯罪名爲特種刑事犯罪，並以第一審認定事實並無不當僅適用法律錯誤者，第二審法院對於該案如有覆判權，應以其上訴作爲聲請覆判進入覆判程序，否則仍依第二審程序將原判決撤銷，並於判決理由內指示原審法院應依特種刑事案件訴訟程序辦理。

與此相反，第一審判決認定案件爲特種刑事案件，經覆判法院審理，認爲所犯罪名爲普通刑事犯罪，並以初判認定事實並無不當者，該法院如有第二審管轄權，應以其聲請覆判作爲上訴進行第二審審判。例如後文提到的「雅安胡元俊貪污案」〔註34〕便是如此。上訴人胡元俊由於與將徵壯丁要求期約、收受賄賂，雅安地方法院一審判決根據《特種刑事案件訴訟條例》以貪污罪論處，後被告胡元俊聲請覆判，經西康高等法院撤銷原判決後發還更審，復經判處妨害兵役罪行，上訴人又上訴到西康高等法院。西康高等法院認爲，上訴人同時觸犯《懲治貪污條例》和《修正妨害兵役治罪條例》，同種之罪比較，處刑相等，唯一不同的是，一爲特種刑事訴訟，一爲普通刑事訴訟，自必依普通刑事

〔註34〕「雅安胡元俊貪污案」，四川省檔案館藏，檔案號 252－6。

訴訟程序辦理，方為有利於行為人之法律，且《修正妨害兵役治罪條例》頒佈後，應以之作為首先依據，依普通刑事訴訟程序辦理，對《懲治貪污條例》無援用之必要，本案不屬於特種刑事訴訟條例懲罰範圍。因此，法庭將原聲請人的覆判行為改為上訴，進行二審審判，廢棄原判，改判被告破壞兵役罪行。最終，西康高等法院覆字第 16 號刑事判決胡元俊違背辦理兵役職務規定並收受賄賂，判處有期徒刑 6 年又 8 個月，褫奪公權 5 年。此案的審理說明，西康司法機關在案件審理中充分採信了有利於被告原則，以普通刑事處罰優於特種刑事處罰。但從另一角度也可看到，由於抗戰時期過多頒佈特別法令，法條之間存在爭議，有政出多頭之嫌，給案件的定性與判決加劇了難度。

另外，檢察官認為被告觸犯特種刑事法令所定之罪而起訴之，案件經原審法院審理結果，認為只是觸犯普通刑法上之罪名，依照普通刑事程序論處罪刑。檢察官不服，提起第二審上訴後，第二審法院如認原審法院所為判決並無不當，即應駁回上訴，如確係觸犯特種刑事法令罪名，而第一審判決認定事實為不當者，應當將原判決撤銷，並於判決理由內指示第一審法院依特種刑事訴訟程序審判。假使第一審判決認定事實並無不當，而所犯確為特種刑事罪名，只是適用法律錯誤者，雖第一審係依普通刑事程序辦理，如第二審法院有覆判權，仍應將該上訴確認為聲請覆判。同樣，第一審認為其行為不成立犯罪，經檢察官上訴後，第二審法院認為案件確實屬於特種刑事案件，也應將上訴作為聲請覆判，依覆判程序辦理。

（五）特種刑事案件的再審

此外，條例第 28 條至第 34 條對特種刑事案件的再審程序作了相應規定。依本條例所為有罪、無罪、免訴或不受理之判決確定後發現新證據者，也可為受判決人之不利益聲請再審。判決確定後因足影響於判決之重要證據漏未審酌，認為有重大錯誤者，得為受判決人之利益或不利益聲請再審。按規定聲請再審者，應於送達判決後 20 日內向原審法院提出，再審法院開始再審裁定時，對於有同一原因之受判決人視為一併開始再審之裁定，雖受判決人聲請再經駁回者亦同。覆判法院一旦裁定開始再審後，應就案件再為覆判，但初判法院亦已開始再審者，對於覆判法院再審之聲請及關於再審之判決失其效力。初判法院所為再審之判決仍應依職權或依聲請送達覆判。違背法令之判決確定後，經非常上訴程序將原判決撤銷者，應就該案件另行判決，其利益或不利益之效力均及於被告。

縱觀特種刑事案件的覆判程序和再審程序的相關規定，抗戰時期對特種刑事案件的審判剝奪了被告的上訴權，簡化司法監督程序，從快執行死刑，使刑事審判淪為維護國民黨專政獨裁統治的工具。

第四節　審判程序的靈活運用

在規範訴訟程序中遇到最大的難題來自康、寧兩屬地區少數民族糾紛的解決。就康屬而言，除康定、瀘定兩縣外，其餘各縣多為未被漢化的少數民族，風俗習慣大相懸殊，人民法律意識淡薄。為將國家法律推行到邊疆，以國家司法制度來規範邊疆民族地區的社會秩序，司法院於 1938 年組織川康考察團赴西康考察風俗民情。1941 年由司法行政部針對西康需要擬訂西康民刑特別法草案，在法令允許範圍內對訴訟審判程序實現靈活運用。

一、因地制宜變通審判程序

康人大多以烏拉為生（即畜牧）且住地不定，就算有訴訟事件，也希望官廳即時判決、即時執行。然而，當時國民政府有關訴訟程序的規定是，「原告起訴後，法院應將繕狀送還被告，再示期傳訊，必須預算務使被告明瞭原告主張事件，方能審理，倘一訊即結，其定示判決文必須 5 日或 7 日，判決送還當事人後，必候上訴期間經過，方可移付執行」，〔註35〕從起訴至執行最快也須要兩月。康人認為此項程序不但不能解決其糾紛，反而增加若干困難，以致於發生糾紛案件後，當事人多向土司、頭人或喇嘛寺請求調解，不願向司法機關提起訴訟。因此，西康高等法院要求所屬各縣審判機關對於訴訟程序務求敏捷，裁判及其它書類的製作務求簡單，以節時間而便人民，並結合具體情形對審判程序加以因地制宜的變通。

（一）就地臨時開庭

在高等法院未遷康定以前，所有康定、瀘定等關外各縣上訴案件一律到雅安受審，人民極感困難，其第二審上訴在途期間超過 20 日者多至 12 縣。加之抗戰開始後，因交通阻滯、舟車艱險，郵遞卷宗、證物、匯票常遭毀損，不服高等法院裁判的上訴、抗告案件經常被遲延，給當事人帶來諸多不便。

〔註35〕鍾銘，前注〔44〕，第 20 頁。

為適應戰時環境，西康高等法院康定分駐庭依照《法院組織法》相關規定，對於其管轄區域內上訴在途期間逾越 10 日之各縣於適宜地點臨時開庭，受理附近各縣上訴案件。臨時開庭地點為理化、巴安、甘孜、德格四縣，分別受理本縣及附近各縣的上訴、抗告及覆判案件。臨時庭的審判以推事一人或三人行之。臨時庭由高等法院指令開庭地之縣長執行檢察官職務，開庭期間為每年 4 月至 9 月。各地開庭日期經預定後應於指定日期內通知開庭地的司法機關或縣政府並布告民眾。關於書記官、錄事、執達員、檢驗員、司法警察、庭丁、公役事務，由開庭地司法機關或縣政府派人承辦，臨時推事由分駐庭人員辦理。臨時庭推事、檢察官、書記官所經辦的文件需借用開庭地司法機關或縣政府的印信。這種設立臨時庭的做法，在抗戰期間不失為一項應時而便利之舉，有效解決了戰時的民間糾紛，加強了大後方的基層社會穩定，為抗戰儲備了堅實的後續力量。

（二）變通訴訟期間

西康各級審判機構還結合地形位置，對訴訟期間採取了更為靈活、人性化的處理方式。因抗戰以來各地交通失其常態，此時如果參照戰前的法律施行日期，規定一固定到達期限，則困難很大。在此非常時期，西康參照《法律施行日期條例》第 4 條規定，對法律施行到達日期進行變通。「各縣一律以公佈法律之命令實際到達各該省市縣之翌日起發生效力，較免窒礙，其以電令公佈者可隨之解決。」〔註 36〕並規定，指定初次言詞辯論期日，應斟酌事件之繁簡和考慮當事人住居所距離法院之遠近及交通情形，預留就審期間，以便被傳人於指定之期日恰好到場。1943 年西康高等法院給康定分駐庭的訓令：「當事人住居地距離法院所在地，每水陸路 50 里，應扣除在途期間 1 日，不滿 50 里而在 10 里以上者亦同，每 1 海里作 3 里半計算；其火車輪船通行之地，則在途期間全部或一部依車行或船行期間定之，若車行或船行期間不滿 1 日者，作 1 日計算。如有情形特殊者應予變通者，亦應將其原因於原表備考中詳細敘明，以憑考核。」〔註 37〕

（三）變通傳票送達程序

針對部分地域尤其是康屬地區地形艱險，執達員送達傳票往往容易出現

〔註 36〕 「西康高等法院中華民國二十八年十一月二十七日監字第 706 號訓令」，四川省檔案館藏，檔案號 252－1142。

〔註 37〕 「民刑訴訟程序詢問處辦事細則」，四川省檔案館藏，檔案號 252－1160。

延誤的情形，西康高等法院 1942 年 11 月牘字第 230 號訓令宣佈，「以面告方式取代送達傳票，將下次審判所定之期日當面告知當事人，與送達傳票有同一之效力。按期不到之被告，經函告以下次應到之日時、處所，及如不到場得命辦提，並記明筆錄者，與送達傳票有同一之效力。」﹝註 38﹞此種以面告代替送達傳票的方式，旨在節省不必要之人力與物力，這和戰時經費緊縮政策也是相一致的。

此外，為免需索擾累之弊端，在康定縣還有更特殊的傳票送達方式。原告控案後，法庭便出傳票，按道里遠近限定日期將傳票叫原告帶回，交付被告所住村的頭人，該頭人當日將傳票交給被告，催其按傳票限定日期到庭並將傳票當堂呈繳。原告也必須於當日到案，審判官當即審判，不准遲誤。如被告逾限不到，則派保正催傳，所有食用盤費皆由被告支應，原告不出分文。保正盤費的徵收原則為，一站只准向被告索銀二元，兩站索銀三元，三站以後只追加半元，只算去站，不算回站，不得多收。如被告確實有事不到，再令保正傳達，頭人送達傳票，原被告各自給銀半元作為飯食之費。傳審之票交與原告，難免會出現有意延遲者，因此該頭人接票時，須當面將接票日期注明，如原告遲延日久，仍按票到該村之日起算，如離一站者限 4 日，初一日出票，初二日起算，原告應於初二日送票到村，被告應於初五日到案，今原告乃遲至初四日才開始送傳票到村，以初四日起算，以 4 日計，被告應展至初七日到案，以此類推。傳審後被告按限到庭，而原告不來案候審者，過 3 日後即將案註銷，原告不得再提起訴訟，以杜絕誣控之弊。原告如確實有事不能到案，應具稟呈明，另行換票傳訊，但要交付保正的紙筆費和頭人傳案的飲食費，一案只准一次，換票傳審者，不能再案。﹝註 39﹞

（四）變通判決宣示方式

在案件發生情事變更時，有關庭諭可以作為判決執行的依據，以便當事人利益保護。1942 年，越雋縣長向西康高等法院呈請解釋民刑訴訟庭諭效力問題，高院給以明確答覆。越雋兼理司法縣長提出，「本縣司法事務對於民刑訴訟過去多未依照法定程序辦理，於本任內不免發生疑義，特別是有關庭諭

﹝註 38﹞ 「西康高等法院中華民國三十一年十一月二十八日牘字第二三零號訓令」，四川省檔案館藏，檔案號 252－1161。

﹝註 39﹞ 參見馬大正主編，前注﹝20﹞，第 282 頁。

效力問題。前□案件辯論終結概用庭諭，庭諭與判決是否有同一之效力，如有同一之效力，未經送達者，當時雖於庭上口頭宣示，而卷內無宣示筆錄可考，現在當事人請求正式送達判決，可否變更其庭諭，另行續行審判。如應續行審判，自當時宣示庭諭之日起對於時效有無限制」。西康高等法院費院長指示如下：「查各縣政府裁判民刑案件以堂諭代行判決，於法本屬不合，應由承辦人員補製判詞。曾經司法行政部通令有案，惟據呈稱係前任內之件，如果無從補正，應由該縣長分別查明，其可認爲有終局判決之性質，業經宣示而未送達者，仰即補行送達，當事人如有不服仍可於送達法定期內提起上訴，其未經宣示送達者，於法當然無效自可由該縣更新審判。」〔註40〕在此，西康高等法院一方面否認了堂諭代行判決的做法，但是考慮到西康縣級司法的具體情況，在司法整飭中允許循序漸進，對已判決案件姑且承認其效力，並要求補正判詞。

二、強化法定程序與習慣規則的調適

由於地廣人稀，西康轄境內若干縣政府的權力僅及於縣城或其附近區域而不能遍達於全縣，甚至於有根本不能觸及到的地方，司法訴訟多依據各地日久經年而形成的習慣規則進行處理。在這種特殊的社會背景下，政府應充分發揮國家法律的引導效能，加以教育感化、移易風俗，宣揚國家法典與程序規則，此爲徹底改進全康司法之根本辦法。基於此，西康各司法機關在國家法律許可的前提下，充分尊重少數民族地區的公共秩序和善良風俗，將國家法定程序與習慣規則進行了相應的調適。

（一）合理利用地方權威

在西康，土司之制延續了三四百年，喇嘛寺廟的歷史也頗爲悠久，雖經一度改革，其固有權威與西康人民的信賴卻未完全喪失。康人多數不解官制，遇事不訴諸地方政府，而訴之於土司或喇嘛。因而西康司法審判制度的改革還不能忽視土司、喇嘛等重要的地方權威。

首先，就改革事項徵求土司、喇嘛的意見。司法籌備處除召集康區各大喇嘛舉行僧伽大會外，還派員親自遍訪各大喇嘛和土司，咨詢當地司法情形，徵詢其對於司法改進的意見，並根據訪詢所得編具筆錄送交司法部

〔註40〕「民刑訴訟庭諭效力」四川省檔案館藏，檔案號252－559。

調查人員參考，並在各縣級司法實踐中，酌情保留土司和喇嘛對於司法的部分影響力。

其次，給予民間公約一定法律效力。康區土地所有權握於土司、頭人或喇嘛寺之手，各寺犬牙相錯，常起界務糾紛，公共治安及社會秩序不易維持。各地喇嘛寺或土司為消弭相互間的糾紛，解除爭端，常共同議定一種規章作為公約共同遵守。這些公約，大部分為喇嘛寺所收存，執行人為大德活佛或富有聲望之土司、頭人。凡有產權糾紛，大多以寺方為主持者展開談判，甲乙兩造的當事人分別請來有聲望的喇嘛、土司、富豪、老民，按照各地方的特有情形，匯合各談判人的意見，再從公允的原則中尋求解決的途徑。西康各縣對於這種有關民事糾紛的民間解決方式，往往也認可了其法律效力。

不僅如此，各縣級司法官在審理涉及少數民族的民刑案件時，為有效解決矛盾糾紛，經常借助於土司、喇嘛等地方權威，利用其民間威望對各種民刑糾紛進行調解，諸如後文將詳細注解的通宵、古路糾紛中，當地縣政府便委託寺廟喇嘛在案件正式開庭審判以前根據地方習俗擬定調解方案，並最終以法庭調解的形式認可了喇嘛的調解。在審訊判決過程中，邀請當地的村保頭人、家族族長以及德高望重的寺廟喇嘛共同參與審訊，在官方宣示判決後，由四名大德喇嘛擔保並見證判決的執行。

（二）適當保留民間習慣

康屬地區除東部數縣外，大部分地方的人民為藏族或土著居民，大多保持其固有禮俗習慣，牢不可破。比如道孚縣就是其中的典型，「道孚——康人發生刑事案件，多以罰金贖罪，如本縣以查出羅科馬私槍，自請罰銀七百元。又街民李某持刀凶毆，罰銀一秤（每秤合藏洋一百六十元），一作保安隊制服費，一作麻孜橋賠修費。石渠——本縣人民發生刑事案件，以罰金贖罪，但大都出自各村保頭人之處理訟爭事件，雖經縣府嚴令禁止，仍不能免。」〔註41〕

因此，在現實的審判實踐中，司法官往往在不違背現行法律制度的前提下，適當保留部分民間習俗，將善良民俗習慣有條件地引入案件審判，以便更加有效地解決矛盾糾紛，從而促進西康社會的和諧治理。以下試舉例簡要說明。

〔註41〕鄭獨嶸：「西康各縣司法實況」，《康導月刊》，1938年1月第4期，第19頁。

　　婚姻：康區的婚姻制度與內地多有不同，各種婚制同時存在，有一夫一妻，有一妻多夫，也有招贅爲婿的，有時姊妹還共贅一婿。贅婿上門，一般主要從事生產勞動，家政大全仍操於女子之手。一妻多夫制，多爲數兄弟共娶一妻以維持家庭之共同生活，這是西康經濟欠發達情況下，人們爲減少財力消耗的非常之舉。此外，也有幾個朋友共娶一妻者，「西藏軍營中，及邦達多吉所統帥之民兵即有此風氣。此項婚制在內地行之，恐有打破醋罐的危險；但康區多婦人，善於應付，男子之間亦有信約，互相諒解，有時雖因婦人不賢或男子嫉妒掀起醋波，但大都有維持共同生活、調和情感之妙用。邦達所率民兵數百久而不散，據稱得力於此種婚姻制甚大。」〔註42〕在西康，部分一妻多夫的婚制得到了保留。這種情形並不是普遍於全西康，而僅是在某些地區有著這種習慣。這種習慣的精神旨在減少消耗和增加生產以及保持家庭財產不被分散，所以也就行之自然而無任何糾紛發生。在西康司法審判制度改革中，默許了這種婚姻習慣，並沒有將之作爲違法行爲加以懲處。

　　喪葬：西康喪葬分爲天葬、火葬、水葬三種。其中，天葬必須把死者的屍身用利刃斷碎，和著泥巴供雕鳥吃盡而後止。水葬則把斷碎了的屍體，任其浮沉水中以飽魚腹。這在普通的刑法看來，碎屍的犯罪程度並不亞於殺生人，所以西康的喪葬亦可屬於刑法懲治範疇，尤其還是對直系血親、尊親屬爲之，更應在加重科刑之列。然而依照西康民眾的習慣來看，此爲使逝者返本還原之意，經歷世相沿，早已成尊親報本的義節。因爲康民崇尙佛教，大多具有出世思想，生人不能完全入寺修佛，死後必求升入天堂，得歸淨土。這種行爲在西康人民看來，至少是一種宗教上的道德行爲，因而官方也認可了這種喪葬方式的合法性。

　　繼承：在西康還有母系氏族的遺制，有女兒的人們會把女婿接到自己的家裏，同兒子一樣地承嗣下去，承嗣的人自然也就是繼承財產權的人，其它非承嗣的子女們則只能根據承嗣者的意願適當享受一點財產，基本不可能實行人人均分，而這樣的習慣行之絕久，早已被認同，也無嚴重的糾紛發生。部分地區的財產繼承已經與民國親屬編中關於繼承的規定大致相同，但仍然保留了自身的一些習慣。遺產繼承順序爲：一爲配偶、二爲子女、三爲父母、四爲兄弟姊妹，同一順序之繼承人有數人時，則平均繼承。

〔註42〕李中定：「康區習慣法」，《邊疆通訊》，年份不詳，1卷1期，第6頁。

「繼承人應以因繼承所得之財產盡先償還被繼承人之債務。繼承開始時，繼承人之有無不明者，由其親屬及鄰里等會商處理，除以一部財產送喇嘛寺念經外，餘者交由其較親之親屬開單保存，待其繼承人明確時，當眾點交。」〔註43〕

　　一個國家司法審判制度的推行，最重要的條件就是要顧及人民的實際生活，適應時代的人群需求，不背國情、不違潮流。否則，就不能達到司法審判的最高效用。正如何勤華所說：「現行法律多半繼受他國，其得之於本國固有民情風俗者甚少。然法律不外乎人情，法律與人情不符，自難得人民的信仰。」〔註44〕總體來講，西康司法審判改革針對各地縣具體情況，依據國家司法審判制度相關規定，參酌地方習慣進行相應變通，使民眾逐漸接受並施用普通法律，從而達到法治統一之境。

　　綜上所述，在西康全面推動司法審判制度近代化改革進程中，始終遵循著三個宗旨，一是以國家法律為核心實現法令的統一，依據國民政府各項實體法、訴訟法和特別法令，在審判程序和相關制度上加以改進和完善；二是在不違背國家基本法律的基礎上，根據邊疆民族地區的實際情形和西康地區的社會特徵，強化法定程序與習慣規則的調適；三是緊緊圍繞抗戰大後方建設的各種需求實施特殊的審判程序，為有效解決社會矛盾提供切實可行的依據。

〔註43〕丘懷瑾，前注〔62〕，第31頁。
〔註44〕「怎樣調節法律與國民的感情」，何勤華、李秀清編：《民國法學論文精粹》（第1卷），北京：法律出版社，2003年版，第333頁。

第五章　西康民事審判實踐

　　法律要想發揮對社會的塑造作用，離不開各級司法機關的審判實踐。司法審判的有效運作，可以把靜止的法律規範與當地社會發展的實際情形結合起來，通過各種糾紛的調節，使這些規則逐漸轉化成人們社會生活的行爲準則，從而起到穩定社會秩序的作用。因而對於研究西康司法審判制度的近代化改革過程來說，其各級司法機關具體的審判實踐是不可邁過的重要環節。

　　在艱難的戰爭環境下，由於國家經濟衰退、大後方物資緊缺、流動人口大量增加，造成物價高漲、社會動蕩、人心惶惶，民事糾紛也隨之而增加。爲應對戰事的需要，也爲進一步促進國家民事法律制度在邊疆民族地區的推行，國民政府將民法典的制度體系推向西康這個特殊的新興省份。在司法行政部的引導下，西康高等法院結合原有地方習慣，根據國民政府民事訴訟制度逐步建立近代民事訴訟審判體系，這是國民政府在西康進行司法改革的重要成果之一。西康高等法院的建立、各縣級司法的逐步完善以及司法設施的整飭使西康在逐步完成司法近代化的進程中，已經將原來的偏安一隅、各自爲陣的地方性規則逐步納入到統一的國家律令體系中，除了前述司法機關、人員、經費、訴訟程序等的改革外，其民事審判制度的確立與實踐也按照國家法的規制體系逐步健全，初步形成了與現代民事審判制度兼容一體的基本形式。

第一節　普通民事審判實踐

　　「西康僻處邊隅、交通梗阻、風氣閉塞，人民生活尚多滯於游牧時代，渾渾噩噩、極少進化，現行民法所定之事項，有爲西康社會所未發生者；偶或有之，尚未成爲習慣；或則甲地有此習慣，而乙地無之者，不能不酌量以

定取捨也。」〔註1〕因此，司法部派出調查組廣泛搜集西康所屬各縣各種民事習慣，在國家民事司法審判制度範圍內，充分考慮本省實際情況，有針對性地、更加務實地推動司法審判制度的改革與實踐。雖然，由於社會文化的落後，國家法層面上的民事審判制度往往很難介入到西康尤其是關外各縣百姓生活中，民眾通常按照約定俗成的習慣調節民間糾紛，而很少向司法機構提起訴訟，但經過多種努力，西康在民事審判制度的建立上初具規模，按照《中華民國民法》的基本框架，對原來各種地方習慣進行規範，明確了包括債權、物權、繼承、親屬等方面的一系列權利、義務關係，採用相對統一的制度法規，以此向現代司法審判體系轉變。下面以分則各編爲分類依據，對西康民事審判實踐進行案例分析。

一、債務糾紛案

過去西康在債權、債務問題上也有各種法律規定，但是由於沒有統一的司法機構，而是由各縣根據地方法規自行裁斷，因而法令不一、寬嚴相異。諸如借貸契約的制定，「康人締結契約，以互相表示意思一致爲成立之要件，至契約之方式，並無一定，有訂立書面者，有口頭約定者，有以刀刻記號於木片上，剖分爲二，各執其一，以爲信符者。」〔註2〕過去由於西康人民信佛教輪迴報復之說，故因違背契約而起紛爭者甚少。但隨著商業現代化的發展，這種相對隨意的契約方式已經不適合逐漸複雜化的交易關係，尤其是口頭契約經常引起雙方債務糾紛。再如債務給付，「因不可歸責於債務人之事由，致給付不能者，在康定、道孚、爐霍等縣得免除給付義務；甘孜習慣，債務人對於債權人須負一部賠償責任。」〔註3〕這樣的債權、債務關係相對混亂，使當事人的利益難以得到有效保障。特別是「康南、定鄉、稻城等縣又有一種特別的借貸習慣，例如借銀百元，當時並不言定利息，而債權人以同額資本經營商業。如一年之內獲利五十元，則債務人應給之利亦爲五十元；如債權人多方貿易，獲利倍增，則債務人應給之利息亦如之，故債務人常有因此無力清償，降爲奴隸而不能自拔者。」〔註4〕

〔註1〕司法行政部，前注〔4〕，第47頁。
〔註2〕同上注，第51頁。
〔註3〕同上注，第52頁。
〔註4〕同上注，第52頁。

西康高等法院以及各縣級司法機構建立後，在債務糾紛的處理上，依據
1935 年《民事訴訟法》進行了更規範合理的審判，保障了當事人的合法權益
免受侵犯。

（一）重視證據

證據制度是審判制度的核心與基礎，是實現司法爲民、維護公平與正義
的關鍵所在，更是追求客觀真實、懲戒違法行爲的重要前提。西康在有關借
貸的案件審判中，按照國家民事法律相關規定，規範司法程序、堅持司法公
正、注重證據採集，從以下幾個案件可以略證一二：

案例一　程金華和賈長清債務案〔註5〕

西康金湯設治局司法處於 1946 年審判寶興縣程金華和金湯湯壩賈長清之
間的債務事件糾紛。1945 年舊曆 8 月 6 日，原告程金華借與被告賈長清國幣
十萬元，限於當年 8 月底無息償還，至歸還之期，原告一再催償，被告置之
不理。原告提起訴訟，提出借條爲憑。被告聲明請求駁回原告之訴，其陳述
略稱，借款十萬元是實，但並未收到借款。法庭通過調查得知，原告確實借
與被告十萬元，並開有收條爲據。法庭認爲，根據原告所控事實，被告借款
乃事實且有借條爲憑，被告對此也認諾無異；被告以未收有款爲抗辯，卻無
憑無據，自難令其免負償還責任，原告請求償還國幣十萬元的理由充分，應
准其請求。最終，法庭依《民事訴訟法》第 78 條判決被告應償還原告國幣十
萬元，訴訟費用由被告負擔。

案例二　李姜氏和陳興泰債務案〔註6〕

西康金湯設治局司法處於 1946 年審判原告李姜氏和被告陳興泰之間的債
務糾紛。原告李姜氏聲明請求判決被告陳興泰償還借款三萬元並負擔訴訟費
用，訴訟理由爲：原告於 1945 年到金湯做小生意，將藍小布一匹交付被告，
約定次年 7 月清償，但被告至期故意不還，原告因此起訴。被告聲明稱：原
告爲一殘廢小商，被告念其窮苦允其暫借宿被告家一年，被告並未向原告要
房租，而原告反稱借款三萬元與之，一切均無佐證，不足置信。

〔註5〕「程金華和賈長清債務案」，金湯設置局民刑判決書 2 號，四川省檔案館藏，
　　　　檔案號 252－1031。
〔註6〕「李姜氏和陳興泰債務案」，金湯設置局民刑判決書 4 號，四川省檔案館藏，
　　　　檔案號 252－1031。

　　法庭在審判過程中認為，原告請求被告償還國幣三萬元是否有理由的關鍵因素是，其所帶之藍小布一匹出賣金三萬元借與被告究竟有無借條，這是本案解決的前提。據《民事訴訟法》第 277 條所明定，當事人對於主張有利於己之事實有舉證責任，原告對於其所主張借與被告三萬元之事實未提出借條，證人楊正中亦無利於原告之證言，原告又無其它確切佐證足以證明其主張為眞，因而法庭依《民事訴訟法》第 78 條判決原告之訴駁回，訴訟費用由原告負擔。

　　案例三　何吉安和張學義債務案〔註7〕

　　西康金湯設治局司法處於1946年審判何吉安和張學義間債務糾紛。原告何吉安認為，被告張學義應償還其法幣三十八萬四千元，訴訟費用由被告負擔。被告於 1945 年 12 月 20 日向原告借土藥四十八兩，限 1946 年 8 月底清償，至期不給。被告張學義經司法處兩次合法傳喚，於言詞辯論之期均無故不到，且未提交書狀答辯，故無事實可記載。原告請求一造辯論而為判決，提出借條一張為證。經司法處查證，被告借原告土藥四十八兩屬實，折合現金共值三十八萬四千元。最終，法庭根據原告所提供的借條證據，依《修正民事訴訟法》第 78 條、第 385 條以一造判決被告償還原告法幣三十八萬四千元，訴訟費用由被告負擔。此案被告經兩次合法傳喚，於言詞辯論之期缺席審判，法院准予原告請求一造辯論而為判決。這種以一造辯論而為的判決實際上就是現行審判制度中的缺席判決。〔註8〕

　　從上述三案可知，西康在有關債務關係的民事審判中，為保護雙方當事人的合法權利，也為了案件審判的公平、公正，已經逐漸脫離原來那種「說官司」〔註9〕式的口頭證據方式，而更注重當事雙方的書證和人證。也正因為如此，雖然地處偏遠山區，但隨著國家審判制度在西康的有效實施，普通百姓的維權意識逐漸增強。

〔註7〕「何吉安和張學義債務案」，金湯設置局民刑判決書6號，四川省檔案館藏，檔案號252－1031。

〔註8〕所謂缺席判決是相對於對席判決而言的，是指法院開庭審理案件時，一方當事人無故缺席，只有一方當事人到庭，人民法院依法對案件進行審理，就到庭的一方當事人進行詢問、核對證據、聽取意見，並審查核實未到庭一方當事人提出的起訴狀、答辯狀、證據後，作出判決。

〔註9〕未建省以前的西康地區在一些民事案件和輕微的刑事案件發生後，人們一般不訴諸官府，而是由土司頭人召集雙方家族商議賠償事宜，這種方式被稱為說官司。

（二）重視情勢變更

關於情勢變更這一概念，目前學術界尚無明確定義，各說不一。筆者認為：所謂情勢變更，是指合同生效後，出現了當事人雙方皆不可預見的情況，導致合同成立時賴以存在的基礎和環境發生了變化和改動，以致如果繼續履行原合同，將明顯損害一方利益，違背司法公正。所謂情勢變更原則是指，遇有此種特殊情況時，當事人可以根據誠實信用原則請求變更或者解除合同。

「社會經濟生活的變化無常和迅猛發展，任何人都不能預料將來發生的事情，同時也不能強加給合同當事人這種訂立合同時必須預見未來的義務。」〔註10〕特別是在抗戰時期，戰亂紛呈，經濟社會發展更是極其不穩定，物價漲跌無常，這使得民事行為雙方的訴求也隨之發生變化，時常發生人們無可預料的情勢變更，尤其是在債務問題上。作為審判方，應該如何平衡既定合同約束與業已發生變化的事實之間的對立與分歧？唯有引入彈性的情勢變更原則，將靜止的合同條款、法律規定與變化後的客觀要件相結合，作出更加公允的裁判。只有這樣，才能既讓合同的履行能夠滿足雙方當事人的意願，同時又使法律能夠真正起到有效調節民事糾紛的作用。因此，西康在債務關係的處理中非常注重情勢變更狀態下當事人雙方合理訴求的滿足，從下面「高登成與冉紹貴償還借款案」〔註11〕的審判過程足以證明。

金湯設治局司法處於1947年審判高登成與冉紹貴間償還借款案。被告因需錢應急，於1945年7月30日以紅契向原告抵借法幣十四萬元，未定償還期間，每年利息玉麥二十背。原告除收取玉麥兩背抵充1個月零6天的利息外，事經兩年，利息絲毫未給，本亦不還，屢經催討，被告均置之不理，因此起訴。由於物價高漲，若仍以原借之款返還，則受損太巨，原告請求增加給付為六十萬元，提出借款收據及紅契為證。被告認為，原告訴請增加給付之數額過高，難以承擔，請求核減。法庭認為，本件被告與原告間的借貸行為既未定有清償期，法律亦無特別規定，又不能依債之性質或其它情形決定債務人可以隨時清償。此項法律行為成立後，所出現的情事變更非當事人所預料之中，若仍依其原有條款執行，顯失公平，自應公平裁量而為增加給付

〔註10〕俞作志：「情勢變更原則的法理分析——一種基於民法人文關懷的思考」，《知識經濟》，2012年第2期，第46頁。
〔註11〕「高登成與冉紹貴償還借款案」，金湯設置局民刑判決書12號，四川省檔案館藏，檔案號252-1031。

之判決。原告請求償還借款及增加給付並非無理由，只是所請增加給付之數額未免過大，而且借款時之玉麥二十背相當於借款數額，只是實際利息已超過其約定利息百分之二十。因此，法庭酌量判處被告應增加償還原告借款三十四萬元，並自 1945 年 9 月 7 日起至執行終結之日止，按百分之二十給付利息，關於超過部分，債權人並無請求權，應予駁回，原告請求按年給付利息玉麥二十背沒有理由，原告其餘之訴駁回，訴訟費用由被告負擔十分之六，原告負擔十分之四。

此案中，一審法庭認為，原告之訴為一部分有理由，一部分無理由，應分別予以准駁。很顯然，金湯設治局司法處的第一審民事判決正是基於情勢變更原則，針對時隔兩年物價飛漲的具體情況，為保護原被雙方實際利益，要求被告給付原告以合理的利息，這無疑是在合同簽訂後遭遇情勢變更的情況下，審判方試圖在靜止的合同條款與變化的現實狀況之間尋求一種平衡。這種平衡，在外觀上好像是有損程序正義，甚至損害了一方的利益，表面上是有違公平，但它恰恰是通過這種方式，彌補了法律條款的靜止帶來的不公，滿足了當事人的合理需求，最大程度地實現了實質上的公平正義。

（三）重視調解

西康在過去有關債務糾紛的解決中，土司、頭人和喇嘛通常是採取調解方式，以「說官司」的形式商議物質、價款方面的賠償數，從而協調當事人間的矛盾。這樣的糾紛解決方式與少數民族地區地緣、血緣、族緣關係複雜的特殊情形是相適應的。因而西康各級司法機構建立以後，在有關債務糾紛的民事審判中順應了這種習慣，尤其是在各縣基層審判中更是非常重視調解。法庭民事調解也是經由法定程序進行的，和民刑判決書一樣，法庭要作好和解筆錄，將和解成立內容、和解成立關係人、和解成立年月日詳細記載，法官當庭朗讀和解條款，經雙方當事人承認無異後，畫押在卷，之後送達各當事人。在抗戰時期人力、物力資源緊張的情況下，民事調解的合理運用在一定程度上有利於平息民間的普通民事糾紛，維護社會秩序，同時有利於節約訴訟成本、減輕司法負累。

在前述「高裴氏買賣房產案」〔註 12〕中，蘆山縣司法處就使用了法庭調解方式。1946 年冬，陳楊氏將自有房屋一間以八十三萬元賣與高裴氏，後陳

〔註12〕「高裴氏買賣房產案」，四川省檔案館藏，檔案號 252－217。

楊氏因典當贖取事件與第三方當事人馮體安涉訟，訟案糾纏使得交付房屋時間拖延，經蘆山縣司法處一審判決，由陳楊氏增加馮體安典金肆拾肆萬元，陳楊氏因故拖延履行給付。之後由於戰事變動，物價成倍增長，陳楊氏要求高裴氏要按照此時市價進行補足購買，高裴氏拒絕增加，雙方再次向蘆山縣司法處提起訴訟。1947 年 8 月 9 日，蘆山縣司法處宣佈應先行調解，當庭諭知該鎮公所召開調解委員會，召集雙方當事人及有關人證到場進行調解。在陳楊氏與裴高氏買賣之訴還未完結之時，9 月 9 日馮體安以房價上漲爲理由要求典價增加，因而聲請並案審判，按照此房價比例增加典付。蘆山縣司法處民事庭於 1947 年 9 月 19 日經庭內調解約定由高裴氏付出壹佰貳拾萬元給陳楊氏作爲買賣價金，六十萬元給馮體安作爲當價，之後陳楊氏移轉房屋給高裴氏，三方同意，當庭成立調解協議，此案終於告結。

西康蘆山縣司法處和解筆錄

二十六年度訴字第三六號

原告：高裴氏 年齡三十六歲，住蘆山蘆陽鎮西街，職業：小資

被告：陳楊氏 年齡二十七歲，住蘆山蘆陽鎮西街，職業：農

　　右當事人間因買賣房產事件經本處當庭試行和解成立，記其條件如左：

甲、和解成立之內容

　　（一）高裴氏付出壹佰捌拾萬元，於本年本月二十二日付陸十萬元與陳楊氏，於本年本月二十五日付陸十萬元與馮體安，又於本年九月廿九日付陸拾萬元與陳楊氏作爲買價當價，全部交清，房屋依照現在形勢移轉與高裴氏接收，馮體安、陳楊氏均不得加以折損。

　　（二）訴訟費用各自負擔

乙、和解成立關係人：馮體安、高裴氏、陳楊氏

丙、和解成立年月日：中華民國三十六年九月十九日

丁、和解成立處所：西康蘆山縣司法處

　　右列條件經當庭朗讀，雙方當事人承認無異，並各簽名畫押在卷，特誌。

西康蘆山縣司法處

審判官：鄧坤一

右件證明與原本無異

書記官：何南卿

中華民國三十六年九月二十三日

這是西康蘆山縣司法處的一份庭內和解，這份庭內和解筆錄的格式和判決書類似，內容也很完整，並經當庭朗讀宣佈，當事人簽字畫押。因此，庭內和解是具備法律效力的，一經成立便不得任意撤銷。1945 年 9 月 15 日西康榮經地方法院審理的「劉肇端確認業權案」便是當事人對於法庭和解內容反悔並推翻調解協議，向西康高等法院提起上訴，最終被駁回上訴。案情大致如下：被上訴人劉光漢售賣房產與鄭子君，其中一間房屋為上訴人劉肇端所有，榮經地方法院以法庭和解方式判被告給付二十萬元給上訴人劉肇端作為價金。之後，上訴人劉肇端認為這是法官所勸，非上訴人自願，不願出賣此房，因此和解後又不履行交房，故意拖延訴訟，被上訴人鄭子君於是聲請假執行。西康高等法院民庭認為，審判上之和解一經合法成立，如沒有無效及撤銷之原因，當事人間即不許翻異。本案上訴人已於 1945 年 6 月 26 日與被上訴人等在原審當庭成立和解，法庭為息事寧人起見，勸令買主鄭子君給付原告法幣二十萬元作此房之價金，以息訟累。各方均承認和解，並在辯論筆錄內畫押，故此項和解並無撤銷及無傚之原因。既已合法成立和解，便不得翻異原判決，於是法庭宣示本件已因和解而終結，判決駁回上訴。被上訴人鄭子君因為上訴人和解後又反悔延滯訴訟，具狀聲請假執行，法庭依據《民事訴訟法》第 454 條規定准許假執行，第二審訴訟費用由上訴人負擔。

由此可見，受無訟思想的影響，西康各級司法機構在民事行為調節中，非常重視以民事和解的方式處理案件。在抗戰的特殊時期，西康對民事案件的這種處理方式似乎更利於平衡各當事人之間的利益關係，有利於社會安定。

（四）規範債務履行和強制執行

西康高等法院就債務履行和強制執行方面作了相關規定，公佈了《債務履行條例》，以下擇其要點列舉之：

1. 關於債務連帶責任

「以命商號履行債務之確定判決為執行名義時，雖得就號東財產為強制

執行，但執行標的物之所有人否認其爲號東，而依確定判決之意旨，其人是否號東亦欠明瞭者，非另有確認其爲號東之確定者，債權人得專對債務人中之一人聲請爲全部判決之執行。執行法院不得依該債務人之聲請對其它連帶債務人之財產逕爲強制執行。又連帶債務人中之一人所受之確定判決，除有民法第 275 條所規定之情形外，對於他債務人不生效力。若債權人對其它債務人未得有確定判決或其它之執行名義，執行法院不得依該債權人與連帶債務人中一人確定判決，逕就他債務人之財產爲強制執行。」〔註 13〕很明顯，這與西康過去債權、債務關係模糊，無視各債務人主次關係，一律對其財產強制執行的方式相比，顯得更加人性化。

2. 關於動產、不動產的查封或拍賣

在債務案件中，對於動產、不動產的查封拍賣非常愼重。首先，規定查封拍賣機關只能是司法權力機關。1942 年 11 月 13 日，西康高等法院給康定分駐庭的訓令中，針對查封拍賣行爲進行了規範：「執行民事案件，應由地方法院所設之民事執行處行文，其未設法院之地方則由縣司法處或兼理司法之縣政府辦理。縱有時債務人之財產不在執行機關管轄區域之內，亦應囑託有司法權之機關代爲執行，其無司法權之自治團體、商會或同業公會，依照強制執行法第 46 條、第 79 條明文規定僅能於實施查封遇有必要時請其協助，或對茲查封之不動產交具保管或管理。倘司法機關逕行囑託其爲查封或拍賣等行爲即屬錯誤，其所爲之查封、拍賣程序應爲無效。乃近來各司法機關執行債務人之財產往往囑託鄉公所查封拍賣，迨至執行終結，此種物權行爲在執行法上不能發生執行之效力，常因此引起種種糾紛，亟應嚴格制止。嗣後，各司法機關執行債務人之財產，如確有囑託執行之必要，須交與有司法權之機關辦理，毋得濫行囑託，是爲至要。」〔註 14〕

其次，查封拍賣過程注重其規範化和合法化。「動產或不動產之查封或拍賣，應命書記官督同執達員爲之，並由書記官依法作成筆錄，不得僅命執達員前往實施。查封動產或不動產時如債務人不在場應令其家屬或鄰右之有辨別處理能力者在場，必要時並請警察到場，到場人須於查封筆錄內簽名，如

〔註 13〕 「西康高等法院民國三十二年十一月一日牘字第一六九九號訓令」，「債務履行條例」，雅安市檔案館藏，館藏號 187－4－145。

〔註 14〕 「西康高等法院民國三十一年十一月十三日牘字第一一五二號訓令」，四川省檔案館藏，檔案號 252－1161。

拒絕或不能簽名時，應由書記官證明其事由。」〔註 15〕訴訟標的物在案件未結時，可由當地保長、甲長協助扣押，案結後決定其歸屬。1948 年，蘆山縣司法處受理的駱有祿與楊方叔買賣田產案經上訴至第三審，原告聲請將當年訴訟標的物之地中租穀依法扣押。法庭認為，原告所稱於法有據，於是令該保保長及甲長協同佃戶駱其林保管該年租穀，等案件終結後，再行定奪其歸屬，否則應負法律責任。

再次，對拍賣標的物的有效性作了規定：准許拍賣抵押物之裁定雖屬違法，亦不得由原法院任意撤銷，應繼續進行拍賣程序，只有聲請拍賣之人對拍賣物本無抵押權，則即便拍賣程序已經終結，拍賣物所有權人也可提起確認拍賣無效之訴。下面榮經地方法院於 1946 年對「包元清房屋租賃案」〔註16〕的審判經過足可說明在拍賣不動產時不得侵犯標的物所有者的合法利益。1946 年，榮經地方法院因王維周與包元清（宋氏）終止租賃事件作出一審判決，王維周與包元清租賃契約應予終止，包元清應領押搬遷並假執行。隨後，被告提出上訴，西康高等法院作出二審判決駁回上訴，並發回榮經地方法院強制執行。3 月 18 日西康榮經地方法院發佈強制執行命令：「查王維周與包元清（宋氏）因終止租賃事件業經本院判決，其主文載王維周與包元清租賃契約應予終止，包元清應領押搬遷並假執行之。現被告上訴復經高院駁回，自應開始執行，合行令仰該員即往兩造標的所在地，召集兩造與該管保甲人等到場，諭令該包元清（宋氏）遵照，立即將所雙江鄉房屋一向交由王維周接收，取具領收書，呈繳備查。倘該包元清（宋氏）敢於抗不遵行，著即強制執行。如發生暴力阻擾情事，准由該員持令請求附近治安軍警派隊協助，務獲交付完竣，並將執行情形具報備查，此令。仰該員前往執達，將房屋交債權人收受，所存之物交該管保甲保存為要。」

榮經地方法院執達員於 3 月 20 日前往雙江，召集原被兩造及保甲來場執行，包元清夫妻當面向王朝霖請求緩期交房，雙方甘願和解。後因軍民衝突，執行被延誤。1946 年 8 月 18 日，榮經地方法院第二次發佈執行令。8 月 20 日，執達員協同書記官再次前往雙江執行，包元清攜帶全家潛逃。經原告屢次具狀聲請拘提被告、管收押交房產，被告皆東躲西藏隱匿不見，以致判決

〔註15〕 「西康高等法院民國三十二年十一月一日牘字第一六九九號訓令」，「債務履行條例」，雅安市檔案館藏，檔案號 187－4－145。

〔註16〕 「包元清房屋租賃案」，雅安市檔案館藏，檔案號 187－4－140。

雖經確定強制執行，但並未實施，加之該地方發生動亂事變，強制執行一直被拖延。隨後，榮經地方法院簽呈，「另行命令前往執行，逕收房屋交債權人收受，所存之物交該管保甲保管」。

在這樁租賃案件的處理過程中，榮經地方法院嚴格遵守執行程序規定，在第一次執行中，執達員與書記官前往雙江，召集原被兩造及保甲來場執行。這正是債務履行條例中所規定，「查封動產或不動產時，如債務人不在場，應令其家屬或鄰右之有辨別處理能力者在場，必要時並請警察到場，到場人須於查封筆錄內簽名，如拒絕或不能簽名時，應由書記官證明其事由」。後因包元清舉家潛逃，因而使得執行無法進行。榮經地方法院再次發佈執行令，「倘該包元清（宋氏）敢於抗不遵行，著即強制執行，如發生暴力阻擾情事，准由該員持令請求附近治安軍警派隊協助，務獲交付完竣，並將執行情形具報備查。仰該員前往執達，將房屋交債權人收受，所存之物交該管保甲保存為要」。這也是遵守條例中所規定，「遇有囑託執行之必要時，務須囑託有司法權之機關辦理，其無司法權之自治團體、商會或同業公會僅能於實施查封遇有必要時請其協助，或對於查封之不動產交其保管或管理，不得逕行囑託其為查封或拍賣等行為」。

在強制執行的過程中，此案又發生了新的變化，原告突於 10 月 11 日發現縣府於糧食管理處貼出布告一張，大意是，因包元清拖欠公糧而拍賣其產，以抵償公款，其中所拍賣的街房一間為原告所租賃給包元清的房產。顯然，此為久未執行之產誤遭被告影響，被縣府混合拍賣。有關拍賣、查封等強制執行只能對當事人為之，若對於非當事人之人命為給付，自不生效力，執行法院即不得對之為強制執行。如條例規定，聲請拍賣之人本無抵押權，則雖拍賣程序已終結，所有權人也可提起確認拍賣無俲之訴。因此，包元清雖然拖欠公糧，但是由於其對拍賣房產沒有所有權，因而田糧管理處對其所租賃王維周的房產進行拍賣是無效的，榮經地方法院隨後於 12 月 14 日函知田賦管理處，「包元清住房早經上級法院判明係與王維周所租佃，請停止拍賣以利執行。」

3. 典權聲請人相比普通債務人有優先清償權

1939 年，漢源縣兼理司法縣政府曾就一典權案件請示西康高等法院。縣政府曾受理「陳秦氏與姜義和典權案」，[註17] 債務人姜義和於 1929 年將自己馬皇坪水田一份出典與陳秦氏，計典價銀伍佰七十兩，至 1937 年冬，姜義

〔註17〕「陳秦氏與姜義和典權案」，四川省檔案館藏，檔案號 252－1090。

和向陳秦氏提出加銀，陳秦氏無力再加、甘願退當，姜義和將此田轉典給賴和寬，對於陳秦氏原典價分文未付。陳秦氏起訴後，賴和寬無款交付典價，自願撤銷典約，只收撥用給姜義和的銀兩六十五兩，陳秦氏也願讓姜義和典價一百兩，只收四百七十兩。法庭通過和解，限姜義和兩月內還清，姜義和並未執行，賴和寬向法庭請求執行。經三次減價拍賣，減得之價格為柒佰零肆元。賴和寬要求在拍賣金額中按比例分配，因為姜義和已經沒有其它財產可以拍賣清償。在此案中，陳秦氏與姜義和是典權之債，而賴和寬因為與姜義和的典約撤銷，所以只是普通之債，究竟應先清償陳秦氏，還是和賴和寬按比例分配，存在疑義。西康高等法院於 1939 年 6 月 28 日指令漢源縣縣長：陳秦氏控姜義和之典權案應受優先清償權，賴和寬係普通債權，如姜義和財產不足清償時，可依照民事訴訟執行規則第 7 條辦理，由該縣發給執行憑證，交債權人收執，如發現有財產時，再予執行。

4. 債務強制執行不因抗告或上訴而終止

1941 年 4 月，西康高等法院審理一樁針對榮經縣政府一審程序所作出的庭諭提起抗告的案件。抗告人趙孫氏與盧寶珍之間因拖欠勞工費事件涉訟，抗告人趙孫氏對於 1941 年 2 月 21 日榮經縣政府執行的庭諭不服，向西康高等法院提起抗告。西康高等法院 1941 年抗字第三號民事裁定：抗告駁回，抗告訴訟費用由抗告人負擔。法庭認為，命為給付之判決一經確定，債務人如不照判履行，一旦債權人聲請強制執行，執行法院即應照判決實施，不容債務人藉詞延緩，本案抗告人應給付盧寶珍勞工費二百元。既然已經裁定，原執行法院就必須依盧寶珍之聲請實施強制執行，並依民事訴訟法第 481 條之規定不得再行抗告。〔註18〕再如 1947 年發生在康定的一樁有關天主教會與平民因田產回贖引起的訴訟案〔註19〕也體現了這一點。（後有詳細陳述）經三審判決後，最高法院判決天主教會返還業產，當事人范興發提出強制執行，但在執行過程中，由於雙方在典價方面存在爭議，被告法定代理人華朗庭提起異議之訴，請求增加給付，導致案件執行受阻，瀘定地方法院於是停止執行。為此，西康高等法院令瀘定地方法院：當事人或利害關係人於強制執行程序終結後，可為聲請異議之訴，但強制執行不因而停止，此為強制執行法第 12 條第 1 項明文規定。

〔註18〕 「趙孫氏與盧寶珍勞工費案」，四川省檔案館藏，檔案號 252－641。
〔註19〕 「天主教堂爭奪田產案」，四川省檔案館藏，檔案號 252－16。

　　1939 年 7 月，漢源縣長張汶曾就「孫引泉債務爭議案」〔註20〕電請西康高等法院指示與抗告相關問題。孫引泉因債務事件上訴王義孫一案，於 1936 年 9 月經前四川高等法院第五分院判決，將上訴駁回。嗣後孫引泉又上訴至最高法院，1938 年 7 月最高法院裁定駁回孫引泉上訴，並將原令發回漢源縣，債權人王義孫聲請強制執行，經三次減價拍賣，孫引泉產業均無人承買，漢源縣依強制執行規則將產業移轉債權人管業，正移轉間，孫引泉稱此案經最高法院裁定駁回，第二天便提交繳納抗告費的收據，表明其曾提起抗告，要求漢源地方法院撤銷強制執行。因為此案拖延已久，漢源縣地方法院不知孫引泉所為抗告究竟應否影響強制執行，於是請示西康高等法院。西康高等法院回覆：強制執行不能因抗告停止，在民事訴訟法第 480 條及修訂民事執行辦法第 6 條對此均有明文規定。孫引泉與王義孫債務執行事件，雖經孫引泉提起抗告，但依照相關規定，不得停止執行。

　　從前述西康各級法院關於債務糾紛案件的審理和判決可知，西康司法審判改革的重點之一是改變過去司法人員根據個人喜好和情感進行審判的弊病，將整個司法程序制度化、規範化，強調司法審判的程序正義性。在審判機關對於債務人財產的拍賣執行中，無論是拍賣的方式、拍賣的過程、拍賣金額的處理還是拍賣過程的監督都嚴格遵守其法定的程序規定，既非隨意處理，也不偏袒於任何一方。

二、物權爭議案

（一）用益物權先於所有權

　　在物權案件處理中，審判機關秉持一個原則，即所有權不能排除用益物權。1948 年 7 月，西康高等法院審理「劉國棟、劉國英確認所有權暨排除侵害案」〔註21〕的二審上訴。當事人間因請求確認所有權暨排除侵害事件而上訴，上訴人劉國棟、劉國英對於 1948 年 3 月 25 日西康榮經地方法院第一審判決不服而提起上訴。當事人之間就自己利益訴求進行激烈的言詞辯論。上訴人聲明求為將原判「確認係爭巷子前段為被上訴人所有，並准予排除侵害」

〔註20〕「漢源縣府電請指示抗告及西康高等法院代電」，四川省檔案館藏，檔案號 252－1091。
〔註21〕「劉國棟、劉國英確認所有權暨排除侵害案」，四川省檔案館藏，檔案號 252－1127。

部分廢棄駁回。被上訴人劉何氏在原審主張係爭巷道之前段與其住宅相鄰之一段爲其所有，經原審查核與事實相符，且爲上訴人劉國棟等所不否認，則原法院認定係爭巷子前段之所有權應屬被上訴人所有，依據請求予以確認。西康高等法院認爲，土地所有人不得禁止有通行權人侵入其地內，這在民法第 790 條第 1 款有明文規定，本案係爭前段巷道雖爲被上訴人所有，但原與劉玉章（即上訴人之後房的前屬業主）共同通行多年，而劉玉章對於係爭地點之通行權又與劉何氏之先輩因分割遺產而取得，此權利又爲兩造不爭之事實，則上訴人自應承繼其前屬業主的通行權利。依法例，被上訴人不得藉口所有權之行使而主張排除上訴人之通行權。因此，西康高等法院依民事訴訟法第 447 條、第 446 條第 1 項、第 79 條作出判決：原判決關於准予排除係爭巷道地段之侵害部分廢棄。被上訴人在第一審對於以上廢棄部分之訴駁回，其它上訴駁回，第二審訴訟費用兩造各自負擔。

西康高等法院民事判決

三十七年度上字第八一號

上訴人　劉國棟　住滎經城東鎮

　　　　劉國英　住同上

被上訴人　劉何氏　住同上

　　右當事人間因請求確認所有權暨排除侵害事件，上訴人對於中華民國三十七年三月二十五日西康滎經地方法院第一審判決提起上訴，本院判決如左：

主文

　　原判決關於准予排除係爭巷道地段之侵害部分廢棄。被上訴人在第一審對於上開廢棄部分之訴駁回，其它上訴駁回。第二審訴訟費用兩造各自負擔。

事實（略）

理由

　　查被上訴人劉何氏在原審主張係爭巷道之前段即與其住宅相鄰之一段爲其所有，不特提舉管業執照，經原審查核相符且爲上訴人劉國棟等在本院所不否認，則原法院認定係爭巷子前段之所有權應屬被上訴人所有，依據請求予以確認固無不當。惟查土地所有人不

得禁止有通行權人侵入其地內，民法第七百九十條第一款定有明文。本件係爭前段巷道雖爲被上訴人所有，但原與劉玉章（即上訴人之後房前失業主）共同通行多年，此爲被上訴人在原審受託履時所不否認，而劉玉章對於係爭地點之通行權又係與劉何氏之先輩因分割遺產而取得，此權利又爲兩造不爭之事實，則上訴人等對於係爭巷道依法自應承受其前失業主之通行權利。依照上開法例，被上訴人自不得藉口所有權之行使而主張排除上訴人等之通行權尤屬顯然，原法院未能注意及此，據認上訴人等之通行行爲有礙被上訴人行使所有權，依被上訴人請求准予排除侵害殊屬是，上訴人此部分上訴意旨不能認爲無理由，本院將原判關於命劉國棟、劉國英不得干涉被上訴人所有權部分廢棄，駁回被上訴人在原審之此部起訴，以昭平允。據上論結，本件上訴一部分有理由一部分爲無理由，依民事訴訟法第四百四十七條、第四百四十六條第一項、第七十九條前段判決如主文。

中華民國三十七年七月二十一日

西康高等法院民事庭

審判長***　推事***　推事***　推事***

本件證明核對與原本無異。

本件訟爭標的未逾一億元，依法不得上訴第三審法院，特誌

中華民國三十七年七月二十二日

很顯然，第二審法院的判決對一審判決的案件事實和法律適用問題都涉及到了，足以說明民國時期的二審上訴程序既是事實審又是法律審，這是與第三審程序所不同的地方。而且此案中，二審判決採用了四人合議，足可見其對上訴審程序的重視。

又如 1946 年康定地院審理「高上佺房屋搬遷案」，﹝註22﹞原告高上佺等在康定開設茶店，名爲泰茂松，經理高尚禮未經號東同意竟將原鋪房間開商店自行經營，而此鋪面實爲高泰茂松向聖諭廟所租，之後高尚禮又私自與聖諭廟進行了房產買賣交易。因此高泰茂松號法定代理人向康定地院起訴，要求高尚禮搬遷。

﹝註22﹞「高上佺房屋搬遷案」，四川省檔案館藏，檔案號 252－355。

原告稱，被告所住鋪房是被告作為原告的代理人與聖諭廟所租，被告不能利用此房經營生意。被告聲稱，高泰茂松號原為高秋溥、高升卿、高壽山三人夥營，後弟兄分家由高秋溥獨立經營，又改由高希賢、高仲威、高得沛與被告四人重新經營，1940 年 1 月解散，高泰茂松號於 1940 年 12 月正式結束，但與聖諭廟 1940 年 9 月又續簽了佃約，仍用高泰茂松號名。1946 年，聖諭廟前來要求解約，並出賣房屋，被告因無處搬遷，只好承買，原告知情阻止。被告認為，泰茂松號撤銷後，則該號前與聖諭廟所定租約當然終止。

與此同時，聖諭廟作為訴訟參加人對原被兩造提起共同之訴，聲明求為終止租約並判高尚禮交房之判決，其陳述略稱，高上佺等均非法定代理人，並稱泰茂松號業已撤銷，租約主體已不存在，應請終止租約。

康定地院判決：高尚禮所住房屋應予搬遷且交付原告，參加之訴駁回，訴訟費用由被告負擔，參加費用由參加人負擔。理由是：其一，高尚禮以泰茂松號代理人名義於 1940 年與聖諭廟締結租約，高尚禮本人與聖諭廟並無租賃關係，其住在該房只不過以經理人之名義代為保管，原告因被告以私人名義再次使用房產並與聖諭廟進行買賣，因此原告先行提起租約有傚之訴，並於確定後請求代理人搬遷，請求自屬有理。雖被告辯稱，泰茂松從新另組，原告非法定代理人，押金已由第二屆夥友高仲威等立據轉讓，業已承受租佃，但根據民法 283 條、686 條、691 條、692 條，合夥人退夥解散及他人加入合夥或股份轉讓應以合夥人全體同意為有效。泰茂松號原合夥人為高秋溥、高升卿、高壽山三人，被告所稱三人分家由高秋溥一人經營，無證據證明；被告加入組織並另集新夥，並未得到原合夥人承繼人全體同意，即使高仲威等轉讓租金屬實，也是無效的。原告等既是原合夥人之繼承人，當然可以代理該號，被告以原告並非法定代理人請求駁回其訴，其抗辯並無可採。其二，關於參加人請求終止租約部分。康定地方法院認為，參加人與原告所定的租約中規定，須泰茂松號不住此房時，租約才能終止，則在未超越法定租賃期限之範圍內，參加人無正當理由，不能任意終止租約。高尚禮所住之房屋雖為參加人所有，但受侵害者為房屋承租人而非所有權人，參加人對高尚禮請求退房顯屬當事人不夠格，應不予以審究。

此案再一次說明，康定地院在處理所有權和用益物權關繫時，堅持用益物權優先於所有權的原則，首先保證了用益物權人的利益主張。

（二）尊重民間習慣

1945 年 10 月 8 日，瀘定地方法院處理一樁有關典權的案件。〔註 23〕（關於典權的歸屬，目前有不同意見：一是用益物權說，〔註 24〕二是擔保物權說。〔註 25〕）具體案情為：有某甲將祖遺熟地一份於 1943 年書立頂約出頂與某乙永遠管業，之後，某甲備價贖取，某乙堅不肯贖。關於某甲究竟應否准予贖回祖業，在審理中出現爭議，有兩種說法：一種說法是，邊區土地應為土司所有，人民縱使對於該業有處分之權，也只能轉頂不能出賣，故此項頂約性質與絕賣相同，自不能准其贖回；第二種說法認為，頂約既非買賣行為又非典權，並無期間之限制，如不准其贖回，未免使出頂人大受損害。兩種說法各有其理，不敢臆斷。瀘定地院為保證審判的公正與合法，呈請西康高等法院轉請司法院解釋。後西康高等法院指令瀘定地方法院院長饒世科，「查某甲書立頂約，將其祖遺熟地出頂與某乙，當視所立頂約內容以及當地習慣，如係買賣性質，即不得主張回贖，若係典當性質，自應回贖。」此案中關於土地回贖，涉及到土地的權限在土司手中還是人民手中，西康高等法院沒有一概而論，而是交由地方法院依當地習慣處理，這說明西康司法機關在處理民事糾紛時，既按照國家民事法和民事訴訟法的相關規定進行審理，但同時又注意結合當地風土人情和地方習慣以促進糾紛的有效解決。

（三）特別法優於普通法

西康高等法院規定，關於土地、房屋等的租賃，依特別法優於普通法原則，在土地法中有明文規定者按土地法處理，無明文規定者按民法處理。西康高等法院 1942 年 8 月 17 日牘字第 679 號訓令，「查土地法及土地法施行法

〔註23〕「有關民事產業回贖案的呈請」，四川省檔案館藏，檔案號252－338。

〔註24〕用益物權是指以支配他人之物的使用價值為內容的物權。主張典權是屬於用益物權而非擔保權的理由主要是：典權的發生是基於典物所有權派生出來的權利，以對標的物的使用價值的支配為內容，目的在於對標的物為使用收益。出典人在典物價格低落時，只需要拋棄回贖權，就可以對不足部分的典價不負清償責任，而這也與擔保物權的主債務人在擔保物的價值不足清償債務時，仍負清償的責任不同。

〔註25〕擔保物權是指為了確保債權的實現，債務人或者第三人以自己的動產、不動產或權利為標的而設定的，當債務人不履行債務時，權利人有權就該財產變價並優先受償的一種限制物權。主張典權屬於擔保物權的理由主要是：民間設定典權多因經濟困難而到典當行融通資金，並出典不動產作為借款的擔保物，所以就社會作用來說，典權應該是擔保物權。

均自二十五年三月一日起施行，業經明令公佈在案，如關於耕地及房屋之租賃，土地法中已有明文規定者自應優先適用土地法，不得適用民法，其無明文規定者始得適用民法，乃本部審核各法院呈送判冊中，對於耕地及房屋租賃等案件，時有未經注意土地法而一概適用民法者，似此漫不經心，□屬非是，嗣後各司法機關對於耕地及房屋之租賃等案件務必注意適用土地法中各規定辦理。」〔註26〕

（四）於當事人公允有利原則

在有關物權案件的處理上，堅持公允對待當事人原則。西康高等法院 1947 年 11 月審判「吳陳氏訴所有權案」，〔註 27〕吳陳氏因與吳福廷確認所有權及返還侵地事件不服雅安地方法院一審判決向西康高等法院提起上訴。上訴人聲明，求為廢棄原判決，駁回在第一審之訴中確認濫溝樓荒山地一幅為被上訴人所有之判決。西康高等法院認為，上訴人在原審中主張荒山地一幅為其所有，並提出同治年間其祖先所遺之界單，但其書證內容簡單，不足以證明訟爭產業為其所有，且其紙色墨跡均屬鮮明，顯非當年書立。同時，被上訴人則提供其父吳正剛購買族人吳天雲所有濫溝荒山地一幅的置賣契約以及歷年完糧糧票，據此確認此產業為被上訴人所有。上訴人擅將訟爭山地據為己有，且將界內之樹株出賣與竇培元並私招佃戶李海臣、何心平，顯係侵害他人權利，原審依據民法第 767 條判令上訴人將係爭荒山地返還於被上訴人亦非不當，該上訴實無理由，並且上訴人受合法傳喚無故不到，因此法庭判決上訴駁回，第二審訴訟費用由上訴人負擔。雖然民事判決原則上應以雙方同時到場而為判決，但是在此案中，由於上訴人多次受傳依然不到，因此法庭出於公允原則以及保護被上訴人合法權益免遭受損的原則，准予被上訴人聲請以一造辯論而為判決。

三、親屬婚姻案

（一）親屬身份的認定

西康在改制以前親屬認同相對模糊且標準不一。〔註 28〕西康建省後，隨

〔註26〕「西康高等法院民國三十一年八月十七日牘字第 679 號訓令」，四川省檔案館藏，檔案號 252－1161。

〔註27〕「吳陳氏訴所有權案」，四川省檔案館藏，檔案號 252－353。

〔註28〕「康人既無姓氏之制，故亦無宗系觀念，兼近親結婚，極少限制，致血親與姻親，常混雜難辨然其親屬之範圍，亦不外乎血親、姻親及配偶，瀘定習俗，

著司法審判制度的逐步改革與完善，在親屬身份認同問題上逐漸與國家法律制度相一致，依照國民政府 1935 年頒佈的《民法》親屬編進行了規範。親屬編雖然改變了清末以前的舊有傳統，沒有再明確規定妾的問題，也沒有規定宗姚繼承關係，但「肯定了家制，保留了家在法律上的特殊地位，認可了嫡子、嗣子、庶子及私生子之名」。〔註 29〕這在有關子女監護權等案件中體現得尤爲突出。1943 年，發生在榮經榮河聯保的一樁嫡庶之間爭奪子女監護權的案件〔註 30〕非常典型地說明了西康在有關親屬問題的處理上與國民政府法令制度的統一性。

上訴人周冷氏與被上訴人周周氏因請求由家分離以及子女監護事件發生訴訟。榮經縣政府第一審判決周冷氏由家分離後，周冷氏不服判決提起上訴，經西康高等法院判決後提起第三審上訴，經最高法院發回更審，西康高院判決上訴駁回，第二審、第三審訴訟費用由上訴人負擔。之後，周冷氏於法定期內第三次提起上訴，最高法院民事判決依然是上訴駁回，第三審訴訟費用由上訴人負擔。爲便於分析，現將判決書列舉如下：

第三審上訴發回更審判決：

西康高等法院民事判決
三十二年上字第九號

上訴人　周冷氏，住榮經榮河聯保

被上訴人　周周氏，住同上。

右當事人間因請求由家分離暨監護事件，上訴人對於中華民國三十年十一月二日榮經縣政府第一審判決提起上訴，本院判決後復提起第三審上訴，經最高法院發回更審，本院判決如左：

主文：上訴駁回，第二審、第三審訴訟費用由上訴人負擔。

事實：

上訴人聲明求爲廢棄原判，另爲駁回被上訴人在第一審之訴之判決，其陳述略稱：上訴人本已故周童林之妾，童林死後，上訴人

偏重血親不認姻親爲親屬，至甘孜稱父之親屬爲正親，母之親屬爲副親，道孚視配偶之血親與己之血親同，則係名分上區別不同，其親屬之範圍，仍不外乎上述數種。」參見司法行政部編：同前注〔4〕，第 77 頁。

〔註 29〕參見徐百齊主編：《中華民國法規大全》，上海：商務印書館，1936 年版，第 85 頁。

〔註 30〕「周冷氏有關子女監護權案」，四川省檔案館藏，檔案號 252－548。

取得童林之妻即被上訴周周氏同意，拖贅劉濟邦爲夫，並且由周姓脫離改嫁，周周氏何得令上訴人由家分離，上訴人既未脫離周姓關係，則所生之女寶林亦應由上訴人監護云云。

被上訴人聲明請求如主文之判決：其陳述略稱，上訴人之嫁與劉濟邦爲妾，並非被上訴人所主持。劉濟邦係有妻事之人，並未與周姓上門，其贅約之中將被上訴人之名一併列入，足證欺罔，上訴人既實係嫁與劉姓爲妾，自應脫離周姓家庭關係，周寶林雖係上訴人生女，但自幼即由被上訴人撫養，其本人亦不願跟隨劉姓，當然應由被上訴人監護云云。

理由：

按家長對於家屬得令其由家分離，但以有正當理由時爲限，此爲民法第一千一百二十八條所明定。本件第三審法院發回更審注重之點即在審究上訴人有無應行由家分離之原因。暨被上訴人所主張之理由是否正當，以爲解決本案之重要關鍵。當上訴人自供之事實，原僅該上訴人招贅劉濟邦爲夫，然據其提出之招贅文約，則連被上訴人周周氏一併列入，被上訴人謂欺其不識文字，侮辱欺詐。以事實上考察，詢可證明該約未得被上訴人之同意，而其內容含有欺罔意思亦即顯著，況據上訴人此次到庭供稱，劉濟邦係有妻室兒女之人，該上訴人兩處居住等情。則是劉濟邦既爲有妻之夫，其住處離周姓僅十多里，兩處來往，足見其並非上訴人之贅夫，在事實上，該上訴人周冷氏乃劉濟邦之妾而已，該上訴人既已隨劉濟邦他往，即已非周姓之家屬，乃復回盤踞周姓住房一間，並欲主張分受家產，對於被上訴人家長之權利，自不能謂無妨害，被上訴人否認其尚自稱爲周姓家屬之一人，請求判令由家分離，依照前開法條即不得謂無正當理由，至周寶林雖爲上訴人所生之女，但自幼即由被上訴人撫養，現已十六歲，詢其本人，亦供稱願依倚被上訴人在周家，謂該上訴人已嫁與劉姓，不願隨往。且事實上，該上訴人已非周姓之家屬，顯不能行使監護權，被上訴人爲其嫡母，爲之監護，於法亦無不合。上訴人對於原審令其由家分離並令周周氏監護周寶林之判決不服上訴，殊難認爲有理。綜上論結，本件上訴爲無理由，合依民事訴訟法第四百四十六條、第八十七條、第七十八條判決如主文。

中華民國三十二年二月二十七日

西康高等法院民庭。

審判長推事***　推事***　推事***

後周冷氏又於法定期內針對更審判決向最高法院提起上訴。

最高法院民事判決

上訴人　周冷氏　住滎經滎河場

被上訴人　周周氏　同右

右當事人間請求由家分離及確認監護權事件，上訴人對於中華民國三十二年二月二十七日西康高等法院更審判決提起上訴，本院判決如左：

主文：上訴駁回，第三審訴訟費用由上訴人員負擔。

理由：

查被上訴人爲已故周童林之妻，上訴人則爲周童林之妾，被上訴人以上訴人於周童林死亡後改嫁於劉濟邦，已非周姓家屬，請求判令由家分離，上訴人雖謂伊係取得被上訴人之同意招劉濟邦爲贅夫，並非脫離周姓改嫁，有招贅約可憑爲抗辯，但該約既爲被上訴人所否認，並謂該約有侮辱欺詐情事，而約內將被上訴人一併寫入招贅之列，又確與事實不符，且含有欺罔意思，足徵未得被上訴人之同意，業經原審依法認定，況上訴人在原審稱劉濟邦原有配偶子女，其家距周姓十餘里，伊亦兩處居住云云，是劉濟邦並未入贅周家，上訴人實爲劉濟邦之妾，既已隨劉濟邦他往，即非周姓家屬，自難謂被上訴人之請求無正當理由，至上訴人所生之女周寶林雖未成年，但該上訴人既已非周姓家屬之一人，其對於周寶林顯不能行使監護權，且周寶林現年十六歲，自幼即由被上訴人撫養，其本人亦表示上訴人業已改嫁，不願與之偕往，則被上訴人以嫡母身份主張周寶林由其監護亦無不合，原審因此維持第一審所爲被上訴人勝訴之判決，於法並無違背，上訴非有理由。

據上論結，本件上訴爲無理由，依民事訴訟法第四百七十八條、第四百四十六條第一項、第七十八條判決如主文。

中華民國三十三年九月十五日。

最高法院民事第五庭

審判長推事*** 推事*** 推事*** 推事*** 推事***

通過對本案兩次上訴審程序判決書的分析，可以看出以下幾點：

其一，第三審上訴程序是法律審，僅針對下級審法院的法律見解是否妥當、所適用的法律依據是否準確、其裁判是否有違法理。第三審通常以下級法院所認定的事實為基準加以裁判，而不會就該案中所涉及的事實重新認定。因此，在第三審中不可能做訴之變更追加，亦不可以提起反訴。第三審法院審理後，可能作出下列幾種判決：上訴不合法，裁定駁回；上訴無理由，判決駁回；上訴有理由，廢棄原判決，並發回原法院或發交其它同級法院重新審理；上訴有理由，廢棄原判決，自為裁判。所以本案上訴人對於榮經縣政府第一審判決提起上訴，西康高等法院第二審周冷氏上訴駁回後，周冷氏由於不服判決，又提起第三審上訴到最高法院，最高法院認為上訴有理由，廢棄原判決並發回二審法院更審，經西康高等法院重新審理後作出更審判決，上訴駁回，而第二審、第三審產生的訴訟費用由上訴人負擔。上訴人對於西康高等法院更審判決不服，又再次提起上訴，最高法院經過審理之後認為，原審維持第一審所為被上訴人勝訴之判決於法並無違背，上訴非有理由，因此三審判決上訴駁回，第三審訴訟費用由上訴人員負擔。由此可見，西康高等法院建立以後，隨著司法機構的增設，民事審判程序相對更規範、完整，審級制度也更加健全。

其二，入贅與普通嫁娶在身份認同上截然不同。入贅與普通嫁娶的區別在於：入贅者，女方並未脫離原有家庭身份；而普通嫁娶則是女性已經改為他姓，加入到新的家族，因而其所享有的身份認同以及隨之而來的財產繼承資格等就會發生轉移。本案中，第三審法院發回更審的重點即在審究上訴人周冷氏有無應行由家分離的原因，也就是上訴人周冷氏所提出的保留其家庭成員身份、保有繼承家產及擁有子女監護權等主張的理由是否正當，這是解決本案的關鍵因素。西康高等法院認為，如若周冷氏是招贅劉濟邦，則其與周姓關係未脫離，屬於周姓家屬。而事實證明，該上訴人劉濟邦已有妻室，周冷氏乃劉濟邦之妾而已，並非入贅。因而法院認為，該上訴人既已隨劉濟邦他往，已非周姓之家屬，與周姓一族已無任何關係，上訴人依舊盤踞周姓

住房一間並欲主張分受家產為不合法，被上訴人周周氏請求判令由家分離，依照法條具備正當理由。由此可見，在民國時期的西康非常重視家的合法性地位，當夫死後，妻或妾招贅夫婿，沒有改變前夫之姓，並繼續居留於前夫家庭中，那麼該妻妾被認為依然是家庭成員之一，享有夫家親屬與繼承的合法權利，否則一旦改嫁則在法律上脫離一切關係，並且不再具有遺產分割與繼承權利。

其三，對家長權利的肯定。在二審判決中，西康高等法院認為：一家之長有權令其家屬由家分離，但必須具備正當理由，此為民法第 1128 條所明定。該上訴人周冷氏既已隨劉濟邦他往且形成事實上的脫離原有家庭之結果，顯然上訴人已非周姓之家屬，與周姓一族已無任何關係，但上訴人依舊佔據周姓住房一間並欲主張分受家產，妨害了上訴人家長之權利，被上訴人請求判令由家分離，依照法條不得謂無正當理由。在此判決措詞之間，很明顯承認了周周氏作為原配妻室的家長身份，並賦予了其對周冷氏具備家屬身份與否的認定權限。這樣的民事判決正是充分體現了民國時期的立法與審判制度對嫡庶身份差別的重視，肯定了嫡者作為家長在家庭中的主導權，這顯然有著濃厚的傳統色彩。

再者，在關於周冷氏親生之女周寶林的監護權問題上，這種嫡庶關係與內外關係就更加明顯。法院認為，周寶林雖為上訴人所生之女，但自幼即由被上訴人撫養，該上訴人已非周姓之家屬，顯不能行使監護權，被上訴人為其嫡母，為之監護，於法亦無不合。這樣的處理顯然與國民政府重視家族關係的原則是一致的，周寶林因周冷氏改嫁而不願隨其前往，實質上是因為其已不屬於周氏族人之故。法院最終也認為上訴人既已非周姓家屬之一人，其對於周寶林不能行使監護權，這種對姻親身份與權力的肯定勝過血親的做法與現行法典中對親子關係的法律保護是有很大不同的。

此外，西康在童養媳的監護問題上，也依據民法親屬編的規定認同夫家的監護權而否定了親身父母的監護權。1941 年 3 月 25 日第五次刑庭庭長會議決議錄詳載：「和誘或畧誘未滿二十歲之童養媳脫離家庭或其它有監督權人，其父母或未婚夫之家長能否提起自訴案。決議：童養媳以永久共同生活為目的，同居未婚夫家而為其家屬之一員，即非屬於其父母之家庭範圍，其父母對於該女之權利義務因此不能行使負擔，亦由童養媳所屬之家長為其監護人（參照民法親屬編第 1123 條第 3 項及 1094 條第 2 款各規定）則童養媳被人誘

拐時，其父母自不得提起自訴，至未婚夫之家長爲犯罪之被害人得提起自訴。」〔註 31〕在這裡，再一次強調了家長權力的不可侵犯性。同時也說明，民國時期西康民事審判在親屬身份的認同上，實質是以擬制血親〔註 32〕勝過了自然血親。

（二）婚姻案件的判決

西康在婚姻案件的審理中，根據民法和民事訴訟法相關規定，依照現代婚姻自由的精神，在婚約解除、離婚案件、婚後財產等問題的判決上更加尊重當事人雙方的戀愛自由與平等，重視婚姻關係中男女合法權益的保護。

首先，父母指婚的法律效力減弱。民國對於父母指婚的法律效力已經開始逐步減弱，婚約有效性必須建立在婚姻雙方當事人都允諾的情況下方即有效。下面這則「鮮春連與薛銀廷解除婚約案件」〔註 33〕足以可見民國西康在婚姻關係的調節上，更尊重當事人的婚姻自由。1946 年，西康金湯設治局司法處民事判決原告鮮春連與被告薛銀廷間解除婚約案件。原告略稱，於 1936 年未經本人同意，由其父母許配與被告訂有婚約，被告在外淫浪、嗜煙好賭。被告於該年 8 月強迫原告履行結婚儀式。因此，原告以違背婚姻自由向金湯司法處提起訴訟，要求解除婚約。被告略稱，婚姻既由父母訂定當然應該強迫履行結婚，因而聲明請求駁回原告之訴。法庭認爲：本案原被兩造間所訂之婚約應否解除應以其是否經原告追認爲先決問題。經調查，原告於 1936 年由其父母代之訂定婚約，未經她同意，原告不同意其父母將之許配與被告的決定，而被告又在外淫浪、以煙賭爲業，此婚約未經本人追認而強迫履行，所訂婚約相對無效。被告指責原告既由父母訂定婚約當然應該強迫履行結婚的主張與婚姻自由之本旨不合，原告請求兩造間婚約解除實爲有理。因此，法庭依《民事訴訟法》第 78 條判決鮮春連與薛銀廷兩造間之婚約應予解除，訴訟費用由被告負擔。

由此案的判決，足以可見民國時期西康在有關婚姻問題的司法審判中，

〔註 31〕 「三十年度第四次、五次刑庭庭長會議決議錄」，雅安市檔案館藏，檔案號 187－4－146。

〔註 32〕 擬制血親是指當事人雙方本無血緣關係，但法律確認其與自然血親有同等權利義務的親屬。如：養父母與養子女關係。

〔註 33〕 「鮮春連與薛銀廷解除婚約案件」，西康金湯設治局司法處第一審民事判決書第 7 號，金湯設治局刑民判決書，四川省檔案館藏，檔案號 252－1031。

依照民法和民事訴訟法規定，確認婚約的效力以雙方當事人意願爲前提，如果當事人反對，即便父母同意指婚，法院均會判決此項婚約無效，父母指婚的媒妁之言漸漸淡出了歷史舞臺，不爲國法律令所認可。

其次，離婚案件主張當事人有舉證責任。1946 年西康金湯設治局司法處審判「王秀英與岑德壽離婚案」，〔註34〕原告聲明請求兩造間婚姻應予離異，並要求被告負擔訴訟費用，其陳述略稱，1943 年結婚後，被告常在外遊冶不歸家，有惡意遺棄的情形。被告聲明其在外工作謀求生活，隨時帶錢回家給被告生活，何能有遺棄之意。法庭認爲，本件原告請求離異是否有理應以其惡意遺棄在繼續狀態中一節是否可信爲解決前提。根據《民事訴訟法》第 277 條明文規定，當事人主張有利於己之事實者，就其事實有舉證之責任，原告對於所主張之事實，僅指責被告在外冶遊不歸家工作且有惡意遺棄之情形，並無其它確切佐證足以證明其主張爲事實。因此，法庭依《民事訴訟法》第 78 條判決原告之訴駁回，訴訟費用由原告負擔。

再次，離婚案僅以單方當事人在場亦可判決。西康寶興縣司法處第一審民事判決「陳昆玉和曾大義離婚案」。〔註35〕原告陳昆玉稱，被告曾大義自 1940 年結婚後，遺棄家庭 5 年，生活費用不給，在外以煙賭爲業，原告稱自願離異後給被告國幣二百萬元，請求一造辯論終結而爲判決。被告曾大義經兩次合法傳喚，於言詞辯論期日均不到，且無書狀答辯。法庭經調查認爲被告遺棄屬眞實，符合離婚權成要件，因而依《民事訴訟法》第 78 條、《修正民事訴訟法》第 385 條判決陳昆玉與曾大義兩造間婚姻應予離異，原告應給被告生活費國幣二百萬元，訴訟費用由被告負擔。

此外，西康取消了過去「夫死弟及」的舊式婚姻習慣。1947 年，西康寶興縣司法處民事判決原告陳駱氏、陳五姐與被告衛月舉、衛月沛間妨害婚姻案件。〔註36〕原告陳駱氏、陳五姐聲明，自 1938 年招贅衛月孝爲婿，1946 年 4 月 16 日，衛月孝因與人械鬥斃命後，其弟兄等欲取陳五姐爲妻，原告母女不願，遂向法庭提起訴訟。被告衛月舉聲稱，其兄弟衛月孝死亡，陳五姐應

〔註34〕「王秀英與岑德壽離婚案」，西康金湯設置局民刑判決書第 9 號，四川省檔案館藏，檔案號 252－1031。

〔註35〕「陳昆玉和曾大義離婚案」，西康金湯設置局民刑判決書第 18 號，四川省檔案館藏，檔案號 252－1031。

〔註36〕「陳駱氏等婚姻侵害案」，西康金湯設置局民刑判決書第 19 號，四川省檔案館藏，檔案號 252－1031。

當過門守孝轉娶爲妻，請求駁回原告之訴。法庭經調查得知，被告等之弟衛月孝的確於 1938 年入贅原告陳駱氏家爲婿，於 1946 年 4 月 16 日械鬥斃命，被告等欲借過門守孝之機將其轉娶爲妻。根據《民法》第 972 條明文規定，婚約應由男女當事人自行訂定，本案被告等借過門守孝欲將原告轉娶爲妻，既未經原告陳五姐本人合意，亦未經其法定代理人陳駱氏同意，有違訂婚之規定，於法不合。且贅夫本係入於妻家，與妻出嫁而入於夫家者無異，其贅夫死亡後，姻親關係亦消減，所請過門守孝並轉娶爲妻並非合法。法庭最終依《民事訴訟法》第 78 條判決確認兩造之間婚姻關係應予消減，訴訟費用由被告負擔。這實際是從法律上廢止了過去西康民間所盛行的「夫死弟及」的收繼婚制度，〔註 37〕有效保護了女性作爲弱者的人身自由權利，不能不說是司法審判制度的一大進步。

總體來看，西康在有關婚姻案件的審判上，改變了部分原有的婚姻觀念和制度，男女地位更加趨於平等，與現代婚姻制度漸趨一致。

四、財產繼承案

西康在財產繼承糾紛的調節上，既改變了原有的一些不合理制度，又結合當地習慣作了一定的變通。西康過去在財產繼承問題上更多沿襲了母系氏族社會的習慣，康區男子多屬上門入贅，改從妻姓，其性質與女子出嫁無異。繼承財產依本地習慣，有能繼承者有不能繼承者。但是國民政府民法繼承編及其施行法只規定女子出嫁後有繼承權，對於上門入贅之男子有無繼承權並無明文規定，因此在法律適用時不免發生困難。西康瀘定地方法院院長饒世科曾就男子入贅後繼承疑義的問題呈請西康高等法院作出司法解釋。西康高等法院指令饒世科，「男子入贅並依契約取得養子身份者依民法第 1077 條規定，自有繼承其養父母遺產之權，在收養關係終止時始得回覆，其與本身父母之關係，同法第 1083 條亦定有明文，如僅係配偶關係，即與其配偶有相互繼承之權利，此在法律上並無任何疑義。」〔註 38〕

〔註 37〕 「收繼婚就是未婚男性收取家中的寡婦爲妻的制度。這是蒙古舊俗，父死則妻其母，兄弟死則收其妻，西康爲少數民族雜居，其中有大量蒙古人，因此收繼婚制曾經在舊西康地區成爲一種普遍盛行的婚姻制度。」參見范忠信、陳景良編著：《中國法制史》，北京：北京大學出版社，2007 年版，第 392 頁。
〔註 38〕 「關於繼承法疑義」，四川省檔案館藏，檔案號 252－877。

1948 年，西康寶興縣司法處民事判決「李孫氏與汪禮華請求確認房產所有權案」。〔註39〕原告李孫氏 1929 年招贅汪澤三爲贅夫共同生活，於 1939 年買有城隍廟街房一座，有顧華安作證，並提出買契爲憑，後汪澤三去世。被告聲明駁回原告之訴，其父汪澤三娶妻汪樂氏、娶妾李孫氏，所買房屋應由汪家子孫繼承，提供由寶興縣政府堂論代判（即寶興縣兼理司法縣政府的批示）爲憑。縣司法處經查明認爲，原告請求確認城隍廟街房一座，究竟其是否擁有所有權應以原告李孫氏是否在招贅後始買該房爲先決因素。事實是，原告於 1928 年招贅汪澤三爲贅夫共同生活，於 1939 年買有城隍廟街房一座，訴諸證人顧華安，顧則證稱原告李孫氏招贅汪澤三入門爲贅夫，買有城隍廟街房一座，原告契約上之士紳王國泰也證明汪澤三入贅後李孫氏始買該房。據此以見，李孫氏顯係入贅後始買該房，自無疑義，審閱被告提出寶興縣政府堂論代判（即寶興縣兼理司法縣政府的批示），既未加蓋寶興縣政府關防，亦無縣長姓名，內容矛盾，顯係僞造，殊無足採，原告請求城隍廟街房一座有所有權亦非無理由，依《民事訴訟法》第 78 條判決李孫氏對於城隍廟街房一座有所有權，訴訟費用由被告負擔。很明顯，寶興縣依據《民法》認爲汪澤三由於是入贅爲夫，其只與配偶孫李氏有相互繼承權，而其死後其財產與原家族親眷無關，這是將國家法民間習慣法進行有機結合的典型做法。

第二節　特殊民事審判實踐

此處所謂特殊民事審判，是指由於西康民族和宗教信仰的特殊性以及一些歷史遺留因素，使得這一地區出現一些案情複雜、當事人身份較爲特殊的民事案件。

一、涉及外國教會的案件

如前所述，清末民初，出於借康入藏的侵略目的，西方國家借助宗教勢力大量滲透於西康地區，試圖通過對西康的控制以分裂中國邊疆，故而民國

〔註39〕「李孫氏與汪禮華請求確認房產所有權案」，西康寶興縣司法處第一審民事判決書第 20 號，西康高等法院刑民判決書，雅安市檔案館藏，檔案號 187－4－258。

時期，各種教會組織分佈於此，大大小小的基督教堂、天主教堂落腳在康屬各縣。爲了進一步傳教，實現文化滲透，他們在這裡置業買產，因而不免與當地居民產生一系列圍繞田土、房產等爲核心的民事糾紛。

（一）外國教會為被告案件的受理權限

1942 年 1 月，會理地方法院呈請西康高等法院解釋法國天主教堂爲民事被告時我國法院應否受理。會理地院認爲，「我國與法國前有領事裁判權之條約限制，但自二戰發生後，法國已被德國征服，係在中國之敵國即德國統治之下的國際團體，如仍認可中國前與法國所訂之條約（領事裁判權亦在內）無異承認給予敵國以不平等條約之特權，於此時期倘遇中國人民對於該法國教會或人民提起民事訴訟，中國法院是否仍受條約之限制不予受理，或者依據上項理由而予受理。如果該訴訟人兩造有合意表示願受中國法院裁判，是否可依《民事訴訟法》第 24 條之規定受理此項訴訟。」〔註40〕西康高等法院將此呈請轉呈司法行政部，司法行政部於 1942 年 4 月令署西康高等法院院長費有瀋，「法國現雖受德國統治，但與我國外交裁判權未取消以前，自應仍照中法條約辦理，查有領事裁判權國家之人民如願拋棄條約上之權利受中國法院裁判者，自應予以受理。」

針對審理外國人爲被告之民刑訴訟案件如何處理，1943 年 8 月，西康高等法院奉司法行政部指令，特地向所屬各司法機關發佈訓令解釋外國人爲被告時所應注意事項：首先，外國人一旦作爲民刑訴訟被告被指控時，只能由地方法院受理審判。若受理該案的審判機關不是地方法院，則在開庭展開言詞辯論之前，應由被告或受理該案的審判機關向上級法院提出書面聲請，將案件卷宗移送附近地方法院審理；其次，外國人在中國充任律師應由主管機關許可，並訂定詳細辦法。〔註41〕

（二）有關外國教會在華租買田產的涉訟案件

西康下屬各縣因地處邊疆地區，人民教育文化水平低，宗教信仰較其它地方更爲虔誠，除了盛行佛教外，各種外來宗教也紛紛進入到西康，其中基督教、天主教在這一地區有了大量中國信徒，而這都是外國教會來康傳佈的結果。「1936 年，天主教勢力已散佈於康定、雅江、理化、稻城、貢噶、定鄉、

〔註40〕 「天主教堂爲民事被告的法律疑義呈請」，四川省檔案館藏，檔案號 252－13。
〔註41〕 參見「美放棄領事裁判權後司法措施」四川省檔案館藏，檔案號 252－1160。

懷柔、巴塘、察雅、白玉、寧靜、科麥、甘孜、石渠、鄧柯、昌都、恩達、嘉黎、太昭、武城及雲南中甸、維西、德欽等二十八處，教徒 6000 餘人。1939 年西康建省後，寧、雅二屬另設教區，天主教西康教區更名康定教區。」〔註42〕天主教進入康區的目的旨在通過聚集民眾、傳播教理，最終征服思想。隨著外國教會在西康的廣泛進入，其教會組織和人員在西康地區大量購產置業以便推動其傳教事業。尤其是天主教會在康區大量租佃、放貸、開荒或購買土地，從而擴大教眾。買賣、租佃事務的增加使得教會與康屬民眾之間出現大量有關債務、物權等民事糾紛，特別是在抗戰後期，更是層出不窮。在這些案件的處理上，西康各司法機構主要以 1928 年內政、外交、司法三部門共同頒行的《內地外國教會租用土地房屋暫行章程》作為審判依據，盡可能地維護西康民眾的合法權益。現附章程如下：

內地外國教會租用土地房屋暫行章程〔註43〕

十七年六月十一日　內政外交兩部公佈（同日施行）

第一條　凡外國教會在內地設立教會或學校而無該國與中國條約所許，不得以教會名義租用土地建造或租買房屋。

第二條　外國教會在內地租用土地，建造或租買房屋應服從中國現行及將來制定之法令及課稅。

第三條　外國教會在內地租用土地，建造或租買房屋須向業主與教會會同呈報該管官員核准，其契約方為有效。

第四條　外國教會在內地租用土地，建造或租買房屋，其面積越過必要之範圍時，該管官員不得核准。

第五條　外國教會在內地租用土地，建造或租買房屋，查出有作收益或營業之用時，該管官員得禁止，或撤銷其租買。

第六條　本暫行章程施行前，外國教會在內地已佔用之土地及房屋應由該管官員補行呈報，倘其土地繫屬絕買時，以永租權論。

〔註42〕范召全、陳昌文：「國民政府時期西康地區宗教樣態二十年 1928～1948 變遷研究」，《世界宗教研究》，2010 年第 4 期，第 28 頁。

〔註43〕「內地外國教會租用土地房屋暫行章程」，四川省檔案館藏，檔案號 252－1159。

西康高等法院於 1943 年就康定分駐庭庭長饒世科呈請解釋「外國教會頂當及承買土地適用法律疑義」〔註44〕一案轉請司法院解釋，司法院 1943 年 5 月 1 日院字第 252 號指令回覆：「經本院統一解釋法令會議議決，對於外國教會為條約所未許可之土地權利之移轉或設定負擔者無效。設定典權即係設定負擔，典權之設定既屬無效，外國教會自不能依《民法》第 923 條第 2 項、第 924 條但書取得土地所有權。故除嗣後所訂條約別有規定外，出賣或出典土地在土地法施行法施行後為之者依同法第 10 條辦理，在同法施行前為之者，出賣人或出典人對於外國教會有土地返還請求權」。之後，西康高等法院對此類回贖案件基本根據此項解釋來進行，因為該項解釋屬於司法上適用法律疑義之解釋，與立法有同等效力。

1942 年，康定天主教會法定代理人華朗庭和康定平民范興發的一樁田產買賣回贖案件〔註45〕正是在暫行章程發佈後，地方法院根據司法院解釋而依法維護本國人民利益的典型例證。由於地方司法機構對此法律疑義的理解缺失，在產業主提起強制執行聲請後，地方法院並未有力執行，使得此案經歷了整整 7 年時間，最終才以合理、合法的方式解決。下面將各審判決過程陳述如下：

1942 年 7 月 22 日，西康瀘定地方法院一審開庭審判。原告范興發稱其先輩范世澤曾於光緒宣統年間將沈村水田出典給天主堂，典銀九千兩，未訂期限。之後，原告備價請求贖業，對方拒不准。被告代理人華朗庭稱教堂分別於光緒 22 年、32 年、宣統元年、民國 4 年置買田產連當價銀共三千五百一十三兩。瀘定地院根據外國教會在內地購買產業的權力限制章程認為，外國教會在國民政府 1928 年頒行內地外國教會租用土地房屋暫行章程以前已佔用土地房屋，其土地繫屬絕買者，以永租權論。在條約未修改時，並無期間之限制。本案原告人先輩將業產出賣有約可憑。法庭依照章程規定認為，天主堂於買受業產自有相當之權利，故依《民事訴訟法》第 78 條判決原告之訴駁回，訴訟費用由原告負擔。

1943 年 3 月 13 日，西康高等法院將康定分駐庭庭長饒世科呈請解釋「外國教會頂當及承買土地適用法律疑義一案」轉呈司法院解釋。司法院 1943 年 5 月 1 日院字第 252 號指令對於 1942 年發生的訴訟給以明確指示，出賣人或出典人對於外國教會有土地返還請求權。（前已詳述）

〔註44〕「外國教會頂當及承買土地適用法律疑義」，四川省檔案館藏，檔案號 252－1159。

〔註45〕「華朗庭和范興發田產買賣回贖案」，四川省檔案館藏，檔案號 252－16。

　　隨後，1945 年 8 月 7 日，范興發因不服 1942 年 10 月 22 日瀘定地方法院一審判決而提起上訴。上訴人稱，「其先輩於光緒 22 年 12 月將多處業產出典於被上訴人，取得典價銀約八千九百七十五兩，上訴人前曾向被上訴人請求贖取，被上訴人偽造賣約，原審認定賣約屬實，不准回贖」。被上訴人稱，「天主堂於清末及民國初年先後買得上訴人先輩之業，本屬絕買，當無回贖之理」。西康高等法院第一分院民庭根據司法院 252 號司法解釋認為：外國教會所主張的「為條約所未許可之土地權利」移轉者無效，凡在土地法施行以前出賣土地與外國教會之人對於該會有土地返還請求權。天主教係外國教會，其買有中國人民不動產之權利從未經有條約許可，因而上訴人請求准許土地房屋返還為有理。因此，法庭依《民事訴訟法》第 447 條、第 87 條、第 78 條宣佈原判決廢棄，判決教會返還原主業產。被上訴人應收取上訴人價款，將原產業返還於上訴人，第一、第二兩審訴訟費用均由被上訴人負擔。

　　由於外國教會的特殊身份，此案經歷一、二兩審後並未結案，而是一直延續到抗戰結束後司法復員階段。1946 年，外交部與西康省政府干涉此案，出於保護中外關係以及公益事業考慮，外交部認為：康定法國教會多年前在瀘定縣購置地皮，此項地皮為莫斯年麻風院之唯一財產，1930 年曾經被西康當局作為公益產業，1945 年，主教華朗庭接到二審法院判決通知，判決原業主向教會重行贖回該地產權，其所定贖價與中國國幣興起前出售之價目相等，可謂幾無補償。此項決定在短期內即可引起康定教會之破產，康定教會購置產業之契據為當時經過合法手續而訂立，則其效力自不能追溯既往而遭消減。為了維持中法友好關係，保證中國外交利益不受損，大使館擬請外交部轉請主管機關對該教會所取得之所有權予以保全，使其慈善工作不致中斷。因此外交部通過司法部函致最高法院，要求對此案酌情處理，以外國人利益為重；同時又致電西康省政府，要求干預此事，西康省政府主席劉文輝亦認為此項工作具有特別公益性，應為西康當局所重視。因此，劉文輝親自函請西康高等法院慎重處理此案。

　　1947 年 1 月 10 日，天主堂法定代理人華朗廷因不服 1945 年 8 月 7 日西康高等法院第一分院第二審判決而向最高法院提起上訴，最高法院民事第六庭依據司法院院字第 252 號解釋以及《內地外國教會租用土地房屋暫行章程》

第 1 條至第 5 條之規定作出第三審判決，此三審判決上訴駁回，依然維持原判，教會歸還原產業主。

很顯然，外交部和西康省政府的公函並沒有對西康高等法院和最高法院的審判有所影響。在外交、內政的干預下，此案並沒有沿著當局的思路走下去，法院依法維護著本國人民的訴求。在戰亂頻發、外國勢力大量入侵時期，西康高等法院和最高法院能夠在政治、外交的多重壓力之下，根據國家立法章程秉公斷案，保持著司法的獨立性，這無疑是難能可貴的。但此案並未就此作罷，雖然一、二、三審結束，最高法院判決田產原業主范興發付款回贖原有田產，但是由於二、三審判決中都沒有說清具體的付款金額，這使得此案在法院執行中出現了爭議，對於回贖金額，當事人雙方再一次出現爭端，分別提起異議之訴。

1947 年 1 月三審判決後，原捲髮還瀘定地院依判執行，瀘定地院 7 月 4 日宣佈執行庭諭，令抗告人增加為一千倍返還價款，范興發於同年 7 月 7 日聲請傳案執行，被告法定代理人華朗廷於同年 7 月 19 日提起異議之訴，請求增加給付。1947 年 8 月 7 日，范興發也向西康高等法院提起抗告，西康高等法院第一分院民庭公開審理范興發抗告案。此次抗告因執行異議事件而起，瀘定地院執行庭諭時，要求范興發對天主教會增加一千倍價金返還價款。抗告人范興發對此庭諭不服，於是針對瀘定地方法院 1947 年 7 月 4 日所為執行庭諭向西康高等法院提起抗告。西康高等法院認為：按強制執行，應依執行名義〔註 46〕為之，本案執行名義所確定之終局判決僅載明被上訴人天主堂應收取上訴人范興發價款，原執行庭諭令抗告人增加為一千倍返還價款顯與執行名義不符，抗告人請求廢棄非無理由。依照《民事訴訟法》規定，如債務人就強制執行事件可提起異議之訴時，執行處亦只能指示其另行起訴或諭知債權人不能超出執行名義範圍而為執行。瀘定地院所執行庭諭顯然在程序上是不合法的。因此西康高院第一分院民庭判決，原執行庭諭關於增加為一千倍返還價款部分廢棄。

1948 年 1 月 5 日，西爐天主堂法定代理人華朗廷對於范興發贖產案件執行不服，再次提出異議之訴，請求增加給付。原告稱其分別於光緒 32 年、宣

〔註46〕所謂「執行名義」，是指債權人據以聲請民事強制執行的依據，是表示給付請求權存在及範圍如何的公文書。有了執行名義，債權人才可以聲請強制執行，執行機關也才可以根據執行名義進行強制執行程序。

統元年、2 年、民國 4 年先後以業價銀八千七百五十三兩向被告范興發先人范世澤等承買多處業產，在承買當時，只須業價銀八千七百五十三兩，現因幣值低落，仍照原買數目迫還，實不足以凸顯公允。前項業產，每年可收租一百四十石，應請按照十倍計算判令被告返還業價七億元。被告則只願以原價一萬一千六百元贖取。瀘定地方法院認為：原告先後以銀八千七百五十三兩即可買得的田產，現每年收益租穀約一百四十擔，按現時市價計算，租穀一百四十擔，約值法幣二億元左右。被告請求按 1933 年 5 月 4 日國民政府通令廢兩為元辦法的規定依七錢一分五釐折合法幣一元計算，歸還原告業價一萬餘元贖回業產，以一萬元贖回現在收益價值在兩億元以上之業產，不合情理。我國因受戰爭影響，幣值低落，如仍按原有數目返還，顯失公平，而原告請求增加給付為法幣七億元，價格又偏高。因此，瀘定地方法院依《復員後辦理民事訴訟補充條例》第 12 條之規定審酌法幣貶值程度，並審酌原告返還該產業每年收益實值價格以及被告因原告歸還業產後所得受之利益進行了有關增加給付的判決，判令被告范興發歸還原告天主教堂業價五億元，訴訟費用由被告負擔。在此判決中，瀘定地院的判決行為顯然是考慮了民事糾紛中，在情勢變更條件下，債務償付的價金應該酌情參照物價等具體情況而為判決執行。

　　這場中國公民與外國教會的田土糾紛案件在經歷了長達 7 年的訴訟爭端後，終於宣告正式結案。在整個案件審理過程中，當事人雙方的博弈，各級法院的各種判決以及外交、內政各機構的干預充分說明了在西康由於時局的複雜性，在涉及到有關外國教會的民事案件時，審判方受到各種因素的影響，司法審判的獨立性常受到阻礙。

二、涉及少數民族的案件

　　1939 年西康建省後，面臨的最大紛擾便是來自康寧兩屬少數民族地區的衝突。在寧屬彝族，久居深山的夷民對國家司法、行政制度了無認識，各地方勢力的操縱，讓這一地區相對保守與排外，國家司法制度幾乎難以介入。在康屬藏族各縣，土司、頭人依然有其勢力，康民對之仍有敬畏，民族村落之間的爭端不斷，諸如瞻化的冷卡石、母茹窪擾民案等。吸取清末民初治邊的經驗教訓，劉文輝認識到，西康民族情況複雜，稍有不慎難免引起紛亂，更無從建設西康。

因此，西康各司法機構在處理涉及少數民族的民事案件時非常謹慎。一方面，要求「各縣對於漢夷訴訟務虛隨到隨理、公開審訊、任人觀聽。所用翻譯通事尤須十分注意隨時糾察，俾免從中舞弊。每案訊結之時，須將兩造曲直詳為解釋，俾資折服。如果不服，需聽其依法上訴，不得遏抑。每次審案完畢之後，就便講演本軍治邊種種計劃，俾眾週知而利進行。」〔註47〕

另一方面，保障漢族與其它各民族同胞平等享有法權、平等履行公民義務。「確認康民、夷民之生存權而予以法律之保障，非依法律程序不得侵害其土地、財產、營業及居住遷徙之自由。漢夷間一切貿易交往均應絕對公平，取締任何方式之剝削與欺詐。」〔註48〕這種公平並非一味地對民族地區施以法外施恩，而是要求真正的民族平等，要求在處理漢夷糾紛問題上一切依照法律規定，既要保障少數民族的訴權，也要保障漢民族的合法權益。從以下節選的1944年7月西康高等法院所採納的冕寧縣參議會擬定的一份「漢夷田地典當及債務糾紛議決錄」足以說明此問題。

冕寧縣漢夷田地典當及債務糾紛議決錄〔註49〕

第一條　本會為解決漢夷典當田地維持田賦收入及債務糾紛起見，特斟酌當地情形提議表決訂定本議決錄。

第二條　本縣漢典當田地與夷時，頗多特殊情形，無論所載年限過期與否，均得將原土地備價贖回。

第三條　漢人典當田地與夷人具有正當手續付足當價，其中無他逼迫情形時，應依正當手續贖取。

第四條　漢人典當田地與夷人具有正當手續，無他逼迫情事、無顯失公平，一律以法幣折合贖取，其折合辦法由受理機關斟酌當時情形裁奪。

第五條　漢人典當田地與夷人，其典當價為係以牲畜貨物高價折算者，應查明當時折算情形酌量減少其當價贖取之。

〔註47〕謝百城，前注〔46〕，第103頁。

〔註48〕四川省檔案館、四川民族研究所：《近代康區檔案資料選編》，成都：四川大學出版社，1990年版，第75頁。

〔註49〕「冕寧縣政府呈請解釋漢夷土地典當及債務糾紛處理辦法和西康高等法院的指令」，四川省檔案館藏，檔案號252－1544。

第六條　漢人受夷人欺騙或捆弔，至受逼迫而署典，僅付典價一部分即強迫交田地者，應查明情形分別贖取或懲交之。

第七條　漢人受夷人欺騙或捆弔，逼不得已而署立典約來付分文典價即侵霸田地者，應勤飭該夷人將原田地如數退還，若祐抗不退則呈請上峰處辦。

第八條　漢人典當田地與夷人如地主無力贖取、自願出售者，其當主有優先承買權，但須依時作價、完納稅契、登注糧冊並按年完納糧稅否則無效。

第九條　漢人典當田地與夷人如原地主無力贖取而原當主揹勒當或揹卡致不能轉，或另賣他人者，得由縣中公有疑產或士紳集資贖回管理，充作本縣公益產業。

第十條　漢人夷人借貸具有正當手續而無高利貸獲利盤利情事者，應依結訂契約付還之。

第十一條　漢人向夷人借貸雖具有正當手續但屬高利借貸者，除付還本金升其利息，即依法定利率清償之。

第十二條　漢人向夷人借貸，其本金係照覆利法計算堆積而成，除應照原本金數目付還外，至其先付利息得由受理機關查明真相用以核減。

第十三條　漢人向夷人借貸，如係以牲畜貨物折算者，應查明當時情形酌量減少本金付還之，其利息依照法定利率結算之。

第十四條　漢人向夷人借貸具有正當手續而無特殊情形者，一律以法幣折合付還，其折合辦法由受理機關斟酌當時情形裁奪之。

第十五條　漢夷典當田地及其債賬糾紛有不依本議決者，受理機關得強制執行之。

第十六條　本議決呈奉西康省政府西昌行轅及屯墾委員會核准上峰布告週知始發生效力。

第十七條　本議決如有未盡善處得隨時提議、表決、呈准鑒核修改之。

由上可知，在西康民事審判實踐中，將漢族和少數民族一視同仁，充分尊重少數民族的合法權益，堅持民族平等原則，這在當時實屬難能可貴。政府旨在改變根深蒂固的邊地治理思想和改變對邊民的歧視與偏見，更積極改善西康社會中的藏、漢、羌、回、彝各族關係，凝聚民族力量。

在戰時物資匱乏、社會秩序混亂的背景下，西康各級司法機關能夠克服困難，並根據關外各縣具體風俗民情，對民事審判所依據的國家民法和民事訴訟法有所變通，這些措施既方便了邊疆民眾的訴訟，又滿足了西康作為抗戰大後方的戰時特殊需要，充分體現了民事司法審判在非常時期具有執行國家政策和解決民事糾紛的「雙面孔」：既要堅持司法公平與獨立，又要「良好」地執行國家政策；既要及時、有效地解決糾紛，又要維護整個社會秩序的穩定。

第六章　西康刑事審判實踐

　　如前所言，西康在建省以前，關外各縣司法審判權力多被土司、頭人、喇嘛所掌控，多數刑事訴訟或依習慣或以喇嘛、頭人的意旨行事，並未按照國家司法制度的規定進行，其中草菅人命的現象常而有之。即便是關內各縣，雖然由漢官審理刑事案件，但由於沒有建立獨立的司法審判機構，基本是由縣政府兼理司法，縣級司法大權由行政長官所控制，承審人員很難獨立審理案件。同時，由於司法人員素質較低，因而各縣刑事審判存在一定的隨意性，在訴訟、履勘、判決各環節難以做到公平、公正。西康建省後，非常重視刑事審判的制度改革與實踐，在審判程序、審判執行等各方面進行了改革，進一步推動其司法審判制度的近代化。

第一節　抗戰時期刑事犯罪造成的社會危害

　　西康建省初期，在動蕩不安的戰時環境下，社會秩序不穩、犯罪高發、各種刑事糾紛不斷，民眾生存狀態嚴重受擾。

一、社會動蕩

　　一方面，爲支持抗戰，西康各縣紛紛抽調大量軍隊及保安部隊前往戰區，地方維持治安的武裝力量相對減弱，使得境內土匪勢力變得相對活躍。特別是康、寧兩屬地區，社會治安混亂、匪患頻發，土匪不僅人數眾多，而且幾乎遍佈各地。與此同時，各地權勢人物嗜煙如命，大量以槍彈換煙土，於是槍彈不斷流向地方，民間槍支存有量巨大。據統計，「全省私有槍支，計手槍276 枝，土槍 13226 六枝，步馬槍 15854 枝，共計 28356 枝。各縣公有槍支，

僅 206 枝，不足私有的百分之一，這也是西康特有的現象」〔註1〕，匪患的橫行嚴重妨害了社會秩序，使民眾人身、財產安全難以得到保障。

另一方面，由於建省初始，中央政府與地方權威還處於權力博弈之中，原有地方勢力還未消除殆盡，部分土司、頭人依然與中央抗衡，加之西康未建省以前行政組織管理鬆散，軍政、鄉紳長期橫征暴斂，這就使得整個社會動蕩不安。

此外，由於經濟利益的驅使，西康各地的間諜、漢奸活動也頻起，部分間諜、漢奸甚至混入黨、政、軍、群眾團體實施反動行為，對國家軍事戰略的實施造成極大破壞，嚴重危害著抗戰的勝利，成為一顆不得不清除的毒瘤。

二、腐敗滋生

戰爭的不斷擴大，對兵源的需求與日俱增，而後方各地的妨害兵役行為也不斷增多，徵兵過程中出現大量的兵役舞弊案件，其中以鄉鎮保甲長的受賄、期約、干擾徵兵、妨害兵役現象最為普遍，這在一定程度上危害著戰時國民政府的軍事利益。此外，由於國民黨政局動蕩，官僚體制內部混亂不堪，貪腐行為泛濫。具體到西康各縣，大到政府軍政要員，小至普通基層職員，以權謀私、貪污受賄現象非常普遍，特別是司法機關人員的貪污相當嚴重，成為了當時最大的政治問題，其中比較典型的有陳壁先瀆職受賄案、審判官羅淑文賄放人犯案、寧南縣司法處石壁輝貪污瀆職案、向子聰違法貪污案、楊鈺琨侵吞公款案、檢察官楊藻先貪污案、西昌二分院長曾毅夫貪污案等。在石壁輝貪污瀆職案中，職員檢舉其剋扣薪餉、侵吞囚糧、浮報糧價、虛報員警、濫行溰索、縱放要犯、擅離職守，極盡貪污瀆職之能事。正如西康高等法院首席檢察官曾睦所言，「其在長官有不問賢愚、援引親故、濫竽充數者，或虛報人員、侵蝕缺額者，此種弊端雖云環境不良受生活所逼迫所致，但失職廢事為害非淺。」〔註2〕這些司法官員的貪污瀆職在各地造成了較為惡劣的影響，使得司法威信在民眾心中蕩然無存，一定程度上擾亂了西康社會的政治、經濟、文化等各個層面的正常秩序，毒化了戰時社會環境。

〔註1〕 馬鶴天，前注〔12〕，第 12 頁。
〔註2〕 西康高等法院編：「西康高等法院檢察處工作報告」，四川省檔案館藏，檔案號 5－1－114。

三、經濟受阻

西康由於戰亂，刑事案件增多，一定程度上加大了經濟衰退的速度。以煙毒案件爲例，蔣委員長在告川省同胞書中說：「煙毒爲我民族最大之禍患，尤爲我川省同胞刻骨切膚之大毒，蓋川民之勤勞優秀實甲於他者，而至於今日，乃形容憔悴、體格羸弱、精神頹喪，訓至百事廢弛者，實以煙毒之普遍蔓延爲斷喪元氣之主因，此患不除，任何設施均無裨益」。〔註 3〕鴉片泛濫是政府禁煙不力的結果，隨著鴉片運售量加大，其利潤也更爲豐厚，鴉片交易多是寧屬夷民與雅屬漢人之間以物易物進行，漢人用金銀、槍彈和夷民交換，正如田文壇所說，「在這裡的商業市場上，造成了如下的一種普遍信念：若想迅速發財，必作鴉片。」〔註4〕鴉片和武器、金銀之間結成的這種緊密關係，導致大量鴉片流入市場，引起大後方物價高漲，使國民政府的關稅收入急劇減少，極大破壞了西康的經濟發展。

隨著抗戰全面爆發，西康地區流動人口劇增、物價飛漲、犯罪高發、社會矛盾加劇，原有的刑事審判制度顯然已無法適應戰時需求，改革已成當務之急。根據前述，國民政府除了原有刑事法律和刑事訴訟法律以外，在戰時還頒佈了大量特別法令，爲西康刑事審判制度改革提供了足夠的法律依據。但是，司法審判機關的根本職能在於運用相應的法律規範，解決社會主體間的衝突和糾紛，爲當事人恢復業已被侵害的合法權利，從而調節社會矛盾、穩定社會秩序。因此，爲瞭解西康刑事審判制度改革的實質內容，有必要對其刑事審判實踐進行詳細的案例考察。

第二節　普通刑事審判實踐

本章主要以四川省檔案館和雅安市檔案館館藏司法檔案爲主進行分析說明，力圖展現西康各級司法機構刑事審判的實然狀態，以分析西康在抗戰期間如何通過刑事審判制度的改革大力支持前方，同時逐步實現其司法近代化目標。

一、維護兵役 保護軍婚

隨著抗戰規模的擴大，國民黨正面戰場傷亡慘重，而後方兵源補充又相

〔註 3〕田文壇：「西康禁政與漢夷關係」，《國民公論》，1940 年第 4 卷，第 190 頁。
〔註 4〕田文壇，前注〔228〕，第 190 頁。

對遲緩，導致戰鬥力嚴重削弱。爲了改變戰場軍事力量的薄弱狀況，國民政府分層次進行兵役徵集工作，進一步加大了兵員徵集的力度。

西康建省本身就是國民政府爲應對抗戰需求而作出的一個重要策略。作爲抗戰大後方的西康被國民政府視爲國防要地。西康發動各方面力量擴大徵兵，爲前方戰場輸出大量兵員，爲抗戰做出巨大貢獻。然而，在兵役徵集中也出現了諸多弊病。一方面，由於戰爭持續時日過久，服兵役人員受到婚姻問題的干擾，軍心動搖；另一方面，由於基層政治的腐敗等原因，違反兵役案件不斷增加。爲整頓役政，西康各級司法審判機構根據《妨害兵役治罪條例》和《出征抗敵軍人婚姻保障條例》，對相關罪行加強懲治力度，一定程度上支持了抗戰。

（一）懲治妨害兵役行爲

戰爭規模的擴大使兵員徵集任務不斷加重，部分壯丁逃避兵役或入營後逃亡返鄉，各級基層機構兵役工作人員依規定對其執行強制入營或予以拘捕時，壯丁家屬多半阻撓，兵役工作人員一旦自衛反抗，動輒被控訴拘役，如果法院審理不公，則會使得兵役工作人員損失極大。同時，部分縣、區、鄉、保又不同程度地出現了強行拉丁入伍的現象；各基層負責辦理兵役徵集的人員由於素質參差不齊，在經濟利益的誘惑下，往往出現徇私舞弊、貪污賄賂的現象，嚴重影響了兵役工作的推行。爲糾正兵役徵集中的這些弊病，西康省政府不得不在各個層面上加強兵役管理。各級司法審判機關則依據國民政府《妨害兵役治罪條例》對妨害兵役案件迅速處理，以圖整肅役政。

首先，針對兵役徵集的舞弊行爲從重處斷、加大懲罰力度。發生在 1947年的「雅安胡元俊貪污案」﹝註5﹞就是一起典型的妨礙兵役案件。下面摘錄案情和西康高等法院的終審判決進行分析：

雅安鳳鳴鄉第四保保長胡元俊於 1945 年舊曆 2 月 20 日奉命徵集壯丁李喜服常備兵役，適逢李喜已於 1 月 16 日出外做工未返，胡元俊以其逃避兵役爲理由，將其兄李奉春押至鄉公所飭令具保，限 7 日交人，限期屆滿後，李喜猶未返家，其兄無人可交，胡元俊於同月 29 日晨赴李奉春家要挾，要求出款三十萬元，免李喜服役。李奉春當即交國幣十五萬元給胡，胡於當日下午將李奉春帶至同鄉高有傑藥店內，要求出具期票十五萬元，4 月 5

﹝註 5﹞ 參見「雅安胡元俊貪污案」，四川省檔案館藏，檔案號 252－6。

日兌付，此事暫告一段落。沒曾想李喜於屆兌期前一日回家，得悉此事後，願去服役並拒絕付款，向胡元俊要求返還現款及期票，胡堅決不退還，李喜、李奉春於是向雅安地方法院提起訴訟，由檢察官向法院提起公訴。雅安地方法院於 1945 年 11 月 4 日依《特種刑事案件訴訟條例》對該案作出一審判決，判處胡元俊貪污罪行。胡元俊不服一審判決，向西康高等法院聲請覆判。西康高等法院認為，原審認定事實尚欠明瞭，實有提審之必要，依《特種刑事案件訴訟條例》第 17 條「覆判案件以書面審理，但由高等法院或分院覆判者，得提審或命推事重審」裁定該案提審。經西康高等法院撤銷原判決發還原審法院更審後，又判處妨害兵役罪行，之後胡元俊又上訴到西康高等法院。

高等法院綜合案情認為：上訴人違背辦理兵役職務的行為準則，收受賄賂，於 1945 年舊曆 2 月 29 日觸犯舊妨害兵役治罪條例第 5 條第 2 項之罪，依司法院第 697 號司法解釋，本應援懲治貪污條例第 2 條第 7 款處斷，但舊妨害兵役治罪條例已於 1945 年 7 月 17 日修正公佈施行，其第 1 條規定「妨害兵役依本條例治罪，本條例未規定此適用其它法律之規定，因而援引懲治貪污條例的解釋因修正妨害兵役治罪條例施行而失效，無再依據之必要。行為後法律有變更者適用裁判時之法律，上訴人應依修正妨害兵役治罪條例第 11 條第 3 款處斷，而裁判前之法律有利於行為人時，適用最有利於行為人之法律。就上訴人同時觸犯懲治貪污條例和修正妨害兵役治罪條例相比而言，同種之罪比較，處刑相等，唯一不同的是，一個是特種刑事案件，一個是普通刑事案件，依普通刑事訴訟程序辦理為有利於行為人之法律，原審依特種刑事案件訴訟條例判處上訴人罪刑的判決應撤銷。同時，西康高等法院認為，上訴人雖充保長，仍屬知識淺薄，其犯罪所生之損害較輕，應酌予減輕其刑。因此，1946 年 5 月 19 日西康高等法院刑庭作出「34 年度覆字第 16 號」刑事判決：胡元俊違背辦理兵役職務上之行為準則並收受賄賂，處有期徒刑 6 年又 8 個月，褫奪公權 5 年，賄款國幣十五萬元應予追繳。

在此案中，被告胡元俊在兵役徵集工作中，對應服役人員進行強制期約，收受賄賂、破壞兵役，既觸犯了貪污受賄罪，又觸犯了違背兵役辦理職務罪。在雅安地方法院一審判決中，依特種刑事案件訴訟條例判處其貪污罪，之後被告提起覆判。由於審判前法律出現變更，舊的兵役法已經廢除，修正妨礙

兵役條例已經公佈，因而對貪污罪的援引條例失效，兩罪只能選其一。〔註6〕
在二審中，西康高等法院認爲，被告觸犯修正妨礙兵役條例，雖然同時也觸
犯貪污罪，但是依有利於當事人原則，應以輕罪判處，所以應該選擇破壞兵
役罪行，依普通刑法處斷，放棄了特種刑事處罰。可見，法庭對於兵役腐敗
案件既依法從重處斷，但是又同時考慮犯罪者犯罪動機以及其自身的具體情
況，在定罪量刑中以有利於當事人原則酌情減免處罰，彰顯了重在教化的司
法審判要旨。

其次，保護壯丁和軍役人員的合法權利。由於在兵役問題上，部分部隊
出現了凌虐士兵或壯丁情況，因此當局特別強調對兵役人員的保護事項。「查
優待入營新兵，迭經通令遵行在案，現聞各部隊對於新兵仍不免有任意凌虐
或於逃亡捕獲後予槍決示眾等情事。不惟違法，且影響役政至巨，亟應嚴禁，
並以二事相等。對於入營新兵，願確遵委座手令加意愛護，如有凌虐毆打等
行爲，定依法從重治罪。無軍法職權之部隊對於士兵違法犯紀事件不得越級
處理，倘敢擅自槍決新兵，定以殺人治罪。」〔註7〕諸如 1941 年，陸軍第十
三師野戰補充團暫編第一連連長王鉞在接收新兵時，竟敢故違禁令，擅殺新
兵，被西康保安司令部依法槍決。〔註8〕

（二）保護軍人婚姻

西康作爲抗戰大後方，大量選派壯丁入伍就成爲常事，但同時由於抗
戰期間戰事持續不斷，部隊官兵幾無回家省親的機會，包括婚姻嫁娶。家
中訂婚而未娶的官兵常接到家中信函，言明家中未婚妻由於久未完婚，受
到地方地痞流氓騷擾，女方父母要求男子必須迅速回家結婚，否則就採取
無條件離異。這無疑會動搖軍人的抗戰意志，動搖軍心。因而西康 1939 年
保字第 0394 號文件規定：「對於抗戰軍人訂婚未娶之妻，不得擅自離異，
以示優待。」〔註9〕

〔註6〕《關於特種刑事案件訴訟條例之指示與解釋》第 7 條規定：第一審判決認爲
　　　特種刑事案件，經覆判法院審理結果，認爲所犯罪名係普通刑事案件，並以
　　　初判認定事實並無不當者，該法院如有第二審管轄權，應以其聲請覆判作爲
　　　上訴進行第二審審判（司法院院字第 2857 號解釋）。
〔註7〕「保字第○三八四號訓令」，西康省政府秘書處編譯室：《西康省政府公報》，
　　　1939 年第 9 期，第 200 頁。
〔註8〕參見「保法字第○二七四號訓令」，同上注，1941 年第 57 期，第 49 頁。
〔註9〕「保字第○三九四號訓令」，同上注，1939 年第 9 期，第 202 頁。

　　1939 年 11 月，西康高等法院訓令康定分駐庭：「士兵發生婚姻變異事件影響軍心，實非淺鮮，若不遏止斯風，抗戰前途不無妨礙，一則爲教唆改嫁，一則爲慫恿離婚，皆出於妻族外家妨害出征軍人家屬，有關出征壯丁離婚案件，擬請轉飭各級司法機關，凡在壯丁出征期間，無論女方所持何種理由，一概不予受理，須至壯丁解除兵役後，方仍依法辦理，以利抗戰。」〔註10〕

　　如果說此時對軍人離婚案還只是出於單一的禁止性規定，之後國民政府於 1943 年出臺的《出征抗敵軍人婚姻保障條例》（具體規定詳見附錄二）則從法律上爲西康從後方保護軍婚、穩定軍心找到了刑事法律的依據。在此條例中，要求對違反破壞軍婚的幾種行爲根據情節輕重施以刑事制裁，諸如「出征抗敵軍人在出征期內，其妻與他人訂婚者除婚約無效外，處 6 月以下有期徒刑，拘役或一千元以下罰金，其相與訂婚者亦同。出征抗敵軍人在出征期內，其妻與他人重行結婚者除撤銷其婚姻外，處 7 年以下有期徒刑，得並科五千元以下罰金，其相婚者亦同。對於出征抗敵軍人之未婚妻，以脅迫利誘或詐術相與訂婚或結婚者，處 3 年以下有期徒刑，得並科五千元以下罰金。」〔註11〕

　　西康各審判機構根據該條例對嚴重破壞軍婚的行爲，諸如與軍人家屬重婚、通姦，脅迫和利誘解除婚姻等，加以嚴屬的刑事懲罰。很顯然，根據該條例規定，軍人的婚姻與家庭問題已經從民事審判的調節範圍變更到刑事審判的調節範圍，實施該條例的初衷是爲了保護出征抗戰軍人的利益，其目的是想通過加重對破壞軍婚行爲的懲處力度，以刑罰手段保護軍人婚姻，從而達到穩定軍心，增強抗戰力量的目的。在今天看來，這樣的做法似乎無情，也似乎侵犯人權，否認了婚姻與戀愛自由的合法性。但是，在戰爭爆發、國家政治利益和國防安全受到嚴重威脅的特殊年代，軍心的穩定及軍事力量的鞏固被放在了第一位，因而西康遵行國民政府之令，對軍人婚姻實施刑事保護，不失爲這一特殊時期的有力舉措。

二、整頓幣制　維護經濟安全

　　抗戰期間，由於社會混亂，致使經濟形勢也極其不穩定，不少不法商人

〔註10〕「西康高等法院民國二十八年十一月二十四日訓字第 644 號訓令」，四川省檔案館藏，檔案號 252－1142。
〔註11〕參見張偉，前注〔52〕，第 98 頁。

趁機擾亂市場，造假製假、囤積居奇、破壞幣制等行為層出不窮，對戰時經濟秩序產生惡劣影響。西康為了阻止這些經濟亂象，根據國民政府各項戰時特別法規採取一系列措施對違法者進行嚴屬懲處，保障了後方經濟安全。

（一）懲治妨害幣制行為

在戰爭期間，由於經濟不穩、物價高漲，幣制也出現了混亂。在西康，不少不法分子趁機故意製造、使用假幣，造成社會金融秩序的動盪，影響大後方經濟的穩定。因此，西康各級司法機構根據 1943 年 10 月 18 日國民政府頒行的《妨害國幣懲治條例》，〔註 12〕對製造和使用假幣、偽幣者進行嚴屬懲罰。不僅如此，在適用這條特別法律的同時，西康高等法院還對此項條例進行了相應的司法解釋，用以調整和補充條例中的不明確之處。查閱《妨害國幣懲治條例》的具體內容可見，國民政府所頒行的這條法令其實是有疏漏的，其中第 3 條規定有意圖供行使之用而偽造、變造幣券之治罪明文，但細讀其條文意旨，似乎只是為偽造、變造者而設，其餘各條對於收受、行使及過失收受、行使偽造和變造幣券者均無規定，而該條例又沒有明文指出「本條例所未規定者得依其它法令」，如果遇有並非自行偽造、變造，而僅收受、行使偽造、變造或無意收受、行使偽造、變造的幣券者，究應如何辦理？1944 年 3 月 22 日，漢源縣司法處就此問題向西康高等法院提出要求司法解釋的呈請。之後，西康高等法院院長回覆，「查刑事特別法有規定者，應先適用特別法，其無規定者，自應仍適用普通刑法，現頒妨害國幣懲治條例僅對於偽造、變造幣券有治罪之明文，其收受、行使各行為，該法雖無規定，而在刑法第 196 條至 198 條既有科罪明文，即應依刑法各該條分別論究，至過失犯在刑法第十一章並無明文規定。依刑法第 1 條自在不處罰之列，且細譯該章各條，多注重意面二字，即 196 條第 2 項亦以知而仍行使為其構成犯罪要件，則凡收受、行使均出於無意者（如鄉民或婦孺確實不能辨別真偽者），一經訊明其確非故意，自可不予處罰，仰即依法妥慎辦理，所請轉呈解釋之處，應無庸議。」〔註 13〕

〔註 12〕 《妨害國幣懲治條例》，共 7 條，主要內容為：對意圖營利，私運銀幣、銀類金類或新舊各種輔幣出口者；意圖營利銷毀銀幣或新舊各種輔幣者；意圖供行使之用而偽造變造幣卷者；意圖營利不按法定比率兌換各種幣卷者等幾種罪刑分處不同徒刑和罰金。同時，對於未遂犯比照受罰，而全部犯罪工具及假幣均予沒收。而在該單行法規出臺前，司法機關主要適用的實體法為《刑法》第 12 章規定的「偽造貨幣罪」。

〔註 13〕 「妨害國幣懲治條例」，四川省檔案館藏，檔案號 252－876。

很顯然，在關於收受、行使偽造、變造或無意收受、行使偽造、變造幣券者處罰的轉請解釋中，西康高等法院首先考慮《妨害國幣懲治條例》的相關規定，當其無明文規定後，再從普通刑法中尋找依據。這無疑是遵循了特別法優於普通法的司法原則，也就是說，一行爲同時符合刑法中的不同條文，而相關條文若有明確指示時，適用特殊規定進行處理，對社會關係侵犯性質嚴重的罪行一般適用特別法。此外，西康高等法院的司法解釋注重犯罪動機在定罪量刑中的作用，將犯罪故意與過失犯罪加以區分，以維護司法審判公正。

（二）保障戰時經濟統制

抗戰期間，國民政府的口號是抗戰與建國並重，由此，大量的經濟建設開支和龐大的軍費開支必然造成國民政府收支嚴重失衡。與此同時，部分投機奸商壟斷物資，趁亂大發戰爭財，擾亂了社會經濟秩序。多重壓力使國民政府財務負擔加重，經濟危機步步緊逼。爲解決戰時國家經濟困難，保障軍費開支，大力支持抗戰，國民政府頒行了大量戰時經濟法規以加強對戰時經濟體制的管理。「1939 年頒佈《非常時期平定物價及取締投機操縱辦法》、《取締囤積日用必需品辦法》；1941 年先後頒佈了《戰時管理進出口物品條例》、《非常時期糧食管理暫行條例》、《非常時期取締日用重要物品囤積居奇辦法》等一系列經濟法規。」〔註 14〕作爲維護戰時經濟體制的堅強後盾，西康各級法院和縣司法處在有關經濟案件的審判實踐中順應時局要求，依據國民政府各項戰時經濟法規加大了對破壞戰時經濟安全行爲的懲治力度。在此，著重討論違反田糧管理制度的案件審判，從中瞭解西康在戰時司法審判中如何慎重對待妨害經濟安全的違法行爲。

1941 年 5 月 12 日，國民政府公佈了《非常時期違反糧食管理治罪暫行條例》，其中第 3 條、第 4 條、第 5 條規定：針對非經營商業之人或非經營糧食業之商人購囤糧食營利者以及糧戶或農戶之餘糧經糧食主管機關規定出售而規避藏匿者，處以相應刑罰。其中處罰最重的是，穀五千市石以上或小麥三千市石以上者，處死刑或無期徒刑。穀三千市石以上、五千市石未滿或小麥一千八百市石以上三千市石未滿者，處無期徒刑或 10 年以上有期徒刑。三千市石以下，依囤積穀物多少分別處以 10 年以下有期徒刑或拘役以及相應的罰

〔註 14〕陳雷：「國民政府戰時統制經濟研究」，河北師範大學博士學位論文，2008 年6 月。

金。所有處斷案件沒收其全部糧食……對於需要糧食之民戶，存有超過 3 個月以上之需要而未依法令向糧食主管機關陳報者，沒收其糧食。需要糧食之公私機關團體存有糧食超過 2 個月以上之需要量而未依法令向糧食主管機關陳報核准者，沒收其超過量。需要糧食之民戶與公私機關團體存有糧食經陳報或核准後繼續購進超過其每 2 個月之需要量，未經向糧食主管機關陳報核准者，沒收其繼續購進量。〔註15〕這樣的法律規定顯然是由於當時正處戰亂，糧食供求緊張，一些不法商人囤積而造成人為糧荒，政府為保障糧食安全而採取的特殊政策。第 8 條、第 10 條規定：「公務人員利用職務上之權力機會或方法為自己或他人違反糧食管理法令者，依本條例之規定從重治罪。公務人員或警執行管理糧食或徵購糧食時，如有藉端勒索或其它營私舞弊情事者，依修正懲治貪污條例從重治罪。」

由於抗戰大後方的特殊情形，西康對於糧政非常重視，其各級司法機關也非常重視與此相關的刑事案件。1945 年西康榮經地方法院所經手的「李之華盜賣公糧案」〔註16〕從 1945 年一直延續到 1947 年 2 月，期間地方法院多次偵訊，與相關各方包括田糧處、縣政府等多次進行交涉，現將具體案情呈現並分析如下：

1945 年，榮經前任田賦糧食管理處城區徵收分處主任萬中華以盜賣公糧為罪名，向榮經縣政府提請拘押個體經營戶李之華，縣政府隨後將李羈押在案。1945 年 10 月 24 日，李之華以久押未審而向榮經地方法院聲請提審，李之華稱萬中華與其接洽，萬承諾願將芋麥大斗五十碩賣給他，並給存條。萬中華假借職權壓迫李之華，公然向其索要代價一百二十五萬元，遠遠超過當時市價。後萬中華蒙蔽縣府，於 10 月 1 日拘禁之，致其經營虧損。李之華以「一行為而犯數罪名」控告萬中華，請求依法辦理。其一，被告徵收芋麥隱匿不報，顯係利用職權機會圖利，應依懲治貪污條例 3 條 6 款規定治罪。其二，聲請人雖有存條，但非合法調任保管員，應以私債論，不該非法逮捕拘禁，況縱公款，依法只能諮請司法機關執行，對於財產施用查封、拍賣，參考行政執行法 7 條，並無管束權力，此又觸犯刑法上之瀆職罪、妨害自由罪，並涉及非常時期違反糧食管理治罪暫行條例第 3、第 4 條及民法 195 條規定。

〔註15〕 參見「非常時期違反糧食管理治罪暫行條例」，雅安市檔案館藏，檔案號 187－4－146。

〔註16〕 「李之華盜賣公糧案」，雅安市檔案館藏，檔案號 187－4－149。

　　1945 年 10 月 26 日，榮經地方法院向榮經田賦糧食管理處發出公函調查，得到答覆是，「茲據該卸任主任簽呈略稱，實以倉庫不敷存放所有徵收芋麥，係存民間即李之華處。實存五十老石，並取有存條在案。該民均推阻，始終未交，理合如有誣陷，甘負法律責任」。榮經地方法院經調查認爲，萬中華所報各情與事實相符，所有代存芋麥自不能以私債而論。

　　1945 年 11 月 5 日，李之華又向西康榮經地方法院聲請迅予提審，法院遂派法警傳喚拘提，法警奉令前往縣政府提李之華，李之華於縣府候案室潛逃。之後法警多次前往他家拘提，也未在家中，遍查各地未有此人，無法拘提到案。榮經縣糧食管理處多次發出公函，認爲李之華虧欠公糧未經賠償即行潛逃，實屬玩法已極，請法院即將李之華緝案法辦，並飭其家屬賠繳，以重糧政。直到 1947 年 1 月 15 日，法警再一次前往密拘原告李之華和被告萬中華，原被告均已離去，無法拘提。正當案件陷入僵局之時，國民政府頒佈了相關大赦令，而李、萬二人行爲又恰好在赦免之列，西康榮經縣地方法院檢察官根據刑事不起訴制度〔註17〕對原被告作出不起訴處分書：

　　　　西康榮經縣地方法院檢察官不起訴處分書，李之華

　　　　右被告因竊盜案件經偵查終結，認爲應不起訴，茲敘述理由於後，按案件曾經大赦者應予不起訴處分，刑事訴訟法第二百三十一

〔註17〕不起訴處分是指檢察機關對刑事案件審查後，對某些符合特定要件的案件，諸如原有法律變更，或犯刑輕微，情節可憫恕者，參酌案情，給予不起訴處分，依法不追究刑事責任而終止訴訟的一種制度。其目的是爲犯人提供自新之路，減少法院訟累。和訴訟書狀一樣，不起訴處分也要求完整的書面格式，《中華民國刑事訴訟法》第 234 條規定，檢察官爲不起訴處分之時，爲使內容明確，及便於知曉起見，應由檢察官製作不起訴處分書，並於處分書內，敘述不起訴理由。處分書內還應記載被告姓名及案由，並將原本交由書記官製作正本，於 5 日內送達於告訴人及被告，告訴人接受不起訴處分書後，於 7 日內以書狀敘述不服之理由，經由原檢察官向直接上級法院首席檢察官或檢察長聲請再議。（參見《辦理刑事訴訟案件應行注意事項》，第 48 條，載《中華民國法規大全》（第 4 冊），商務印書館，1937 年 1 月初版，5518 頁）國民政府對不起訴處分非常慎重，《刑事訴訟法》在賦予檢察官較大的不起訴裁量權的同時，更加強調檢察官要慎重行使裁量權。告訴者若誤用刑事訴訟法第 232 條任意爲不起訴處分者，甚或命案或其它繁重案件，不得未盡偵查能事而率予不起訴處分。縣司法處及兼理司法縣政府，對此類偵查案件務須認眞辦理，依法爲不起訴處分。南京國民政府初期刑事訴訟法對於檢察官不起訴裁量權的規定內容應當說是既有範圍上的擴大，又增加了程序上的限制，擴大體現了立法意旨的變化，而限制則是立法技術上的調整。

條第三款定有明文。本件被告李之華以竊盜罪嫌被萬中華告訴在案，無論犯罪事實是否不虛，但覈其被告犯罪時間既在中華民國三十五年十二月三十一日以前，被告罪名又與國民政府三十六年一月一日頒佈之罪犯赦免減刑案甲項規定相合，係在赦免之列，自應依據上述法條予以處分不起訴。

中華民國三十六年二月二十日

西康榮經縣地方法院檢察官不起訴處分書，萬中華

右被告因誣告案件經偵查終結認為不起訴，茲敘述理由於後，按案件曾經大赦者應予不起訴處分，刑事訴訟法第二百三十一條第三款定有明文。本件被告萬中華以誣告罪嫌被李之華告訴在案，無論犯罪事實是否不虛，但覈其被告犯罪時間既在中華民國三十五年十二月三十一日以前，被告罪名又與國民政府三十六年一月一日頒佈之罪犯赦免減刑乙項規定相合，係在赦免之列，自應依據上述法條予以處分不起訴。

中華民國三十六年二月二十日

雖然最終原被兩造都沒有受到處罰，而是依大赦令作出不起訴處分，但是從這件歷經兩年多的糧政案件的審判過程可以看出，西康各級法院遵循《非常時期妨害糧食管理治罪條例》的相關法令法規對破壞糧食安全案件慎重審理。此案因涉及到當事人雙方都有違反上述條例所列罪行的嫌疑，李之華有盜賣公糧抗糧不交的罪嫌，而萬中華則涉嫌對於主管事務利用職權機會圖利，應依懲治貪污條例規定治罪，又觸犯刑法上之瀆職罪、妨害自由罪，並涉及非常時期違反糧食管理治罪暫行條例各條規定。而榮經地方法院並未聽信當事人任何一方之詞，而是多方取證，傳訊雙方到案，其審判實踐無論是程序上還是實質上都堅持了公正審判的原則。

此外，依《非常時期違反糧食管理治罪暫行條例》治罪之案件由有軍法審判權機關審判，呈經中央最高軍事機關核准執行。1949 年 3 月 3 日，龍門鄉民代表洛國柱等，以擅派食米估捐罪名，控告龍門鄉長牟國財與牟國良兄弟二人假冒上峰命令向人民擅派白米三十石左右，日日派丁挨戶催收，引起公憤。鄉民代表聯名向西康省第五區保安司令部提起申訴。〔註18〕隨後，司

〔註18〕「牟國財等擅派食米估捐案」，雅安市檔案館藏，檔案號187-4-219。

令部訓令蘆山縣政府核查辦理，雖然由於檔案遺失，後面結果不得而知，但從西康保安司令部的處理方式來看，由於司令部具備軍法審判權，因而對此種「公職人員借管理糧食和徵購糧食之便，藉端勒索鄉民」案件具有審判權，而縣政府只能輔助核查。

（三）嚴懲偷漏稅收

西康根據國民政府《懲治偷漏國稅暫行條例》對於逃稅、漏稅者嚴加懲處。下面以兩則西康高等法院審理的逃稅、漏稅案件進行說明：

案例一　劉友章不貼印花稅案〔註19〕

榮經商戶劉友章在榮經開設藥莊，於1943年8月21日售賣香煙一百斤，價值四千伍佰元，發票上對於應貼印花稅十八元未貼，經稅局查明，交榮經地方法院處罰。榮經地方法院於9月23日訊問劉，劉以不懂印花規定爲理由進行辯解，並向西康高等法院提出抗告。《刑事訴訟法》第403條規定：「當事人對於法院之裁定有不服者，除有特別規定外，得抗告於直接上級法院」。西康高等法院通過對案件審判過程的審核，認爲抗告人確有售煙事實，該抗告人既不否認售賣事實，且又承認發票上紅戳爲其所蓋，依印花稅法第18條第1項第20條處罰鍰三百六十元，並補貼印花十八元，原審裁定並無不合。《刑事訴訟法》第404條規定，抗告法院認爲抗告無理由者應以裁定駁回之。因此，西康高等法院駁回劉友章的抗告，下面是西康高等法院刑事裁定書：

西康高等法院刑事裁定

三十二年度抗字第五號

抗告人　德義生（即劉友章），住榮經西街

　　右抗告人因不貼印花稅票案件對於中華民國三十二年九月二十四日榮經縣司法處裁定提起抗告，本院裁定如左：

主文

　　抗告訴訟費用由抗告人負擔

理由

　　查抗告人係在榮經西街開設藥莊，於本年八月二十一日售賣香煙與陳銀山、孫紹雲各五十斤，共計一百斤，價四千伍佰元，發票上對於應貼印花稅十八元未與照貼，經稅局查明，交原審處罰，原

〔註19〕「劉友章不貼印花稅裁定書」，四川省檔案館藏，檔案號252－642。

審於本年九月二十三日訊問抗告人何以不貼印花，抗告人答稱，並不否認有此事實，且答稱，我們不懂印花規定等語，是抗告人確有上開售煙事實，毫無疑義，其抗告狀稱該發票上之紅戳係應作商標論，並非號章云云，顯係狡展，該抗告人既不否認上開售賣事實，且又承認發票上紅戳爲其所蓋，依印花稅法第十八條第一項第二十條處罰鍰三百六十元，並補貼印花十八元，就原審裁定，委無不合。抗告非有理由，應依刑事訴訟法第四百零四條裁定如主文。

中華民國三十二年十月二十五日

西康高等法院刑事庭

審判長** 推事** 推事** 推事**

右裁定正本業經核對，與原本無異。

西康高等法院

中華民國三十二年十月二十五日

在此案中，劉友章欠繳印花稅 18 元，罰金 360 元，這是根據《違反印花稅法》第 18 條規定，對於不貼印花稅票者酌處應納稅額的 20 倍以上 60 倍以下罰鍰，據此，以最低標準進行處罰，可見西康高等法院既是依法處斷，又出於保護行爲人的目的，減輕了處罰。

案例二　金松如欠繳所得稅上訴案 [註 20]

雅安商人金松如在雅安城內開設商號，本應繳納 1941 年所得稅和利得稅共一百七十八元二角八分，逾期不繳，經稅局函請雅安地方法院追繳，該犯逃避不到，在審理期間已逾期九個月，仍不繳納。雅安地方法院依據《所得稅暫行條例》第 20 條第 3 款判處一倍罰金，即一百七十八元二角八分，後雅安地方法院檢察官提起上訴，上訴理由是：根據刑法第 33 條第 5 款關於論罪罰金須在一元以上，原審法院所處罰金罰及角分，於法不合，應予撤銷，經過書面審理，西康高等法院作出二審判決如下：

西康高等法院刑事判決

三十二年度上字第六三號

上訴人　雅安地方法院檢察官

〔註 20〕「金松如欠繳所得稅上訴案」，四川省檔案館藏，檔案號 252－1088。

被告　金松如　男，年貫不詳，復興祥號經理

右上訴人因被告逾期不繳所得稅案件，不服中華民國三十二年六月二十八日雅安地方法院第一審判決提起上訴，本院判決如左

主文

原審判決撤銷，金松如欠繳稅款逾期九個月，處罰金一百七十元，如易服勞役以二元折算一日。

事實：略。

理由：略。

中華民國三十二年九月廿二日

西康高等法院刑庭

審判長推事**　推事**　推事**

本判決正本業經核對與原本無異，本件依刑法第六十一條所列舉之罪，依刑事訴訟法第三百六十八條規定不得上訴於第三審法院。

書記官**

中華民國三十二年九月廿二日

此案中，被告金松如因欠繳所得稅款，被法院判決處以罰金，並可以勞役折算。這是根據《刑法》第 42 條：罰金應於裁判確定後兩個月內完納，期滿而不完納者強制執行；其無力完納者易服勞役；易服勞役以一元以上三元以下，折算 1 日，但勞役期限不得逾 6 個月，罰金總額折算逾 6 個月之日數者，以罰金總額與 6 個月之日數比例折算，科罰金之裁判應依前兩項之規定載明折算 1 日之額數，易服勞役不滿 1 日之零數不算，易服勞役期內納罰金者，以所納之數依裁判所定之標準折算，扣除勞役之日期。這種罰金易科勞役制度表現出民國時期刑罰制度的靈活性，這與落後的經濟發展狀況以及民眾相對較低的生活水平是相適應的。另外，根據《刑事訴訟法》第 368 條規定，犯《刑法》第 61 條所列各罪之案件，經第二審判決者不得上訴於第三審法院，此案被告金松如所犯罪行符闔第 61 條中所列條款「犯最重本刑為 3 年以下有期徒刑，拘役或專科罰金之罪」，經西康高等法院二審判決後便不得再次上訴，這裡再一次體現出西康司法審判在經過改革後更加程序化、規範化。

三、保障人身自由和安全

戰爭的持續升級使社會動蕩不安，人心惶惶，也使得戰時大後方的社會矛盾激化，犯罪高發，糾紛不斷，嚴重影響了社會基本秩序。因此，懲治危害民眾人身財產安全和妨害社會管理秩序的罪行對於維護抗戰大後方社會安定而言，意義重大。

（一）保障人身自由

1946 年 9 月，西康金湯設治局司法處審理「鄭聶氏妨害婚姻案」，〔註21〕該案由受害人王禮元提起自訴。鄭聶氏素無正業，知王禮元有儲蓄，便將其女鄭金秀嫁與自訴人爲妻。1946 年 7 月 17 日，被告迫於生活，命其女鄭金秀借回家省親爲名，改嫁新街張打山爲妻，自訴人王禮元返家清查始知詳情。鄭金秀嫁與張打山爲妻，母親得了八萬元的聘禮。依照司法院 1939 年院字第 1927 號解釋，得財令已嫁之女改嫁他人爲妻，如有和誘情事，應依意圖營利和誘有配偶之人脫離家庭論科。因此法庭認爲，本案被告鄭聶氏誘女回家省親得財八萬元，令已嫁之女鄭金秀改嫁張打山爲妻，其應成立和誘罪，自無疑義。但查明事實，其和誘實在是迫於生活無奈，而且被告爲鄉愚小民，考慮其情節尚可憫恕，根據其犯罪動機應該依法酌減其刑，科以較輕之刑。因此，法庭依刑事訴訟法第 291 條、刑法第 240 條第 2 項、第 59 條判決鄭聶氏意圖營利，和誘有配偶之人脫離家庭，處有期徒刑六月。

本案考慮到行爲人犯案是因生活所迫，因而減輕處罰，這既是參酌戰時特殊的社會環境造成經濟壓力，使民眾容易以身犯法的客觀因素，又考慮到西康作爲邊遠地區，普通百姓法律意識淡薄，應以教化爲主、懲戒爲輔。綜合考慮之下，基於有利於當事人的原則，最終對被告從輕處罰，這既表現出當時的法官對於司法公正、準確的追求，亦彰顯了一種符合民情的實體正義。

（二）保護人身安全

西康對傷及人身安全的刑事案件的審判極其慎重。翻閱 1948 年蘆山縣司法處審判的「李紹榮殺人案」〔註22〕的卷宗足可瞭解這一點。

〔註21〕 「鄭聶氏妨害婚姻案」西康金湯設治局司法處刑事判決書第 2 號，四川省檔案館藏，檔案號 252－1031。
〔註22〕 「李紹榮殺人案」，雅安市檔案館藏，檔案號 187－4－219。

第一次審訊筆錄

告訴人　蔣李氏

被告　李紹榮　周光清　周國棟　周國銘

　　右列被告因民國三十七年度刑字第 3 號殺人案件，民國卅七年
四月十日上午十時在本處刑庭審訊，出席職員如左

審判官　王禮成

書記官　何南

點呼事件後到庭當事人如左：

　　問：蔣李氏　年齡住址職業

　　答：三十三，鳳禾二保，農

　　問：你告李紹榮等什麼

　　答：告他們打死我丈夫謀財害命

　　問：你丈夫叫什麼名字

　　答：丈夫叫蔣廷驤

　　問：什麼時候打死的

　　答：打死在今年正月九日早晨

　　問：打死在哪個地方

　　答：打死在大石板

　　問：你怎麼看到的

　　答：我走起來碰見的

　　問：看見他們怎樣辦

　　答：我碰見他們將我丈夫用繩子捆在頸上，他們推的推，拉的
　　　　拉

　　問：詳說你看到的情形

　　答：看見李紹榮在推，他外父在拉緊繩子，周國棟、周光清拉
　　　　手在推，將丈夫的褲子襪子鞋都弄落了，我來看見那時未
　　　　推倒但說不出話了。

後略……

　　問：李紹榮　年齡　住址

　　答：五十二，鳳禾二保

問：蔣李氏告你打死他丈夫

答：我是打了他的丈夫蔣廷驤，因爲他過去對我不起，說要拉我媳婦及燒我房子，我才打死他。

問：你何時打死的

答：是正月九日早晨吃飯時打死的

問：最初用什麼打他

答：最初用繩子捆在頭上

問：繩子從哪裏來的

答：繩子是我早帶身上的

問：你們幾人捆住的

答：繩子是我們大家捆的

問：還有那些人在哪裏

答：周光清及其兒子還有周國棟，但周國銘是錯誤的。（中略）

審判官論知此繩有無辯證

答：是這根繩子

問：你過去犯過罪沒

答：過去未有犯過罪

問：你還有話説否

答：我沒有話説了，請法官從輕處罰

右筆錄經當事人承認無異，畫押

告訴人：蔣李氏

被告：李紹榮

中華民國三十七年四月十日

西康蘆山縣司法處刑庭

書記官何南　審判官王禮誠

西康蘆山縣司法處刑事判決
三十七年度刑字第三號

公訴人：縣長兼檢察官

被告：李紹榮

年五二歲　住鳳禾二保　無業

右被告因殺人案件經縣長兼檢察官提起公訴，本處判決如左：

主文：

　　李紹榮共同殺人處有期徒刑十二年，褫奪公權十年，棕繩索一根沒收

事實：

　　緣被告與已死被害人蔣廷驤係同保地鄰毗連而居，因平時挾有嫌隙，每圖謀害未果，後探知被害人於本年古曆正月二十九去趕場，遂與周光清等共同商議謀害之事。（中略）被告等事先既有犯罪意思之聯絡，事後復有犯罪行為之分擔，依法自應負殺人罪責。至被告周國棟、周光清二犯現已逃跑，候緝獲後另結。又供犯罪解用繩子一根，依法應予以沒收以符法令。據上論結，依刑事訴訟法第二九一條、刑法第二八條、第二七一條第五七條七、十兩款、第三七條第二項、第三八條第一項二款判決如主文。

　　中華民國三十七年四月十五日

西康蘆山縣司法處刑庭

審判官：王禮成

　　從此案審訊筆錄中可以看出幾點：其一，整個案件審訊過程書記官都詳細記載，從當事人的到庭點名到詢問筆錄都無一疏漏，這是西康刑事審判的一大進步。由於改革前的西康各縣以縣級行政兼理司法，關於訴訟筆錄的記載概從簡略，甚至串供並違背司法公正的事情多有發生。在西康建省之初，司法籌備處就規定：「凡案件審理由各縣長於審理訴訟時，責令擔任此項筆錄之股書科員或錄事等記載力求詳盡，一律改為問答式，於記錄完畢後當庭宣讀，經當事人認為無訛，然後令其書押或搭拇印，以免翻異，並由縣長、承審員、股書簽名，以明責任。」〔註23〕其二，審訊中，主審法官非常重視案件的人證、物證、犯罪動機等與案件相關的主客觀要件，力求對案件事實與真相進行再現與還原，這無疑是在追求審判的公正與合理。其三，縱觀此案，只有審判官一人負責審理，書記官一人負責記錄。根據國民政府《法院組織法》規定，「地方法院審判案件以推事一人行之，但案件重大者，得以三人合

〔註23〕蘇法成，前注〔88〕，第8頁。

議行之。」也就是說地方法院一審案件一般由審判官獨自審理。查閱民國西康基層法院或司法處的案件，除少部分由三名審判官或推事合議審理外，多數是審判官一人審理。這與抗戰時期司法經費緊張、司法官人數較少而刑事案件又大量增加的特殊情形有一定關係。但是，這種特殊的審判形式所引致的弊端也是顯而易見的。從李紹榮案件審訊全過程來看，是在審判官王禮誠的主導下進行，並非現代司法庭審的抗辯式審判模式，也沒有由原被雙方面對面提出質證和攻擊，以滿足己方訴求，整個過程採取的是一問一答模式，更像是庭前調查，原被告只能簡單回答審判官的問題而不能主動提出異議，而這樣的情形幾乎貫穿了整個抗戰時期西康刑事案件的審判過程。由此可見，抗戰時期國民政府較大程度地賦予了審判人員庭審中的主動權，這種職權式的審判方式對審判官自身專業素質和職業道德要求極高，否則將很難保證案件審理的公平、公正。而事實上，本案主審官王禮誠在不久後便因貪污、瀆職罪名被下屬職員檢舉而提起控訴。〔註24〕

在殺人案件的審判中，法庭往往也會參酌案件具體情形以及犯罪者的犯罪動機進行裁斷。西康蘆山縣司法處1947年10月審判被告「樂先進殺人案」〔註25〕，被告樂先進於當年8月2日早晨，在清源鄉二保所屬石倒紅為其兄樂先開報仇，用土手槍槍擊樂生敏致其斃命，當地保長李秦瑞、副鄉長趙廷英、副保長駱秉雙等聞得槍聲追趕而至，當即將之扭送司法機關，經檢察官偵查後，向蘆山縣司法處起訴。

法庭經審訊認為，該被告槍殺樂生敏灼然無疑，自應依法論科。但被告知識淺薄，事發尚知悔悟，且其殺害動機並非首起此意，衡諸實情，尚堪憫恕，故宜量處較輕之刑，用策自新。依刑事訴訟法第291條、刑法第271條第1項、第37條第2項、第57條第1、7、10款以及第59條判決樂先進殺人處有期徒刑10年，剝奪公權5年。此案對於殺人罪行的輕判，在今天看來是不合法理的，似乎也沒有保障受害者的最大權益。但是，由於西康長期以來存在著以牙還牙的仇殺習慣，這是社會文明相對落後的西康民眾所理解的殺人償命的方式。雖然縣司法處對該案的審判依據是《刑法》和《刑事訴訟法》，但是不得不酌情參考民間固有習慣進行定罪量刑。因此，法庭在最後的判決中，認為犯罪嫌疑人的殺人動機並非故意而是由對方的殺人行為所引起，其情可憫，因而對其殺人行為從輕判決。

〔註24〕 參見「審判官王禮成違法案」，四川省檔案館藏，檔案號252－315。
〔註25〕 「樂先進殺人案」西康省民刑判決書，雅安市檔案館藏，檔案號187－4－258。

　　在這兩件刑事案件的審判中，蘆山縣司法處刑庭一方面依《刑法》和《刑事訴訟法》對殺人行爲進行處斷，但與此同時，通過綜合考慮犯罪動機以及當事人的悔過態度，最終決定對罪犯以教誨爲主，施以相對較輕之刑罰。

（三）嚴懲子女對父母忤逆情事

　　國民政府時期延續了古代傳統法律對子女孝敬父母的強制性規定。子女忤逆不孝者，父母一旦向司法機關提起訴訟，將受到法律的嚴懲。1948 年，西康蘆山縣司法處審理了一樁父告子不孝的案件。〔註26〕蘆山縣民衛寶珍告其子衛道禹爲孽子，忤逆不孝、爲害一方，請求司法處將其子拘拿入獄，以肅綱紀。衛道禹經父親孤苦撫育成人，不料成人後賭博成性，且亂偷家中物品出賣換錢作爲賭資，且屢教不改。因賭博輸錢又偷家中穀物出賣，父親施以訓責，竟敢反唇相詬，並與妻子相毆，屢次尋禍打鬥，其父衛寶珍無奈之下只得將之告上法庭。後蘆陽鎭九保居民孟體孝於縣司法處將衛寶珍保外候審。經蘆山縣司法處偵查訊問，衛道禹當庭認錯。檢察官對不孝情節當庭朗讀，當事人承認無異並畫押，法庭命被告當即向其父叩頭悔過，考慮到其情節尚輕，檢察官准予不起訴處分，處罰傷人十萬之罰金，限十日內繳齊。這符合《刑事訴訟法》第 253條相對不起訴規定，即微罪不舉。根據法庭對於子女忤逆父母的刑事處罰可以得知，西康司法審判非常遵從親子倫理道德，從法律上對子女孝敬父母進行了相對嚴格的強制性要求，這對於今天的社會主義法制建設也是值得借鑒的。當前的法律對於孝道的強制性約束較小，大致上還是將之放在道德約束的層面，刑事處罰的範圍很窄。這種寬鬆雖然給予了人權自由保障，但另一方面，也帶來了很多社會問題。很多人在處理自己和父母關繫時，沒有盡到自己的責任，甚至年老父母正常生活也受到影響，但是法律在調節這一社會關繫時卻由於制度的缺失而難以起到有效的監督作用。

第三節　特種刑事審判實踐

　　西康根據國民政府有關特種刑事案件訴訟的相關規定，將嚴重危害國家政治、經濟秩序的部分案件，諸如盜匪、煙毒、漢奸等列入特種刑事案件。1944 年 11 月《特種刑事案件訴訟條例》公佈施行前，特種刑事案件均

〔註26〕「衛寶珍告子不孝案」，雅安市檔案館藏，檔案號 187－4－267。

由軍法機關負責審判終結，1945 年以後開始移交地方司法機關辦理。〔註27〕

特種刑事案件中懲處力度居於首位的是漢奸案件。抗戰期間，肅奸運動興起，國民政府頒佈懲奸法令《修正危害民國緊急治罪法》，該法規定：凡以危害民國爲目的者而有本法第 1 條所列行爲（共分九款）之一者一律處死刑，明知其私通敵國或爲叛徒而窩藏不報者，處 5 年以上有期徒刑，如傳播不實消息，或私與敵國人民通訊者，處 1 年以下有期徒刑或拘役。又頒佈《懲治漢奸條例》，該條例規定：凡通謀或幫助敵國或其官民者皆爲漢奸，處死刑，概歸有軍法權之軍事機關審判。依據這些法規，西康對漢奸案件重點懲治，並採取了一系列特別措施。

一、肅清漢奸 聯保連坐

隨著抗戰形勢的升級，南京國民政府政治中心失守，撤退到西南大後方的國民黨中央政府將攘外安內、穩定政治秩序作爲首要任務。應抗戰形勢而建省的西康因此更多了一重抑制叛亂、維護穩定的使命。爲保證抗戰的勝利，西康根據國民政府頒佈的一系列懲奸法案與危害國家安全的行爲作鬥爭。

根據 1935 年《刑法》和 1938 年《懲治漢奸條例》，漢奸案件一律交由有軍法審判權之機關或轄區部隊審判，西康各縣縣政府和各區警備司令部作爲軍法機關，成爲漢姦罪行的主要審判機關，西康各級法院均無權審理漢奸案件。1944 年 11 月《特種刑事案件訴訟條例》頒行後，由於特種刑事案件移交普通法院審理，因而漢奸案件也相應從軍事審判轉爲普通司法審判，由西康各級司法審判機關負責審判。

爲了進一步肅清漢奸，西康發動民間力量組織民眾肅奸網。1939 年 8 月，省民字第 0617 號文件要求各縣局以及西康省肅奸委員會組織民眾肅奸網及辦理聯保連坐，〔註28〕並頒佈了「辦理聯保連坐切結辦法」，規定：「每

〔註27〕1945 年西康省政府省保三法字第 522 號訓令：「已判決之人犯如刑期尚未滿期者，應繼續執行。已判決而尚未執行者，應照辦執行。所受理之特種刑事案件，偵查尚未終了者，應將全案移交當地司法機關繼續辦理。特種刑事檔卷辦理完結者，應移送當地司法機關保存。」參見「滎經縣縣政府民國三十四年六月二十一日儒軍法字第 136 號公函」，雅安市檔案館藏，檔案號 187－4－276。

〔註28〕「民字第○六一七號訓令」，西康省政府秘書處編譯室：《西康省政府公報》，1939 年第 8 期，第 115 頁。

保組織肅奸組，五至十人，保長或其它具有愛國觀念人事擔任組長，聯保主任擔任肅奸隊長，區長兼肅奸分團長，縣長兼肅奸團總團長。區署成立特務連（十人），分赴各保偵查。凡破獲漢奸者，一經軍法機關判決確定後，由縣府或區署公開獎勵十元以上之現金，並對檢舉者之姓名保守秘密。如有利用機會故意誣陷良善者，應依法從嚴科以反坐之罪。各保肅奸組應由分團長輪流調練之。肅奸團應與駐軍政治部密切發生聯繫，或與當地軍事長官或團政調員聯絡，各地切實舉辦五戶聯保連坐切結，凡停留各地之難民亦須具保聯保。」〔註29〕

　　針對康屬地區地廣人稀，行政組織管理相對鬆散，漢奸分子容易混入黨政機構進行破壞的情形，1939 年 12 月，省政府委員會第四十七次會議通過決定，特別頒行西康省康區各縣聯保連坐暫行辦法〔註30〕（詳見附錄三）。該辦法將康區各縣人口按照保甲戶口編查，施行聯保連坐。把民眾分為普通戶、牛廠戶、寺廟戶、公共戶、工廠戶以及臨時戶幾種類型。〔註31〕聯保切結由戶長和甲長蓋章、畫押，由甲長、保長彙齊遞轉鄉鎮村長及區長分別存查。為保證肅奸懲亂的有效性，要求同結各戶之間隨時互相監查，如有勾結窩藏土匪或作漢奸間諜及擾亂地方治安者迅速報甲長遞報區長核辦，倘有通同隱匿，查訊明確，一律連坐。甲長、保長接到前項密報，如不嚴守秘密，轉報處辦者，查明後將以匿庇加重論罪。但密報者如有挾嫌誣陷者，查訊明確時，依法反坐。凡同結各戶有勾結窩藏土匪，或作漢奸間諜及擾亂地方治安情事，除依刑法及其它特別法令從重處辦外，其甲長及曾具結聯保之各戶長，應各科以 4 日以上 30 日以下之拘留，但自行發覺曾據實報告並能協助收查遞補者，免於處罰，遇上列情形，甲長有知情匿庇仍依法分別治罪。應科拘留者

〔註29〕「組織民眾肅奸網及辦理聯保連坐切結辦法」，同上注，1939 年第 8 期，第 31 頁。

〔註30〕「西康省康區各縣聯保連坐暫行辦法」，同上注，1940 年第 15 期，第 39 頁。

〔註31〕普通戶：城區及市政居民聯合甲內各戶戶長至少五戶共具切結。鄉村居民應聯合保內或鄉鎮村戶長，至少三戶共具切結。牛廠戶：牛廠戶應聯合同廠同保或本鄉鎮村戶長，至少三戶共具切結。寺廟戶：寺廟戶應與同保之寺廟共具切結，保內僅一寺廟者，只具戶長切結，逕對保長負責。公共戶：公共機關，無論何種機關法團，應由主管人出具戶長切結，逕對保長負責。工廠：無論常設或臨時，應由廠長出具戶長切結，逕對保長負責。凡臨時戶照下列規定取具切結，或保證書：城市居住之臨時戶，得於保內各覓三戶簽具聯保或由縣內殷實商號富戶，或現在公務員二人出保證具書，其責任與聯保同。

由區長呈請縣政府核准於區公所（區署）內執行之。各戶戶長遇有左列情事，應即報告甲長轉報保長，匿而不報者，科以一角以上三十元以下之罰金。聯保事項在鄉村由保甲長負責辦理，在城市由警察機關與保甲人員協同辦理，各縣政府應派員赴各區予以協助或抽查之。

從西康利用聯保連坐肅清漢奸的舉措可知，西康在肅奸過程中，以維護大後方社會秩序和維護國家利益爲前提，根據地方社會形勢的具體情況作出了相應的變通，這既滿足了國家在戰爭期間以及戰後的政治、經濟需求，也保障了人民的切身利益，維護了社會穩定，這對國家的戰後恢復無疑是有益的。

二、嚴懲貪污 厲行檢舉

抗戰中期，隨著日軍的大舉進攻，國民黨正面戰場連連失利，國民政府內部人心惶惶、各自爲陣。與此同時，黨政軍官僚階層的貪腐行爲日益嚴重，各司法機構也不例外，司法系統內部的貪腐案件層出不窮。爲圖挽救濟，國民政府採取一系列懲貪措施，相繼頒佈並施行《抗戰建國綱領》和《懲治貪污條例》等法規以懲貪肅紀。西康過去由於地處邊疆，中央政府管轄甚少，其政治組織制度較爲混亂，各級官員隊伍素質參差不齊，腐敗現象更爲嚴重，普通百姓受盡其苦。西康高等法院 1948 年 3 月 9 日下達給榮經地方法院的訓令中就提到，「本省自二十八年建省吉成，司法機構同時改組，十載以還，先後成立各級法院及各縣司法處，規模雖已粗具，信譽尚未彰著，加以種族複雜、習尚各異，法律尊嚴間未瞭解，司法機構不免忽視。」〔註32〕因而西康各級法院在國民政府懲貪運動期間，根據 1938 年頒佈的《懲治貪污暫行條例》與 1943 年頒佈的《懲治貪污條例》，將貪污罪列入特種刑事案件的懲處範圍，擴大了貪污罪的主體，加重了對貪污行爲的處罰。

（一）鼓勵民眾檢舉貪污

西康爲了加強對貪污案件的懲治力度，提高懲貪效能，採取相應措施大力鼓勵民眾和下級屬員檢舉貪污案件。爲促進各級職員檢舉貪污的自覺性，根據《懲治貪污條例》對此作出強制性規定，一旦違反將施以刑事制裁。直

〔註32〕「西康高等法院民國三十七年三月九日雅牘字第五○三號訓令」，雅安市檔案館藏，檔案號 187－4－142。

屬長官得知屬員貪污有據,予以庇護或不為舉報者,以共犯論,但得依據情節酌量減輕辦理。審計、會計及其它人員因執行職務,明知他人貪污有據不為告發者,判處三年以下有期徒刑或拘役刑。

由於西康司法人才缺乏等各方面客觀原因的影響,在辦理下級員工檢舉上級貪污的案件中,常遭遇取證困難的阻礙,使得案件的審判往往很難定奪。如1948年7月五區公路工程管理局公務第十一總隊全體員工檢舉總隊長錢學愷貪污案中,被告錢學愷拒不認罪,控訴西康會理地院檢察官李恬農違法瀆職濫行關押,並向司法行政部提出聲請,司法行政部要求西康高等法院徹查,西康高等法院又訓令西昌高分院檢察處查辦,但終因雙方供詞存在取證缺失,使得此案終被擱置,導致司法行政部三令五申要求核辦。〔註33〕

儘管如此,從各司法機關積極偵訊、查辦、審理此案的態度可以看出,西康司法審判機關是非常鼓勵下屬員工對上級的貪污行為進行檢舉密報的。在民眾和各級機構職員的紛紛檢舉之下,西康懲處了不少貪腐官員,如卸任漢源地方法院院長向子聰經西康高等法院向最高法院檢察署呈控有貪污嫌疑,被依法偵查;榮經地方法院推事張文正經下屬舉報,由本院檢察處飭查,有貪污受賄嫌疑,撤職依法偵查;西昌地方法院推事王克錦經該院院長查明有受賄行為,被拘押審判;九龍司法處審判官孟肇酋被群眾揭發販槍掉煙,經查明屬實,令解瀘定地院法辦。〔註34〕

(二)多機關聯合 擴大懲治範圍

在抗戰初期,西康根據南京國民政府《貪污案件審判管轄暫行辦法》第6條,將貪污案件判決後的呈核程序交由軍事機關負責。隨著1941年以後特種刑事案件向普通法院轉移,軍事委員會於1945年11月17日以「辦制字第9306號文件」明令廢止軍事機關對貪污案件的審核權,因而此類案件照通常呈核程序辦理,交由普通法院審理。

西康各級法院一方面加強了對貪污案件的審查力度,聯合各軍警機構共同偵查貪污案件。「縣、市長、設治局長、警察廳長、警務處長、公安局長、保安司令、警備司令及憲兵隊長官等於其管轄區域內為司法警察官,應協助檢察官偵查犯罪……應執行司法警察官或司法警察職務之行政人員,必須力

〔註33〕 「錢學愷貪污案」,四川省檔案館藏,檔案號252-201。
〔註34〕 參見「西康高等法院民國三十七年三月九日雅牘字第五○三號訓令」,雅安市檔案館藏,檔案號187-4-142。

盡偵查犯罪之職責，不得藉故推諉，對於協助司法事件必須依照法令規定切實管理、辦理。」〔註35〕諸如以下蘆山縣參議長楊仕棟被村民控告枉法案〔註36〕便是由保安司令、省政府、縣政府各級機構聯合共同審理查辦的典型代表。

1948年9月15日，蘆山縣鳳禾鄉民聯合密呈西康省政府主席劉文輝，舉報蘆山縣參議會不法議長楊仕棟劣跡：楊仕棟任鄉聯保主任期間濫用職權，罰鄉民錢款，獨自吞沒；奉令修築川康公路時，又鯨吞民工獎金伍佰元；勾引軍方不肖官長在該鄉播種鴉片，鼓動鄉愚種煙，阻擾禁政；指使不肖之徒設局誘賭、強姦人婦、護庇搶匪等等。西康省政府受理該呈控後，令蘆山縣政府迅速秘密查覆：

西康省政府訓令（民字第2352號）

民國卅七年九月十五日 令蘆山縣政府

案據密報該縣參議會議長楊仕棟，素行不軌、迭謀貪污，請特飭法辦以儆效尤而除民害等情，到府合行抄發原呈，令仰遵照密查據實呈覆爲要！此令。

附抄 原呈一件

中華民國三十七年九月

主席：劉文輝 行政處長：張爲炳

與此同時，陸軍整編二十四師司令部又向蘆山縣政府發文，「該縣飛仙鄉第一保民婦楊雷氏以欺官藐法、草菅人命呈訴匪首楊仕棟，仰該縣長遵照徹底查明辦理報查」，並要求蘆山縣政府著令楊仕棟所在鄉公所徹查。

由於資料搜集有限的原因，本案最終結果未得而知，但是從此案件的辦理過程可以看到，在這椿貪污案件中，西康省政府、蘆山縣政府、飛仙鄉公所、陸軍整編二十四師司令部各機構都參與了辦理，但是實際審理案件的機關是縣政府司法處，而其它機關是協同辦理。這種聯合查處，對於司法機關嚴懲貪污是有一定促進作用的。

另一方面，擴大了貪污罪行的主體範圍，根據1942年3月7日國民政府渝文字第303號訓令，將特種股份有限公司服務人員的貪污行爲也適用懲治貪污暫行條例辦理。「特種股份有限公司依特種股份有限公司條例規定，係由

〔註35〕「西康高等法院有關檢舉貪污案件的訓令」，四川省檔案館藏，檔案號252－1160。

〔註36〕「村民控楊仕棟枉法案」，雅安市檔案館藏，檔案號187－4－219。

政府機關組織，准許本國人民或外國人認股份公司業務，雖與社會公益事務之性質有別，然與政府之利害關係密切，其服務人員假借職務貪污舞弊之機會，又較一般公務員爲多，當此非常時期，就其貪污行爲自有從嚴處罰之必要，依特種股份有限公司條例組織之公司，其服務人員執行職務而有貪污行爲者，依懲治貪污暫行條例辦理。」〔註37〕

由於西康各司法機關的共同努力，貪腐現象得到了一定的懲治。

三、清除盜匪　加重刑罰

戰爭的不斷蔓延，造成物資和社會生活必需品短缺以及政局動盪，社會秩序相對混亂，西康各縣劫匪、盜竊現象泛濫，社會治安嚴重受擾，老百姓生活安定受到威脅，不堪其苦。因而，盜匪案件被列入特種刑事案件，當然這種盜匪案件一般是特指盜賣軍用物資、盜竊或破壞國有電報電話、盜竊兵工廠等特殊的盜竊行爲以及有一定規模和組織的土匪流竄、搶劫民財行爲，因爲這些行爲在一定程度上影響了抗戰大後方的經濟建設和社會穩定。

（一）加重刑罰　肅清匪患

西康匪徒主要分爲兩類：一是股匪，盤踞大山，搶劫村鎮，燒殺綁票，肆意妄爲。其分子爲編遣後之濫兵，無職業之流氓，人數三十、五十、一百不等；二是零匪，三五成群、潛匿隘口、劫掠行商，或夜入人室、搶奪財物。西康各縣爲了穩定大後方社會治安，積極開展肅匪行動。

由於抗戰非常時期，各區負責清剿最高長官對於區內盜匪及地方民眾保甲人員之通匪、窩匪、縱匪協剿不力，或陰奉陽違、貽誤時機，爲對此當機處置、便宜行事，西康將匪患案件交由軍法審判，1940 年特訂立《非常時期清剿區內剿匪臨時處置辦法》。〔註38〕（詳見附錄四）其中第 2 條規定，「負責剿匪具有軍法職權之軍事長官遇有特殊緊急情形，對於左列盜匪得先行處決，事後補判檢卷呈核。（一）犯懲治盜匪暫行辦法第 3 條及第 8 條之罪者。（二）犯懲治盜匪暫行辦法之罪，情節重大應處死刑者，犯前項所列各罪，

〔註37〕「保法字第一三五一號訓令」，西康省政府秘書處編譯室：《西康省政府公報》，1942 年第 117～118 期，第 75 頁。

〔註38〕「西康高等法院中華民國二十九年二月十九日訓字第 176 號訓令」，四川省檔案館藏，檔案號 252－1149。

如宣告無期徒刑以下之刑者，仍應依法呈經核准後方得執行。」第3條規定，「剿匪不力者，按其情節依修正戰時軍律或其它刑事法令從重處斷，前條之軍事長官對於前項案件應行宣告死刑之人犯得先行處決，事後補判檢卷呈核。」

由於道、瀘、甘、瞻各縣及其毗連地帶時有零星小匪出沒，搶劫過往商旅，社會影響極壞，爲維護地方治安，西康省第一區保安司令部於1948年9月25日特推出「西康省第一區保安司令部肅清盜匪實施辦法」〔註39〕（詳見附錄五），其第4條規定：「各縣應隨時清查戶口實行保甲連坐，無論僧道男女老幼不得有盜匪行爲，更不得有通匪、窩匪情事。鄉村保甲、各家長及寺院堪布等主持人應分別負責。」第5條規定：「各縣境內無論僧俗，視各往來商販居留，凡有形跡可疑或曾爲匪犯逃匿等，須立即密報。」第7條規定：「各縣轄境峻嶺崇圍、林深箐密、道路錯雜之地經常爲盜匪出沒搶劫之所，得調集自衛隊駐守以資鎮懾，至如交通要道又爲縣界之地帶，得會同毗連之縣商訂聯防辦法呈報備案。」第11條規定：「各旅及住戶被匪搶劫之損失由當地鄉村保甲或駐守之常備隊、自衛隊負責清還，否則即由其賠償並報請議處。」

特種刑事案件移歸普通司法審判以後，爲進一步保障人民合法利益不受侵犯，西康各司法機關根據國民政府1944年4月8日公佈施行的《懲治盜匪條例》加重對盜匪案件的刑事懲罰，將聚眾出沒山澤抗拒官兵者，強佔公署城市鄉村鐵道或軍用地者，結合大幫搶劫者，搶劫而故意殺人或使人受重傷者，搶劫而強姦者，意圖勒贖而擄人者，處死刑；將強劫水陸空公眾運輸之舟車航空器者，強劫而持械拘捕者，聚眾持械劫奪依法逮捕拘禁之人者，強劫因而致人於死或重傷者，處5年以下有期徒刑，具體審判程序依特種刑事案件訴訟條例之規定實施。下面根據幾個具體案件的判決書進行分析：

案例一　程明德搶劫案〔註40〕

西康蘆山縣司法處刑事判決

三十七年度特刑字第九號

公訴人　縣長兼檢察官

〔註39〕 「西康省第一區保安司令部肅清盜匪實施辦法」，四川省檔案館藏，檔案號257－2。

〔註40〕 「程明德搶劫案」，「西康省民刑判決書總匯」，雅安市檔案館藏，檔案號187－4－258。

被告　程明德　男　二十三歲　住升恒鄉八保　業農

右被告因盜匪案件，本處判決如左

主文

　　程明德結合大幫搶劫他人之財物處有期徒刑十五年，剝奪公權十年，馬刀一把，背篼一個沒收。

事實

　　緣縣署隆興鄉第四保白蠟崗，於本年六月二十一日晨，突發現持槍匪徒十餘人，搶劫行商，該鄉鄉長聞報後，隨即派遣團隊追捕，雙方遭遇發生激戰，約十餘分鐘，旋匪方不支，向胡家溝山上退郤，團隊仍奮勇跟蹤追緝，乃捕獲被告於半山樹林內，旋即解送兼檢察官處，經偵查提起公訴。

理由

　　查被告於審訴中，雖堅不認有結合大幫強劫之情事，然核閱本處三十七年度特偵字第一二號偵查卷宗，被告已將如何於事前夥同逸匪商議行劫辦法及至搶劫時又如何將行商捆綁，如何劫取財物等情供述歷歷，記明筆錄在卷，本處於庭訴時復無意吐露，我沒有槍，那把馬刀是老魏的，他們跑了，我在大路上走，以表示不疑我等情。次查該被告於偵訊中之自白非出於強暴行劫或其它不正當之方法，具核與被害人駱敬民等刑庭所供稱之事實相符，是針之上述事實，被告依法應負強制之罪責而受法律之刑科，惟查被告強制之原因，適值農村插秧期間，加之農村借貸不易，故插秧費用無法籌足，以致一時不慎而身墮法網，且其行劫又是初犯，衡情不無憫恕之處，故宜依法作減，科以較輕之刑，以勵自新。供犯罪所用之馬刀一把、背兒一個亦應依法沒收，以符法紀，至張得治、凌子雲及其它無名匪人現已外逃，俟緝獲後令結。

　　據上論結，應依刑事訴訟法第二九一條上段、懲治盜匪條例第二條第一項第三款、刑法第五七條一五兩款、第五九條、第六四條第二項、第三七條二項、第三八條第一項第二款、特種刑事訴訟條例第一條判決如主文

　　中華民國三十七年八月十七日

西康蘆山縣司法處刑庭

審判官王禮誠

當事人如不服本判決,應於收受之翌日起十日內提出訴狀申請覆判

右件證明與原本無異

書記官劉雲桂

　　中華民國三十七年八月十九日

　　在此案中,程明德等的盜匪罪行顯然是屬於股匪一類,由於其情節惡劣,蘆山縣司法處根據《特種刑事訴訟條例》和《懲治盜匪條例》,對程明德結夥大幫強劫他人財物罪行處有期徒刑 15 年,剝奪公權 10 年,這樣的處罰實屬採取重刑懲治,以儆效尤。

　　案例二　張永興搶劫案〔註41〕

西康蘆山縣司法處刑事判決

三十七年度特刑字第 2 號

公訴人　縣長兼檢察官

被告　張永興 年四十 住鳳禾三保下力

右被告因盜竊案件經檢察官提起公訴,本處判決如左:

主文

　　張永興共同搶劫他人之財物處有期徒刑七年,剝奪公權五年。

事實

　　緣告訴人田俊楷於三十六年十二月十六日,將他人交託之臘肉、乾魚、衣服及國幣數百萬元帶往雅安,行經三峰溪時,被告與另一逸匪即突出,以所攜手槍威逼告訴人將財物偕至刺巴林僻處,並用繩索捆綁其手足置地,然後將財物及國幣悉數劫走,待被告走後,告訴人始慢慢移身至路邊呼救。經行人解繩後,乃至沫東鄉公所報警,當由該鄉派丁追緝被告於行鴉壩,並搜獲財物。隨即將人財解送至縣長兼檢察官處,經偵訴收押,提起公訴。查被告於審訴中雖然不認有搶劫之情事,但經本處機關第一次偵訊筆錄所載,被告自稱「我拿的臘肉,他們交來是四塊,搶的不曉得是多少錢」等

〔註41〕「張永興搶劫案」,「西康省民刑判決書總匯」,雅安市檔案館藏,檔案號 187-4-258。

語。復經告訴人到庭供述被告爲何以槍威嚇，爲何將其捆綁，取其財物之情形甚詳記明在卷，並當庭指認被告劫財無誤，次查被告之自白，乃於當日追緝後，送兼檢察官時所自供，核強暴脅迫及其它不正當之方法所迫使爲之之情事，且與告訴人所涉之事實相符。是被告犯罪之事實至臻明確，又被告於偵訴中稱「是兩個人搶的」，他姓李，而被告訴人就此點之陳述甚詳，得而被告應資共同搶劫之罪責了無疑義，自應依法論科，惟念被告搶劫之時，乃年關在即之期，其出以不法之行爲，實爲生活逼迫所致，故量處較輕之刑，以示薄懲。據上論結，援依刑事訴訟法第二九一條前段、刑法第二八條、懲治盜竊條例第五條第一項一款、刑法第五一七條一五兩款、第三七條第二項、特種刑事訴訟條例第一條判決如主文。

　　中華民國三十七年五月五日

西康蘆山縣司法處刑庭

審判官王禮誠

當事人爲不服本判決得於收受之翌日起十日內提出書狀聲請覆判。

　　右件證明與原本無異

　　書記官　何南卿

　　　中華民國三十七年五月十二日

　　此案中，被告張永興與另一犯罪嫌疑人共同搶劫受害人財物，當屬於零匪一類型。根據其情節，蘆山縣司法處一方面根據案情事實準確、公正地審判，但另一方面又考慮到鄉村民眾法律知識淡薄，打劫乃生活困窘所迫，結合其平時品行狀況，採取了教導爲主、懲治爲輔的措施，依《刑事訴訟法》、《特種刑事訴訟條例》、《懲治盜竊條例》處有期徒刑 7 年，剝奪公權 5 年，給予了被告一個改過自新的機會，這與法律的本意是相符合的。很顯然，對於零匪的刑罰懲治相比股匪要輕微很多，這是考慮到零匪所造成的社會影響沒有股匪之深遠，對社會治安的干擾相對稍輕。

（二）保護公有財產　嚴懲盜犯

　　爲保證戰爭物資的供應安全，西康司法機關針對盜取軍用物資以及偷盜公共財物者處以重刑。1940 年 1 月 29 日，西康高等法院給康定分駐庭庭長的訓令指出，「本部兵工者所屬各廠庫存儲之成品材料及一切應用物品，

種類繁多數量極巨，值茲外匯奇緊，來源不易，因之盜竊之事時有發生，除其所犯者係所屬職工應由軍法機關審判外，倘係普通人民而盜賣此類軍用物品者，送由法院辦理時務祈受理法院應嚴懲，以照儆戒。」〔註42〕隨著盜賣軍用物資的案件頻頻發生，嚴重影響軍需供應，妨礙戰事，西康又根據國民政府《竊盜兵工廠處理辦法》將竊盜兵工廠製造物品的罪犯送交軍法機關審判。1941年，西康省政府保法字第0277號訓令宣佈，「關於竊盜兵工廠製造物品材料人犯，不論是否廠屬員兵，均以盜賣軍用品論罪送交軍法機關審判」。〔註43〕

此外，由於不少非法分子偷竊電線和交通器材導致公共交通線路受阻。因此，西康保法字第0325號訓令規定，「竊電線犯無論盜竊多寡，一律從嚴處刑以儆效尤。」〔註44〕1948年8月，西康蘆山縣司法處審理並判決的「張清全盜竊案」就是一樁公用交通器材案件。〔註45〕被告張清全世居雅安，後以家道衰落，流離來到蘆山，1948年農曆6月，蘆陽鎮三保居民等發現通往鐵橋之首的棚瓦被人偷竊，具實報告保長，該保長於同月23日當場抓獲被告，當即扭送縣司法處，經檢察官偵查提起公訴。被告於偵訊及審訊中均自白不諱，承認偷了兩次，第一次偷了二十幾皮，第二次偷了五十皮。西康蘆山縣司法處認為，被告自應負竊盜之罪責毫無疑義，但是經查被告行竊之原因，實迫於生活所致，衡情可宥，故處較輕之刑，以勵自新。因此，法庭依《刑事訴訟法》第291條前段、《刑法》第320條第57條兩款判決被告張清全盜取公用之交通器材，處有期徒刑6個月。此件盜竊案件說明，蘆山縣司法處將盜取公用交通器材和普通盜竊案件有所區分，本該施以重刑，但考慮到被告的犯罪動機於情可原，因而判處了較輕的刑罰，以作懲戒。

〔註42〕 「西康高等法院中華民國二十九年一月二十九日訓字第118號訓令」，四川省檔案館藏，檔案號252－1149。

〔註43〕 「西康省政府保法字第○二七七號訓令」，西康省政府秘書處編譯室：《西康省政府公報》，1941年第57期，第50頁。

〔註44〕 「西康保法字第○三二五號訓令」，西康省政府秘書處編譯室：《西康省政府公報》，1942年第94期，第27頁。

〔註45〕 「張清全盜竊案」，「西康省民刑判決書總匯」，雅安市檔案館藏，檔案號187－4－258。

四、抵制煙毒 嚴厲打擊

抗戰時期，鴉片在西南地區再度泛濫，百姓身體受到嚴重摧殘，國民經濟秩序也受到影響。為緩解政府財政危機和維護政府形象，國民政府認為禁煙措施不可再緩，因此於 1935 年以蔣介石為禁煙總監，擬定兩年禁毒六年禁煙計劃，要求腹地各省於 1935 年冬一律禁絕，雲貴川等邊遠地區則分期禁絕。西康由於地處川邊，山區地形偏僻，經濟落後，尤其是寧屬一帶民眾以種煙、販煙作為維持生計的重要手段，煙毒種植與運售情形在這一地區泛濫成災，加之康寧兩屬少數民族聚居地區，漢化程度有限，中央政府禁煙政令難以在該地推動，因而其受害程度與其它地區相比有過之而無不及。西康社會建設、經濟發展、民力盛衰與禁煙政策施行好壞緊密相關。在國民政府禁煙禁毒政策的影響下，為進一步推進禁煙運動，西康把煙毒犯罪列入特種刑事案件範疇。1946 年煙毒案件一律移交普通法院審判後，西康高等法院制定了辦理煙毒案件的各種特別法規，將煙毒案件的審理查辦列為各級法院和縣司法處的工作重心，對種、運、售、吸及戒後復吸之犯均分別情節輕重科處死刑或無期徒刑或較重之有期徒刑。通過對煙毒案件的審判，嚴厲打擊了大批煙犯、毒犯，使西康禁煙禁毒頗有成效。

（一）擬定特別法規 全面查禁

自國民政府六年分期禁煙計劃實施以來，即確定西康為絕對禁種煙苗區域。西康根據國民政府頒佈的一系列禁煙法規實施各種禁煙政策，取得一定成效。但是由於康、寧兩屬少數民族地區社會習俗與經濟狀況特殊，百姓法律意識薄弱，且對煙毒危害認識尚淺，因而在煙毒案件的查禁審判中，國家法令往往遭遇民間權威的干擾。鑒於這一地域差異性，西康省政府不得不參酌康、寧兩屬地區特殊情形將國民政府的禁煙法規以變通的方式加以貫徹，頒行適合西康自身實際的特別禁煙法規，採取切實可行的禁煙措施，以收禁煙、禁毒之效，保一方平安。

在查辦禁煙案件過程中，各地駐軍及各縣局長不避艱險、認真遵辦，但是藉詞推諉、意存包庇、縱容、敷衍者亦在所不免，一定程度上影響了禁煙效果。為加強煙毒案件的查處，西康 1935 年頒佈《禁煙聯保連坐層級治罪暫行辦法》〔註46〕，建立保甲長層層負責制度，實施聯保連坐。

〔註46〕西康禁煙聯席會秘書處製：《西昌警備司令部三十四年度寧屬禁煙總報告》，1946 年 10 月，第 45 頁，四川省檔案館藏，檔案號 5－2－75。

西康省禁煙聯保連坐層級治罪暫行辦法

一、舉凡每甲居民經人告發查實，有偷種罌粟而該管甲長隱匿不報者，甲長處死刑並罪及該管保長，其經甲長自行檢舉者免予處分。

二、每保所處各甲經告發查實，其有不同甲之居民兩戶以上偷種罌粟，該管保長隱匿不報者，保長處死刑並罪及鄉鎮長，其經該保長自行檢舉者免予處分。

三、區鄉鎮長暨各縣局長查禁不力，致轄境內發現煙苗而不迅予剷除者，一經本府查覺或被告發查實，一律以包庇論罪，予以層級連坐處分。

四、各地駐軍長官查鏟部隊公職人員敢有包庇情事，一經查實，依照禁煙治罪暫行條例加等治罪。

五、違法偷種罌粟罪犯經該管保甲長發覺呈報，查明屬實，煙犯處死刑，種煙地畝充公。

六、挾嫌誣告，依法處分。以上各項務須切實遵行，決不容以任何理由妄圖諉卸。本主席兼總指揮，對於禁絕煙毒歷具決心、言出法隨毫不寬假，除分令各部隊各縣局遵照執行，並由本府總指揮部隨時令派專員明密查勘外合，亟令仰該，即便遵照，並錄令布告，一面緊形率屬認真辦理，一面依照規定限期取具層結呈報，以憑查者勿稍疏忽，致於嚴懲仍將舉文日期遵辦情形先行報查爲要。

此辦法實質是針對西康地處邊區及其基層社會行政組織管理鬆散的情形，通過連坐懲罰的措施鼓勵民眾和各級行政官員普遍檢舉，發揮鄉村基層組織的管理功能，全面查處煙毒案件，以推動禁煙法令的實施。根據該辦法，各保甲長、區鄉鎮長、駐軍長官、查鏟部隊公職人員都必須層層擔負轄區內煙毒案件的清理、舉報職責。

秋後煙苗下種期間，由省政府大量印發白話禁種文告，摘附禁煙治罪條文，督飭各縣廣爲宣傳，並翻印成夷文通告由主管機關派員深入鄉區挨戶散發。各縣局長監督轄區內所屬保甲人員隨時呈報禁煙情況。「煙苗出土時期，擬遵照禁煙禁毒實施規程，屬行總檢舉辦法，如有偷種情事決照禁煙治罪暫行條例嚴辦⋯⋯由區長、聯保主任督同保甲長執行初勘，縣長督同縣府秘書

科長及地方機關主要職員分區執行覆勘，本府派員督同省黨部人員執行第二次覆勘，並請中央簡派專員執行最後覆勘。」〔註47〕如發現煙苗，除將種戶法辦外，該縣縣長及區聯保甲長等均須連帶負責。無論何處發現煙苗，該管保甲長、保長、聯保主任及地保都要連坐，縣長、區長、聯保主任、保甲長出具「永不種煙」的保證書，如發現煙苗，當受最嚴厲處分。各保保長應召集所屬甲長，講明禁煙告示意圖，各甲甲長應召集所屬戶長，講明禁煙告示意圖。保長如在報存限期內經查出製毒者，由縣府照玩忽法令治罪。「各縣、區保甲長於檢查結報後，被發覺該管區域內仍有私存煙土者，依照左列規定辦理：一、區長以上人員依其情節按照禁煙禁毒考成規則第 3 條處分。二、保甲長免職並依其情節由縣政府呈請省政府核准處以一百元以下罰金。三、私存煙土如係由原結報人自行發覺者，免於處分，如係該管上級人員發覺者，其各上級人員均免置議。」〔註48〕

任何人凡察覺他人偷種煙苗，經訪查確有實據者，應依律向區署、縣警察局或市警察局、縣政府或市政府就近舉發。各保甲長及鄰近如發現有偷種煙苗情形不予舉發者應一體同罪。派遣密查到四鄉查看，知有偷種鴉片之人，立即查捕，並將煙苗收取查驗。爲了避免由於群眾的無知而造成檢舉的隨意性，又對檢舉程序規定了相應的制度。「舉發人如係以書面報告時，應覓具確實證明，並於報告內詳載左列事項：被舉發人之姓名住址、種煙所在地、種煙數量、相關事實、本人眞實姓名及住址及通訊方法。舉發人若以言語報告時，應親赴第 2 條及第 3 條所指機關與主管人員當面接洽。舉發人若舉發不實或挾嫌陷害及故意誣告者，執行依法反坐。」〔註49〕

（二）根據犯罪類型與情節定罪量刑

西康各級司法審判機關在煙毒案件的審判中，根據國民政府禁煙禁毒治罪條例結合西康各縣煙毒案件具體特點，從禁種、禁吸、禁運、禁售四個環節對各犯罪行爲分別處以不同程度的刑事制裁，有的放矢地促進禁煙法令的實施。

〔註47〕「西康省二十八年度禁煙實施計劃」，西康省政府秘書處編譯室：《西康省政府公報》，1939 年第 7 期，第 294 頁
〔註48〕「消滅私存煙土辦法」，同上注，1940 年第 24 期，第 11 頁。
〔註49〕「煙毒管理辦法」，雅安市檔案館藏，檔案號 187－4－246。

1. 對種植和運售者處刑較重

西康寧屬地區是種煙的重要地帶，煙民將種植的鴉片銷往內地秘密交易，以高昂的價格出賣給地方軍政人員，換得大量武器，腐蝕了軍隊作風，擾亂了社會治安，是整治的重點對象。因此各縣依據《禁煙禁毒治罪條例》對種植和製造煙毒者施以重刑。「製造毒品者處死刑，栽種罌粟或製造鴉片者處死刑。製造麻煙者處死刑、無期徒刑或 10 年以上有期徒刑。製造抵癮劑處無期徒刑或 7 年以上有期徒刑，得並科七千元以下罰金。」〔註50〕為從流通渠道上遏止煙毒的泛濫，針對煙毒運售環節也施以較重的刑罰懲治。對私自販運鴉片，數量在五百兩以上者處死刑。此外，對以固定場所或臨時場地供人吸食煙毒者也施以重刑。「意圖盈利為人施打嗎啡或設所供人吸食毒品者處死刑或無期徒刑。」〔註51〕下面案例中所列舉的 1943 年西康瞻化縣唐俊全設所供人吸食鴉片一案〔註52〕充分體現了西康在禁運、禁售環節對犯罪者的刑罰懲治嚴屬程度。1944 年 5 月，西康瞻化縣警備司令部受理並飭令當地縣政府審理煙犯唐俊全吸食鴉片以及供人吸食一案。唐俊全供稱其曾供人吸食鴉片，同時自己也吸食鴉片。在初審中，瞻化縣政府縣長兼軍法官賀覺非依據刑法和《禁煙禁毒治罪暫行條例》作出判決，唐俊全吸食鴉片應處 1 年以上 5 年以下有期徒刑，並科一千元罰金，勒令戒絕；供人吸食應處 1 年以上 7 年以下有期徒刑。將審理經過情形奏請警備司令部核定後，警備司令部簽呈回覆，認為唐俊全屬於戒後復吸，更供人吸食，應依律處死以昭炯戒。〔註53〕雖經地方頭人邦達多吉呈請警備司令開恩保釋，但最終依然被依法判處死刑，驗明正身後押赴刑場執行槍決。由此案可見，西康為加強禁煙力度，從源頭上實施禁煙政令，對運售煙毒和供人吸食刑罰較重。

2. 對吸食者治罪較輕

本著人本主義的禁煙宗旨，西康遵循漸進式的禁煙原則，對於吸食煙毒的普通民眾治罪相對寬讓。「施打嗎啡或吸用毒品者處 5 年以上 10 年以下有

〔註50〕「禁煙禁毒治罪條例」，雅安市檔案館藏，檔案號 187－4－142。

〔註51〕同上注。

〔註52〕「唐俊全、劉富春煙毒案」，四川省檔案館藏，檔案號 257－139。

〔註53〕1935 年刑法第二十章鴉片罪第二百五十九條規定，意圖盈利為人施打嗎啡，或以館舍供人吸食鴉片，或其化和質料者處一年以上七年以下有期徒刑，得並科一千元以下罰金。1941 年禁煙禁毒治罪暫行條例第五條規定，意圖盈利為人施打嗎啡，或設所供人吸食毒品者處死刑，設所供人吸食鴉片者處死刑或無期徒刑。

期徒刑；吸食鴉片者處 3 年以上 5 年以下有期徒刑；吸食麻煙者處 1 年以上 3 年以下有期徒刑；服用抵癮劑或罌粟花朵莖葉者處 1 年以上 3 年以下有期徒刑。」〔註54〕筆者在翻閱西康省蘆山縣 1947 年、1948 年民刑判決書總匯時發現，對於普通吸食鴉片案件的判決幾乎都是處以 1 年以下的有期徒刑。以下是一份蘆山縣司法處的吸食鴉片判決書，足可說明西康對吸食煙毒者判刑較輕。

趙鴻文吸食鴉片判決書〔註55〕

公訴人　縣長兼檢察官

被告　趙鴻文年三十五歲，住隆興鄉六保，業農

右被告因吸食鴉片案件，縣兼檢察官提起公訴，本處判決如左

主文

　　趙鴻文吸食鴉片處有期徒刑一年

事實　略

理由

　　　查被告趙鴻文吸食鴉片，經告訴人聲明，而被告伏法偵查審訊中均自白不諱，是該被告吸食鴉片灼然無疑，自應依禁煙禁毒治罪條例第八條第二項論科，然念被告知識淺薄，尚知悔悟，故量處較輕之刑，以示嚴懲。

　　　據上論結，應依刑事訴訟法第二九一條上段，禁煙禁毒治罪條例第八條第二項、刑法第五十七條第七十二款、特種刑事案件訴訟條例第一條判決如主文。

　　中華民國三十六年十二月二日

西康蘆山縣司法處刑庭

審判官　鄧坤一

右當事人如不服本判決，得以收受之翌日起十日內聲訴聲請覆判。

右件證明與原本無異

〔註54〕　「禁煙禁毒治罪條例」，雅安市檔案館藏，檔案號 187－4－142。

〔註55〕　「趙鴻文吸食鴉片判決書」，「西康省民刑判決書總匯」，雅安市檔案館藏，檔案號 187－4－258。

書記官　何南卿

中華民國三十六年十二月七日

不僅如此，針對吸食鴉片初犯者還給其留有足夠的戒絕改正空間，規定在相關法規頒佈後一個月內，自動呈報法院主管官，請求於 6 個月內自動戒絕，經調驗屬實者，免於追訴。與前述唐俊全案同時被審理的劉春富吸食鴉片案就因其情節可憫，被瞻化縣政府准保開釋，除勒令戒絕外，並沒有被判處徒刑。在法庭審理中，劉春富供認因病吞服煙渣水並無煙具，法庭經查明劉春富雖違犯禁令罪當嚴懲，但考慮到其確因病痛而吸食，且家中遺有四歲弱孩，孤苦零丁無人撫育，家居巴安又無親友照拂，情實可憐，於是驗明其並無煙癮後准保開釋。瞻化縣政府對此案的處理表明，當時有關煙毒吸食行為的審判主要是以勸誡爲主、懲罰爲輔。

雖然對吸食者一般判處較輕刑罰，但是對於復吸者處刑卻較重。根據 1941年《禁煙禁毒治罪暫行條例》第 6 條（2 段）規定，「吸食鴉片者處 1 年以上5 年以下有期徒刑，得並科一千元以下罰金，有癮者並限期交醫勒令戒絕，交醫戒絕復吸食者處死刑。對於施打嗎啡或吸用毒品或吸食鴉片者，經判決確定後復施行打嗎啡或吸食鴉片者，處死刑或無期徒刑。犯吸食麻煙或服食抵癮劑或罌粟花朵莖葉之罪行判決確定後復行吸食麻煙或服食抵癮劑或罌粟花朵莖葉者，處 3 年以上 7 年以下有期徒刑。」在前述唐俊全煙毒案中，警備司令部給縣政府的回覆就強調，唐俊全屬於戒後復吸，應依律處死。

3. 對公務員處刑較重

西康對於公務人員吸食煙毒者一律按禁煙治罪條例從重治罪，其長官一併連坐。根據《禁煙禁毒治罪條例》，「公務員軍警製造毒品者、栽種罌粟、製造麻煙、製造鴉片、製造抵癮劑者處死刑；運輸或販賣鴉片、麻煙者處死刑；意圖販賣而持有鴉片、麻煙者處死刑；意圖盈利爲人注射嗎啡或設所供人吸食毒品者處死刑。」此外，「公務員、軍警利用權力強迫他人製造煙毒者處死刑；公務員、軍警包庇或要求期約或收受賄賂而縱容他人犯以上各罪者處死刑；公務員、軍警盜換或隱沒查獲之煙毒者處死刑；公務員軍警故護本條例之罪犯脫逃者處死刑、無期徒刑或 7 年以上有期徒刑；依法令有調驗職務之人員而故爲虛僞之鎖定者處 7 年以下有期徒刑；公務員軍警盜換或隱沒查收之吸食鴉片或吸用毒品之器具者處 1 年以上 7 年以下有期徒刑。」〔註56〕

〔註56〕「禁煙禁毒治罪條例」，雅安市檔案館藏，檔案號 187－4－142。

1947 年 9 月，西康寧屬鹽源縣田糧處副處長鄒趣濤勾結香城鎮長劉棟廷將存儲公糧賣與夷人置換鴉片並將鴉片倒手交換槍彈，被當地人大代表檢舉呈控，最後由西昌地方法院依據《懲治貪污條例》第 3 條第 2 款及《禁煙禁毒治罪條例》第 5 條、第 11 條判決死刑。〔註 57〕

（三）實施成效

從 1941 年 2 月《禁煙禁毒治罪暫行條例》的公佈實施到抗日戰爭結束後一段時期，西康各級司法審判機關遵循相關禁煙法律制度，通過對煙毒案件的查處和審判，發揮其以儆效尤的作用，使民眾知曉禁煙之森嚴不敢輕易以身試法，從而達到全面禁煙的目的，爲抗戰建國作出了積極貢獻。爲了更直觀地展示抗戰期間西康煙毒案件審判的實然狀況，現選取 1945 年 7 月至 1946 年 6 月西康寧屬地區具有代表性的西昌、越雋、會理等縣煙毒案件查處情況，以圖表形式陳列如下：

表一：西康省寧屬西昌縣三十四年七月至三十五年六月查禁煙毒報告總表

月別	項目	查獲地點	犯人姓名	查獲數量	處理情形
三十四年七月份	禁種	無			
	禁運	無			
	禁售	城內	馬光華	煙具十件	由禁煙軍法監判處徒刑三年
			金學忠	煙具四件	由禁煙軍法監判處徒刑三年
	禁吸	城廂	張煥如	煙具四件	由禁煙軍法監部執辦交衛生院驗成釋放
			莫華倫	煙具六件	由禁煙軍法監部執辦交衛生院驗成釋放
			莫長清	煙具四件	由禁煙軍法監部執辦交衛生院驗成釋放
			李世清	煙具七件	由禁煙軍法監部執辦交衛生院驗成釋放

〔註 57〕「鄒趣濤販賣鴉片案」，四川省檔案館藏，檔案號 252－139。

月別	項目	查獲地點	犯人姓名	查獲數量	處理情形
三十四年八月份	禁種	無			
	禁運	富林	無人犯	煙土二十三兩	由富林憲兵在店內檢查出人犯潛逃
	禁售	城廂	殷建三	煙具四件	經軍法監部判處徒刑三年
	禁吸	城廂	黃少倫	無	經軍法監部判處徒刑
			徐張氏		
			李趙氏		
三十四年九月份	禁種	無			
	禁運	無			
	禁售	無			
	禁吸	城廂	李喬榮	煙具六件	經判徒刑
			周一文	無	訊無犯禁嫌疑，另案法辦
三十四年十月份	禁種	無			
	禁運	無			
	禁售	城廂	李發科	煙具九件	經西昌縣政府移送法院判處徒刑
			黃紹清	煙具五件	
			楊萬氏	煙具五件	
			張紹氏	煙具六件	
			黃彭氏	煙具十二件	
	禁吸	城廂	黃紹清	無	經訊判徒刑六日
			林海清		
三十四年十一月份	禁種	黃水鄉黃水溝	馬耳哈	共約六畝半	縣府派員查鏟淨盡人犯潛逃未獲
			馬老二		
			鄒志偉		
	禁運	原稿無此欄			
	禁售	無			
	禁吸	城廂	方正夫	煙具三件	訊明無犯罪嫌疑開釋
			方陳氏	煙具六件	訊判徒刑一月

月別	項目	查獲地點	犯人姓名	查獲數量	處理情形
			柳懷禮	無	移送地方法院審判
			汪建章	煙具四件	訊無罪犯嫌疑開釋
			劉魁光	無	因病保外亡故
			楊明先	無	訊判有期徒刑一年
			楊甫成	煙具四件	訊判徒刑二年
			曠德政	煙具三件	移送法院審判
三十四年十二月份	禁種	琅環鄉	尼古支夷	三十四畝	令飭靖邊部派隊肅清人犯潛逃未獲
			羅拉哈		
		義安鄉	吳文清	共約千株	由禮州區長劌除該犯吳文清朱發清潛逃，陳諶氏格斃
			陳諶氏		
			李發清		
		寧西區芽坪子	楊齋清	共約七畝	由區屬派員會同保安隊前往督鏟淨盡
			吳廣萬		
			羅朝品		
	禁運	富林	李吉三	煙土六百一十五兩	人犯由行轅法辦中
			熊長髮		
			高鳳祥		
	禁售	原檔案無此項			
	禁吸	城廂	曾繼恕	無	移送法院審判
		高規鄉	廖宗全	無	移送法院審判
			賴光華		
			蕭仁敬		
			蕭國清	無	
			蕭榮森		
			高劉氏		
			謝世成	煙具五件	移送法院審判
			段永祥		

月別	項目	查獲地點	犯人姓名	查獲數量	處理情形
		西寧鄉	李趙氏	無	移送法院審判
		城廂	王進成	煙具三件	經縣府訊判有期徒刑一年
			周國貞	煙具六件	
			劉細節		
			朱付德		
三十四年十二月份	禁吸	西溪鄉	張樹清	煙具四件	移送法院審判
			馬仁五		
			劉胡氏	煙具共十三件	
			徐陳氏		
			劉邦璧		
		城廂	朱永昌	煙具共八件	經縣府訊判徒刑六月
			何劉氏		
			楊朱氏	煙具二件	經縣府訊判徒刑一年
		瑤大鄉	張與朗	煙具七件	移法院審判
			匡孝生	無	
			楊樹清		
		城廂	張與發	煙具五件	經聯府訊判徒刑二年
			彭義芬		
			王明清	煙具十三件煙灰少許	移送法院審判
			劉紹明	煙具三件	
			林汝志		
			林蘇氏		
			鄭曾氏		
		禮州鎮	楊光壁	煙具五件	移送法院審判
			楊孟之		
			徐德榮		

月別	項目	查獲地點	犯人姓名	查獲數量	處理情形
			李文昌	無	移送法院審判
			李文林		
			林茂先		
			蔡　圍	煙具十一件	移送法院審判
			陳映康		
			王吉安		
三十四年十二月份		禮州鎮	張明武	無	移送法院審判
			馬安南		
			曹天順		
			陶世先	無	移送法院審判
			徐張氏		
			□劉氏		
			朱建邦	無	移送法院審判
			黃占雲		
			趙學三		
			田志五	無	移送法院審判
			楊星臣		
		城廂	吳德龍	煙具共十二件	移送法院審判
			吳德厚		
			李劉氏		
			朱金延	煙具十八件煙灰少許	移送法院審判
			王德壽		
			張王氏		
			羅張氏	煙具三件	移送法院審判
			蔣李氏		
			羅楊氏		
		禮州鎮	陳開錄	無	移送法院審判
			王紹周		
			劉永昌		

月別	項目	查獲地點	犯人姓名	查獲數量	處理情形
		雙龍鄉	吳楊氏	無	移送法院審判
			周惠儒		
			李正富		
三十五年元月份	禁種	寧西區永寧鄉		約一畝	由區署派隊剷除，種犯逃逸
	禁運	無			
	禁售	雙龍鄉	趙清	煙具七件	人犯移送法院審判
			宋□俊		
		川心鄉	趙培忠	煙具十件	
		高規鄉	楊永仁	煙具五件	
		城 廂	徐楊氏	煙具共十一件	
			林李氏		
	禁吸	雙龍鄉	朱國科	無	吸食鴉片有癮，移送法院審判
			邊志武		
			武志安		
			武開元		
			莫玉橋		
			王文華		
			莫華瑜		
			劉能全		
			劉惠羽		
			伍光南		
			王光國		
		禮州鄉	劉伯清	無	吸食鴉片有癮，移送法院審判
			葉義昌		
			周明禮		
		雙龍鄉	劉世浦	無	吸食鴉片有癮，移送法院審判
			王光國		

月別	項目	查獲地點	犯人姓名	查獲數量	處理情形
			張德普		
			周子春		
			周黃氏		
			莫仲威		
三十五年元月份	禁吸	川心鄉	徐學元	無	吸食鴉片有癮，移送法院審判
			臧樹榮		
			韓明周		
		城鄉	朱文漢	無	吸食鴉片有癮，移送法院審判
			關金山		
			單孟清		
			代學全		
			陳永福		
			陳吳氏		
			張光國		
			胡國維		
			尹福州		
三十五年二月份	禁種	西陵區屬之永安鄉		約一畝	由區署剷除，人犯逃逸未獲
	禁運	無			
	禁售	城廂	劉國華	熟煙少許煙具四件	移送法院審判
			蕭元氏		
			蒙照同	熟煙一兩六錢煙具五件	
			王志祥		
		口大鄉	彭文俊	熟煙三兩灰一兩四錢五分煙具五件	移送法院審判
			張敬義		
	禁吸	城廂	徐海彥	無	移送法院審判
			鬍子和		

月別	項目	查獲地點	犯人姓名	查獲數量	處理情形
			周慶川		
			唐樹森		
			郭耀武		
			徐華三		
三十五年三月份	禁種	魯溪河羅爾滿	利果比衣 夷人	四十畝零五分又一千株	令二九二團派隊肅清格斃種犯一名
	禁運	富林車站	無	煙土五十二兩	人犯潛逃
	禁售	瑤大鄉	張玉廷	熟煙少許煙具三件	移送法院審判
		雙龍鄉	張橫之	煙具十一件	
		川心鄉	王玉珍	煙具七件	
		雙龍鄉	李文普	熟煙八分煙具三件	
	禁吸	禮州鄉	葉文卿	無	移送法院審判
			陳紹斌		
			沈與志		
			黃開武		
			周馮氏		
			王陳氏		
		城廂	陳國棵		
			餘元福		
			俞光林		
			尹華春		
			趙吉昌		
			向繼新		
			譚正明		
			楊啓富		
			李秉章		

月別	項目	查獲地點	犯人姓名	查獲數量	處理情形
			李仁舟		
			劉少雲		
			李仁山		
			章萬清		
三十五年三月份	禁吸	城廂	丁向山	無	移送法院審判
			李芳全		
			雷國慶		
			李志強		
			劉石雲		
			施開順		
			周葉氏		
			劉啓五		
三十五年四月份	禁種	無			
	禁運	城廂	周萬鈞	煙土重三百一十六兩	移送西昌法院審判
			鄭範武	煙土六兩八錢	
			周海泉	煙土四十六兩	
			吳煥章	煙土一兩四錢五分	
	禁售	川心鄉	林有成	煙具六件	移送法院審判
	禁吸	馬道子副鄉	洪光負	無	移送法院審判
			趙志清		
三十五年五月份	禁種	無			
	禁運	無			
	禁售	無			
	禁吸	無			

月別	項目	查獲地點	犯人姓名	查獲數量	處理情形
三十五年六月份	禁種	無			
	禁運	城廂	李老麼	煙土二十七兩	移送法院審判
			鍾守仁	煙土二兩	
三十五年六月份	禁售	無			
	禁吸	無			

資料來源：《西昌警備司令部三十四年度寧屬禁煙總報告》西康禁煙聯席會秘書處製
（1946 年 10 月）（四川省檔案館藏）

表二：西康省寧屬會理縣三十四年七月至三十五年六月查禁煙毒報告總表

月別	項目	查獲地點	犯人名字	查獲數量	處理情形
三十四年十月份	禁吸	外北求精路	顧德民	煙具三件	處有期徒刑一年
		外北西成巷	馮國安	煙具十三件	處有期徒刑半年
		內東大同巷	楊國新	煙具九具	處有期徒刑一年
		鹿武鄉黃家莊	李福品	煙具四件	吸食鴉片處徒刑一年
	禁售	內東公園路	沐玉章	煙具四件煙炮子二個	意圖設所供人吸食處有期徒刑七年
		內東自強巷	左傅氏	煙土一色重一斤煙灰一包煙具二件	意圖設所供人吸食處有期徒刑八年
		內東東街	胡萬一	煙灰四錢煙具四件	意圖設所供人吸食處有期徒刑八年
		內東東街	胡海洲	煙具二件	意圖設所供人吸食處有期徒刑八年
		外北北門	魯寶濱	煙具一套	意圖設所供人吸食處有期徒刑八年
		外北北關	趙胡氏	煙具七件	意圖設所供人吸食處有期徒刑八年

月別	項目	查獲地點	犯人名字	查獲數量	處理情形
		外北北關	楊國芬	煙膏子半碗煙具四件	意圖設所供人吸食處有期徒刑八年
	禁種	外北龍肘山	朱元科	二畝一分	由縣府判處死刑
		黎關鄉第五保	鄭承修		鼓吹種煙黎關送辦正審訊中
三十四年十月份	禁種	外東茨竹膏	付德安		外東送辦夷人審訊中
		外東茨竹膏	付正達	約二畝	外東送辦夷人審訊中
		外東茨竹膏	付宗明	約一畝	外東送辦夷人審訊中
		外東茨竹膏	付正權	約一畝八分	外東送辦夷人審訊中
		外東茨竹膏	祿盛才	約二畝一分	外東送辦夷人審訊中
		外東茨竹膏	祿盛邦	約二畝八分	外東送辦夷人審訊中
		外東茨竹膏	吉大	三畝	外東送辦夷人審訊中
		外東茨竹膏	耳黎	一畝一分	外東送辦夷人審訊中
		外東茨竹膏	魯奶	二畝五分	外東送辦夷人審訊中
		外東茨竹膏	發柔	一畝六分	外東送辦夷人審訊中
		外東茨竹膏	阿使	二畝三分	外東送辦夷人審訊中
		外東茨竹膏	有補	二畝	外東送辦夷人審訊中
三十四年十一月份	禁種	九三鄉九道溝	李學周	二畝七分	移送司法院審判中
		九三鄉九道溝	姚宗品	一畝九分	移送司法院審判中
		九三鄉九道溝	李靜廷	二畝三分	移送司法院審判中

月別	項目	查獲地點	犯人名字	查獲數量	處理情形
		黎關鄉老光山	起自康	一畝五分	移送司法院審判中
		盆果鄉蔡家灣	熊漢卿	三畝四分	移送司法院審判中
		盆果鄉老棚子	陳洪祿	二畝六分	移送司法院審判中
		蔡家溝	王正品	二畝	移送司法院審判中
		草坪子	周永福	一畝三分	移送司法院審判中
三十四年十一月份	禁種	草坪子	周達超	一畝三分	移送司法院審判中
		小梁山	劉春福	二畝四分	移送司法院審判中
		炭山	李世章	二畝七分	移送司法院審判中
		炭山	王羅氏	一畝八分	移送司法院審判中
		炭山	趙李氏	一畝三分	移送司法院審判中
		盆果鄉魏家溝	蘇有才	三畝	移送司法院審判中
		盆果鄉魏家溝	劉成富	二畝	移送司法院審判中
		黎關鄉沙河鋪	易成元	二畝二分	移送司法院審判中
		鹿武鄉長沖	李楚王	二畝一分	移送司法院審判中
		鹿武鄉長沖	尹大儒	一畝九分	
		鹿武大灣子	周廷才	二畝三分	
		鹿武大灣子	張保卿	二畝	移送司法院審判中
		鹿武界牌關	黃炳之	二畝九分	移送司法院審判中
		鹿武界牌關	張文明	一畝五分	移送司法院審判中
		鹿武紅拉	陶成之	一畝一分	移送司法院審判中
		鹿武紅拉	陶正華	一畝九分	移送司法院審判中
		鹿武紅拉	陶正榮	二畝	移送司法院審判中
		鹿武紅拉	尹建之	二畝九分	移送司法院審判中
		祿普鄉炸石底	劉文耀	三畝	移送司法院審判中
	禁售	內東中山北街	趙有祥	煙具五件	吸食鴉片判處徒刑一年
		內東中山北街	趙有順	煙具一件	吸食鴉片判處徒刑一年

月別	項目	查獲地點	犯人名字	查獲數量	處理情形
	禁吸	內果南街	楊雲程	煙具四件	吸食鴉片判處徒刑一年
三十四年十二月份	禁種	連華鄉觀音岩	王圻	四畝	移送法院審訊
		連華鄉觀音岩	王貴	四畝	移送法院審訊

資料來源：《西昌警備司令部三十四年度寧屬禁煙總報告》西康禁煙聯席會秘書處製
（1946 年 10 月）（四川省檔案館藏）

表三：西康省寧屬越雋縣三十四年七月至三十五年六月查禁煙毒報告總表

月別	項別	查獲地點	犯人姓名	查獲數量	處理情形
三十四年七月份	禁種	巡龍鄉擦羅	王雲程	五畝	經王督察官□鼎督飭剷除 已報執法監訊判
三十四年八月份	禁售		王子俊	無	飭令鄉公所解案訊辦
			黃王氏	無	飭令鄉公所解案訊辦
			張成鼎	無	飭令鄉公所解案訊辦
三十五年元月份	禁種	安順鄉屬大坭草科	夷民	七十畝	經縣府派隊剷除淨盡
		海爾挖附近		七畝	
		白塔上段		一百餘畝	
		灰蓬子上段		七十餘畝	
		大坪		一百二十畝	
		大同鄉屬之大花樹		十餘畝	
		乾隆潭		十餘畝	
		燕麥地		八畝	

資料來源：《西昌警備司令部三十四年度寧屬禁煙總報告》西康禁煙聯席會秘書處製
（1946 年 10 月）（四川省檔案館藏）

　　從以上圖表中反映的數據來看，西康寧屬地區煙毒案件審判過程中有幾個特點：

　　其一，煙毒案件的審判機關在 1945 年和 1946 年有所不同。在 1945 年煙

毒案件未移交司法機關之前，煙毒案件屬於軍法審判管轄範圍，由禁煙軍法監負責，從 1945 年 10 月開始，西康煙毒案件便已逐漸開始移送地方法院審判。在地方法院接辦以後，煙毒案件的查處件數大量增加，尤其是 1945 年 12 月以後明顯增多。很顯然，煙毒案件由軍法審判交由地方法院審判後，大大提高了審判效率，有力地加強了禁煙政令的推行。

其二，對種售煙毒者判刑較重。意圖設所供人吸食處有期徒刑 7 年以上；種煙者由縣府判處死刑；對情節輕微的吸食者由禁煙軍法監部或地方司法機關執辦後交衛生院驗成釋放並沒收煙具。

其三，在越雋各地的煙毒案件審理情況來看，由於越雋等處於相對邊遠的民族地區，種煙者非常普遍，且煙民因爲文化的缺乏以及與外界溝通交流不多，對國家現行法令知之甚少，甚至不知種煙爲犯罪。寧屬一帶地方法院考慮到這一特殊情形，在對少數民族密集地區種煙案件的審判中，法外施恩、判刑稍輕，主要以勸誡教導爲主，並且爲了減少民間衝突，對少數民族煙毒案件的審判經常聯合鄉公所等基層組織一起訊辦審理，這體現了邊疆司法審判的地方特色，在不違背國家相關法律制度的前提下，針對民族地區特殊情況加以適當變通，以維護事實上的司法公正，這在今天來看，也是有一定的借鑒意義。在傳統的中國鄉村社會，特別是像西康這樣的邊疆少數民族地域，國家層面法規雖多且嚴，但若國家法令與民間社會的鄉土權威沒有相融一體，國家法令將難以推行。

總體而言，西康在積極響應中央禁煙政令的同時，根據地方經濟發展和人口分佈等具體狀況，實施了一系列因地制宜的地方禁煙法規，針對不同的地域和人群推行不同的戒絕措施。在禁煙實施中，爲了推動各項法令在基層社會的實施，發揮鄉土社會的自我監督能力，在非常時期施行了保甲連坐制度，試圖在民眾內部形成禁煙運動的合力，提高禁煙法令在民間推行的實際效力。在各級組織的積極推行下，西康對煙毒案件的查處取得了一定成績。從全社會而言，公開的種、販、吸毒活動驟減，煙毒泛濫得到一定控制，有利於穩定抗戰大後方的社會秩序。當然，由於西康毗連川、滇邊界，多民族雜居，禁煙法令在民間的實施往往受到各種阻礙，〔註 58〕加之各基層審判機

<hr>

〔註 58〕「禁煙與抗禁煙的鬥爭非常激烈，從民國 28 年四川省政府宣佈六年禁煙計劃起至民國 38 年止的 11 年間，因鏟煙發生的抗鏟流血事件連年不斷。原西康省發生過 143 次，死亡 2013 人，涼山昭覺縣發生 25 次，死亡 496 人，茂縣、

關對禁煙法規執法不嚴，特別是各兼理司法縣政府所屬司法人員多吸鴉片，這就注定了西康的禁煙很難取得徹底的成功。儘管如此，西康禁煙禁毒的實踐經驗與教訓，爲禁煙禁毒、立法執法提供了可資借鑒的經驗和教訓。

總之，西康作爲抗戰大後方，其司法運行緊緊圍繞著保障國家、人民在戰時的各種利益這一基本宗旨，將過去普通刑事案件中涉及到國民利益，涉及戰爭利益的案件，依照特種刑事條例從重處理，這與抗戰大後方這一特殊背景是相符的。

第四節　涉及少數民族的複雜案件

由於西康是藏、彝、蒙、羌等多種少數民族雜居地區，尤其是在康、寧兩屬地區，少數民族分佈更廣。受宗教信仰和民俗習慣的影響，大多數人民的法律認知相對缺乏，民間糾紛與衝突經常依照一些看似不合法的慣例進行解決，與漢族地區的糾紛解決機制相去甚遠。民眾遇有刑事糾紛，多訴諸土司、頭人等地方權威，沒有繁瑣複雜的訴訟程序，沒有嚴格規範的書狀形式，有的只是簡單的民間私了和恢復性報復作爲當事人之間的利益平衡和矛盾消除方式。官方在處理涉及少數民族成員之間的刑事案件時，自然不能以漢族地區的司法審判機制簡單粗暴地介入，只能將民間習慣恰當地引入審判實踐，採取因俗而治的方式加以解決。因此和民事審判實踐相同，在考察其刑事審判制度與實踐時，同樣也不能略過涉及少數民族刑事案件的審判實踐研究。

因此，筆者依據案件的複雜性和典型性原則，選取了 1944 年西康瞻化縣兼理司法縣政府受理並審判的古路與通宵兩村糾紛案件作爲典型案例加以分析，以探知西康各級法院在處理涉及少數民族的刑事案件時，如何將國家刑事法律與地方少數民族習慣法相結合，從而有效解決民間糾紛。

瞻化縣河西區通宵保長更慶之子莫巫，因娶妻向同區古路保長藏巴納家求婚不成，於是乘機劫藏巴納之女於牛廠，該女因稱回家索取陪嫁得以脫逃回家，藏巴納擔心莫巫再行搶親，便將此女遣嫁河東區長巴金爲媳，半年後

汶川、理縣、懋功、靖化、馬功、雷波、峨邊、沐川、旺蒼、青川、平武等縣發生百次以上，死亡的國民黨縣長、區長和保安警察官兵不下千人。」參見四川省高級人民法院院志編輯室：《四川審判志》，第四篇刑事審判——第二章中華民國時期的刑事審判——第五節《煙毒案件的審判》，成都：電子科技大學出版社 2003 年版，第 310 頁。

該女歸寧，適逢藏巴納外出。莫巫知道後，趁黑夜前往搶劫藏巴納住宅以劫其女，由於其大門堅固，一時無法攻入，且遭屋內人發覺開槍射擊，斃傷數人後，莫巫即縱火威脅其女出外，意圖劫持之，不料火勢已熾，該母女竟誓死不出，村中人民得到警報後集合向莫巫等圍攻，藏巴納之婦及女三人從窗中躍出而幸免。在這場劫難中，全院房屋被焚毀，家中一老紮巴因不及逃出被燒死，其它財物、牲畜損失頗大。藏巴納聞耗後，連夜趕回，求助於河東、西兩區長，並誓死復仇，雙方各調大量人槍決鬥，局勢極為嚴重。1945 年 2 月 4 日，西康瞻化縣縣政府參酌法律條文及地方習慣擬定調解辦法，召集各方到案進行法庭調解，調解辦法如下：

瞻化縣政府調解辦法〔註59〕

民國三十四年二月□日

查古路通宵糾紛情形，業經訊明判決宣告在案，所有雙方被燒之房舍、損失之財物情形數目均有所討，爰飭調解人丁曾卻多赤乃各大德秉公所訊，擬具意見呈候核辦，去後二月十二日，據丁曾卻多赤乃等具報來處，查所呈辦法尚屬適當，准予如擬結息，茲加以整理分別摘示如次：

一、古路藏巴納住宅燒死犏母子牛一十六頭，事實俱在，應由通宵更慶負責賠償，限五日內繳案給領。

二、通宵牛廠被打擊時，古路方面拉去牛馬實為若干，應由藏巴納悉數清齊，限五日內繳案給領。

三、古路方面被燒保長住宅一院、側房二間，工堅料實、頗為優良，通宵方面被燒民房一十一院、值日民房三院、共一十四院，但優劣不等，其損失情形、兩相比較，通宵實重於古路，至古路財物以事起倉卒、搬運不易，委係實情，通宵值日民房以時間充裕，各物多已搬遷，其損失情形兩相比較，古路實重於通宵，以上損失，准予相殺了結。

四、奪絨小房燒毀究係何人所為，經再切查，未得真相，且無證人到案證明，著由通宵更慶協同村民虔誠向古路宣誓，用明心跡。

〔註59〕 「古路與通宵二村糾紛案件」，四川省檔案館藏，檔案號 257－139。

五、古路保長住宅燒毀，七九馬步槍各一枝係博孜村民所有，應由藏巴納負責結束。

六、通宵梭登寺及值日納窪寺儲藏民房糧食被燒實數，計梭登寺六萬石、納窪寺七萬石，應由更慶負責結束。

七、通宵日車寺、值日納窪寺、阿你家，通宵被燒村民烏金等十一戶，值日被燒村民溪普家等三戶，各被劫去對象，應由巴金、巴登奪吉督同甲孜雍宗、仲沙彭錯負責清還賠償。除已繳案不計外，其餘各項統限十日內清齊繳案給領，不得延誤幹究。以上情形辦法除呈報省府及第五區保安司令部，並分令外，合行令仰遵照，勿稍違誤為要。此令

中華民國三十四年二月
縣長　張楷

與此同時，針對莫巫搶親燒房以及雙方家族械鬥所產生的刑事糾紛，瞻化縣兼理司法縣政府依據國家刑法相關條文，參酌瞻化藏族的民族習慣進行審判，經過多次偵訊、審理之後，當庭作出刑事判決。

瞻化縣政府判決書
民國三十四年二月□日

查通宵莫巫糾眾搶親未遂，焚毀古路保長藏巴納住宅一案，經調解人大德喇嘛丁曾卻多赤乃、次稱孫家鄭德暨本縣長召集雙方當事人及有關人證再四言訊，通宵更慶莫巫堅稱谷日臘西確實有咒有話，古路藏巴納堅稱無此事實，據係騙語。雙方各執一詞，未有憑據以資證實，更慶藏巴納歷係至戚，莊房、牛場相距咫尺，莫巫與谷日臘西係表兄妹，互通往來再所不免，莫巫年及冠，企圖臘西為室，恐藏巴納、四即這馬不允，遂有搶親之議，藏巴納因此大感不安，隨經甲拉西汪青派吃伸丁子赴通宵從事調解，俾免糾紛，得更慶、藏巴納同意，爰立合同三張分別執存，此項合同昨日已譯出閱明，其意係不搶親，莫巫臘西事件，如何結束，並未說明，殊欠完善。查男女婚姻，依法律規定，須承父母之命、媒妁之言及定婚手續始屬正當，即婚姻必須自主，亦應於一定時間內陳明雙方家長與有關戚族，完成手續，莫巫既不本此以行，其父更慶亦放棄責任，嗣巴登降措居間調解，所擬辦法不無理由，惟藏巴納執拗不從，未能結息，莫巫因此懷恨益深，弁髦

法紀，擅逞意志，致有三十三年陰曆十月二十一日夜搶親燒房之結果，茲按法律及地方習俗判決如次：

一、藏巴納對於莫巫臘西事件各執一詞，並無憑據以資證實，准由雙方洗心了結，更慶方面自本身起，至村民止，並邀甲日奪吉孫家、漏耳、人蝦、安戈一同向古路虔心宣誓，藏巴納方面自本身起，至村民止，並邀同巴登奪吉、巴金、獨腳一同向通宵虔心宣誓，此項手續完成後，藏巴納應按巴登降措調解時擬定，德國馬槍一枝、自馬一匹、銀洋二十秤之標準配繳半數，統限於五日內繳案轉給通宵，用表好感。（其槍酌定藏洋五千元、馬一千元，共六千元，又銀二十秤半數實該藏洋三千元銀十秤）

二、格瑪翁須被燒斃命，情殊可憫，應由莫巫賠償命價銀四十五秤，四即這馬母女三人幸免於死，備受驚險，亦應賠銀共二十五秤，藉以安慰，喇嘛安青（錯登）雇工阿惹各負槍傷，安青傷較輕，著由莫巫付給調養費銀四秤，阿惹傷較重，應由莫巫付給調養費銀五秤，又古路牛場充翁孫家身受槍傷，著付調養費銀六秤，其餘梭西、阿魯布母、日朱三人各付銀一秤道歉，統限五日內按地方習俗繳案，以憑給領結束。

三、值日俄巴阿娘已被擊損命，應由藏巴納賠償命價銀十五秤，又通宵村民阿扭家擇翁孫加由昌科收賬返村，途遇藏巴納被擊身死，殊堪憫念，亦應由藏巴納賠償命價銀二十五秤，統限五日內按地方習俗繳案，以憑給領結束。

四、古路、通宵兩方損失財物情形、數目不無斫討，應由雙方當事人暨有關親族協同指定之人虔心宣誓後，再為核定辦法。

五、古路被燒之房及通宵值日被燒之房准按公理估價抵算，以便結束。

六、莫巫糾眾夜間搶親不遂，焚毀藏巴納住宅，格馬翁須因而隕命，安青等因而負傷，實屬大幹法紀，罪無可逭，姑念一時孟浪，從寬擬辦，准援刑法第十一章第一百七十三條之規定處以十年零六個月有期徒刑，著由更慶將莫巫交案執行，倘因特殊情形，不能到縣守法時准以金從權贖罪。

　　七、通宵日車寺、梭登寺值日喇嘛寺各該損失實係若干，著各
當事喇嘛虔心宣誓後，由肇事人負責清還賠償。

　　八、雙方糾紛判決後，各須覓大德喇嘛四人（本府指定二人，
自擇二人）負責擔保，自判決之日起不得反案滋事、致干懲處。

　　九、前項判決情形辦法，除呈報省府暨第五區保安司令部查核
外，自本日起發生效率。

中華民國三十四年二月□日
縣長　張楷

　　此案是一樁典型的少數民族刑事糾紛案件，不僅由於它所涉及到的當事
人皆為藏民，而且整個案情極為複雜，牽涉到兩個家族之間的恩怨衝突與族
群械鬥，人員傷亡和財物損失也非常巨大，既有刑事糾紛的解決，又因被告
的傷害行為而引起民事責任負擔。更為重要的是，作為官方審判機構的縣政
府在此案的審判中熟諳民族習慣規約，將國家法律制度與地方習慣綜合運用
得如魚得水，反映出西康刑事審判實踐的邊疆司法特色，具體表現在以下幾
方面：

1. 合理利用地方權威調解民間衝突

　　首先，在本案有關財物損失問題的處理上，縣政府委託當地頗具威望的
喇嘛丁曾卻多赤乃擬定相關辦法進行調解，本著息事寧人的態度，要求雙方
分別賠償對方損失。在這裡，官方司法機構與地方權威相互妥協，官方認同
了調解人大德喇嘛的解決條款並認可了其調解效力，最終將喇嘛所提出的調
解內容以正式文本通過法庭宣判，並使其和正式判決具有同等效力，要求當
事人按照判決條款予以執行。應該肯定的是，在抗戰時期人力物力缺乏，司
法資源相對緊張，尤其是面對康屬地區特殊的民族社會環境，地方司法人員
在尊重國家法律權威的同時，適當發揮民間調解制度的合理價值，妥善解決
刑事糾紛中所附帶的民事責任問題，不失為戰時穩定社會的良好方式。

　　其次，在有關搶親燒房問題的審訊判決過程中，同樣重視當地權威的力
量，由調解人大德喇嘛丁曾卻多赤乃、次稱孫家鄭德和瞻化縣長一起召集雙
方當事人及有關人證多次進行公開審訊。即便是針對衝突事件的肇事者莫巫
的刑事判決，由官方出具正式判決書當庭宣判後，也要求尋覓大德喇嘛四人
負責擔保。

如本書前述所言，西康作爲邊疆民族地區，長期以來因遠離朝廷中央，慣由土司、頭人、喇嘛等地方權威把持政權。在西康建省以前，百姓遇有糾紛衝突時，一般先由頭人受理，如不成，由喇嘛，又不成，到土司處，再不成，才訴諸縣府辦理。從清末到民初，雖然中央政府開始一步步加強對這一地區的管理，將之逐漸納入到統一的制度體系中，直到西康建省後對之進行全面改革，土司、頭人、喇嘛等地方權威的勢力漸消，不能如過去一般操縱地方司法、行政大權。但是，由於他們根植於鄉土民間，深知地方習俗，在普通百姓心目中的威信依舊存在，其與政府的合作，在一定程度上影響著官方力量在基層社會的控制效能。作爲國家社會控制手段的司法力量若要有效介入邊疆民族地區，便不能將這些地方勢力置身事外，只能恰當地尋求地方代理人，發揮其作爲第三方力量的調節作用，爲民間社會組織保留一定的糾紛解決權限，才能有效解決基層社會的矛盾，從而讓民族地區由過去簡單復仇式的糾紛解決機制逐漸整合，最終融入到現代司法體系之中。

2. 尊重宗教信仰輔以神明裁判

在瞻化縣兼理司法縣政府宣佈的調解辦法和判決書中，多次提到虔心宣誓一詞。這種虔心宣誓，實質上是一種神明裁判方式。「神明裁判也叫神判、天斷，是指在早期社會訴訟過程中，裁判人員在不能利用現有智慧和通常方法來搜集、甄別證據查明案情時，利用通行於所屬群體人們對神靈的虔誠和敬畏心理，依託神靈做出裁判的審判方式。」〔註60〕

由於西康民眾篤信佛教、尊崇鬼神，常常將他們無法得知的現象歸結爲神的意旨。在他們的內心中，只有神明才是公正的化身。因而土司、頭人或喇嘛在主持調處訟案時，當某些糾紛由於雙方各執一詞、在無確實證據的情況下無法判斷誰是誰非時，往往採取神明裁判手段，以雙方對神明宣誓的方式進行解決。瞻化縣政府在審理此案時，在有關財物賠償數目的判決上，默認了這一信仰習俗。對於奪絨小房燒毀究係何人所爲，經再徹查，未得眞相，且無證人到案證明，由通宵保長更慶攜其村民虔誠向古路宣誓，用明心跡；對於莫巫臘西訂婚事件，由於雙方各執一詞，並無憑據以資證實，也准由雙方洗心了結，雙方家長分別攜其家族向對方虔心宣誓；對於古路、通宵兩方損失財物數目，由於是各執一面之詞，也沒有確實證據，有待商討，由雙方

〔註60〕後宏偉、劉藝工：「藏族習慣法中的神明裁判探析」，《西藏研究》，2010 年第 5 期，第 95 頁。

當事人和有關親族協同指定之人，虔心宣誓後再核定賠償辦法；對此次衝突給喇嘛寺造成的財產損失，因沒有準確數字，同樣由各當事喇嘛虔心宣誓後，由肇事人負責清還賠償。這種借助神靈的糾紛解決機制，顯然違背科學，在現代法律制度完善的今天來審視之，是荒謬專斷而不可取的，但是法律制度的具體實施，永遠不能脫離其具體的社會歷史文化背景來孤立評判。瞻化縣作為藏民聚居區，其司法審判制度雖經改革，但是由於該地社會發展落後、文化蔽塞，加上法律技術相對滯後，審判人員在不能利用正常法律手段搜集證據來確認犯罪行為時，借助人們對神靈的敬畏心理，採取這種非常手段來輔助司法審判，在當時特殊的社會背景下是有其合理性的。無論其結果是否與真相一致，它至少通過這種神秘的方式解決了當事人雙方的利益衝突，這對於法律資源有限的戰時康區社會來說，不失為一種有效解決社會矛盾的輔助方式，具有一定的時代價值和社會價值。

3. 賠命價習慣法與刑事制定法並行

對於因莫巫搶親燒殺以及隨後的雙方械鬥傷害行為，兼理司法縣政府在審判時採取了兩套審判系統。一方面，從撫慰傷者及其家屬的角度，按地方習俗裁決通宵、古路兩家族互為賠償命價。格瑪翁須被燒斃命，由莫巫陪償命價銀四十五秤；四即這馬母女三人備受驚險，賠銀共二十五秤；喇嘛安青（錯登）、雇工阿惹各負槍傷，安青傷較輕，由莫巫付給調養費銀四秤；阿惹傷較重，由莫巫付給調養費銀五秤；古路牛場充翁孫家身受槍傷，付調養費銀六秤；其餘梭西、阿魯布母、日朱三人各付銀一秤道歉；值日俄巴阿娘死亡，由藏巴納賠償命價銀十五秤；通宵村民阿扭家擇翁孫加被藏巴納打死，由藏巴納賠償命價銀二十五秤；統限五日內按地方習俗繳納。另一方面，法庭認為莫巫糾眾夜間搶親不遂，焚毀藏巴納住宅，格馬翁須因而殞命，安青等因而負傷，實屬大干法紀，罪無可逭。姑念莫巫年輕，一時衝動而鑄成大錯，因而從寬擬辦，未判死刑，而是依刑法第 11 章第 173 條之規定，處以 10 年零 6 個月有期徒刑，而且根據民國罰金易科制度允許莫巫倘因特殊情形不能到縣守法時，准以罰金從權贖罪。

「賠命價」是藏族地區特有的一種刑事習慣法，〔註 61〕由於藏民深信佛

〔註61〕「賠命價又稱作償付殺人命價，是指發生殺人案件後，由原部落頭人及其子弟、宗教人士出面調解，由被告人向被害人家屬賠償相當數額的金錢和財物，從而達到平息訴訟和免除刑罰處罰的方法。」參見蘇永生：「賠命價習慣法：

教教義、敬重生命，他們認為命案發生後，以結束另一生命的方式進行裁決，對逝者和家屬都沒有實際意義，而以命價賠償的方式進行處斷，既能對受害者家屬給以物質生活上的利益補償，又能實現懲罰對方犯罪行為的目的。從其初衷來看，實際上是屬於一種恢復性刑事制裁方式。西康瞻化作為藏區，保留了這種原始刑事審判習慣，這與該地經濟發展落後，民眾對刑事制定法認識薄弱的社會背景是相適應的。瞻化縣政府在刑事判決中，既根據國家刑事制定法相關規則對犯罪者施以刑罰懲治，又以官方身份對藏族賠命價習慣給予了部分認同，避免對犯罪者判處死刑，這實際上是將法律放置在具體生活空間來考慮，將國家刑事制定法與「賠命價」的刑事習慣法相妥協，實現了刑事制裁與藏區「賠命價」習慣的良性互動，從而增強了案件審判的可操作性。

對於西康這樣一個有著特殊歷史文化背景的多民族聚居區，刑事衝突的當事人之間可能或多或少地存在著各種血緣和族緣關係，在針對這些案件的審判中，官方規則與民間習俗實質是在經歷著一個不斷妥協、退讓與溝通，並最終達成一致共識的博弈過程。因此，作為基層司法審判的官員在處理類似案件時，只有熟悉民族習俗習慣，對國家法律和民間習慣靈活綜合運用，才能彌補國家司法審判制度的不足，以切實可行的方式將國家法律制度貫徹到鄉土民間，有效化解基層社會的矛盾與糾紛，實現其社會控制的目標。

從差異到契合——一個文化社會學的考察」，《中國刑事法雜誌》，2010 年版，第 3 頁。

第七章 西康司法審判制度近代化改革評析

　　抗日戰爭的硝煙早已消散，1955 年西康撤省以後，這個短暫存在於西南邊區的省份漸漸在人們的記憶中淡忘，只有這一卷卷充滿黴變味道的司法檔案，記錄著那個特殊年代，國民政府在西康推行邊疆司法改革的點點滴滴。時至今日，當人們論及這段歷史時，也許會用現代的眼光去審視或者批判西康司法審判制度改革的種種不足。然而，任何一種司法制度都不會脫離一定的社會文化土壤而孤立存在，它是審視社會文明發展進程的極好視角。倘若脫離了抗戰和邊疆的時代需求和特殊背景，僅僅以單一的現代眼光去評判民國時期西康的司法審判制度改革，則既是幼稚可笑，也是缺乏客觀公正性的。因此，只有回到歷史的視域梳理史實、還原真相，從辯證的角度去審視民國時期西康司法審判制度改革的功與過，總結其中的經驗教訓，才能為今天摸索中前行的現代法治建設提供有益的借鑒和參考。

第一節　凸顯戰時司法的社會治理功能

　　西康建省是國民政府順應抗戰形勢的重要戰略設計之一，因而西康司法審判制度改革所承載的首要功能便是抗戰建國。抗戰以來，國內政治、軍事等各項制度多有所改革，司法亦不例外。為穩定抗戰大後方社會秩序，滿足戰爭對社會關係的特殊需求，國民政府在西康適用戰時司法工作指導原則。一方面，對直接或間接干擾戰爭利益的行為加重處罰；另一方面，針對戰爭期間交通阻滯等各種客觀困難，為保障司法審判活動的正常進行，在訴訟程序方面做了相應的調整，促進了戰時社會關係的調整。

一、提高司法效率

司法效率，簡言之就是一切司法活動的成本投入與司法效果之間的比例關係。西康司法改革作為國民政府戰時司法改革的重點之一，其最直接的目標便是司法效率的提高，「以儘量少的投入取得最良好的效果，充分實現司法的社會功能，這是現代司法的一個非常重要的價值和追求」，〔註1〕而這一目標體現在審判制度上，便是根據戰時的基本環境，通過各項改革措施來提高審判效率，從而高效、快捷地解決各種糾紛。審判效率高低與否主要取決於審判周期的長短，審判周期越長，耗費的人力、物力就越多，訴訟成本就越高。審判周期在一定程度上又受審判程序、審判環境等因素的影響。

在抗戰時期，儘管西康並非處於戰區，司法組織體系及其運行沒有受到太大影響，但是經費不足、人員緊缺、交通不便等依然成為拖延審判周期的客觀因素。更何況，當時西康剛剛建省，一切還處於準備和適應狀態，司法設施建設還有待完善，新式司法體制生存的土壤尚未培育完全，新舊司法理念交雜混同，這些現實情形使得司法審判效率不高，積案率居高不下。各級法院為了清理積案、快審快結，盡其所能地發揮大後方司法抗戰建國的功能，就必然採取特殊的戰時司法舉措，完善審判機構、改進審判程序。

（一）簡化訴訟程序

戰爭期間，由於戰區人口大量向後方轉移，社會不穩定因素增加，加之戰爭引起物價飛漲，社會和經濟環境發生巨變，社會矛盾因之而加劇。各級法院所受理的民刑案件數量大大增加，尤其是初級審判機關壓力非常巨大。第一審程序相對繁重，從案件受理到庭前偵訊，從法庭審判到文書送達都有嚴格的法律規定。為了節省人力、物力，縮短審判周期、提高審判效率，戰時的西康在基層審判的傳票送達、判決文書製作等一系列程序上進行了簡化。諸如審判日期的宣佈，在戰前需要以書面文書形式由執達員親自給雙方當事人送達傳票，而在戰爭期間，為了便利訴訟、縮短審判周期，審判官可當庭宣讀，將下次審判日期以面告方式告知訴訟當事人並命其到場，面告與送達傳票具備同等效力。再如，法律施行日期的變通。由於戰爭對交通的影響，加之西康關外各縣地處偏遠，訴訟極為不便，如果參照其餘省市的法律

〔註1〕陳貴民：「論司法效率」，《法律科學》，1999年第1期，第16頁。

施行日期來統一執行，困難會很大。因而西康在司法審判實踐中，結合訴訟雙方的居住遠近和具體的地形位置，對法律施行日期採取了靈活的處理，一律以公佈法律之命令實際到達各縣第二天起發生效力，並根據當事人住居地與法院所在地距離遠近扣除在途期間。又如，判決宣佈方式的變通。雖然司法審判原則上不允許以庭諭代替判決書，但是在情形必要時，庭諭可以作為判決執行依據，之後由承辦人員補製判詞並送達雙方當事人，當事人如有不服仍可於送達法定期內提起上訴。

　　當然，審判效率並非只是速度與時間的考慮，還要在公正的前提下考慮審判效果，離開了司法公正，就無所謂審判效率了。雖然西康在審判程序上進行了簡化，但是各民刑案件的審判過程仍然嚴格依照國家法律慎重審理，「判處死刑、無期徒刑案件，應檢卷判專案呈報，俟核准後始能執行，其它刑事案件，如宣告刑期在三年以上者，亦須報請審核，以示慎重。」〔註2〕通過各縣級司法的努力，基層司法機構案件積壓嚴重的局面有所改變，尤其是一般民事案件基本在一審得以有效解決，這也在一定程度上緩解了各二審法院的壓力，從下面西康高等法院 1944 年至 1946 年民事案件一、二審對比統計圖表可略證之。

〔註 2〕蘇法成，前注〔88〕，第 8 頁。

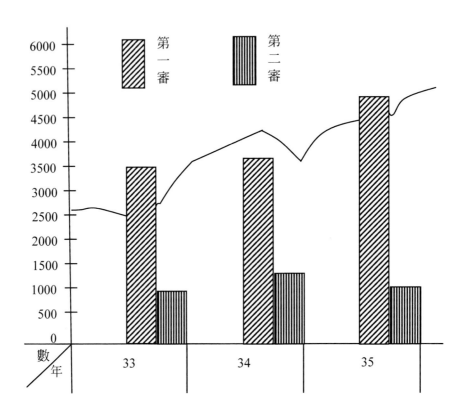

西康高等法院及所屬各院處民國 33～35 年收受民事案件統計圖

資料來源：西康高等法院編：《西康高等法院工作報告》，1947 年版，國家圖書館藏

從上圖可以得知，1944 年到 1946 年西康高等法院及其所屬院處所受理的二審民事案件相比一審來說較少，這樣的結果雖然一定程度上是由於戰時交通阻滯影響了人們二審上訴，但也不能否認，各基層審判機構基本滿足了戰時民事關係的調節需求，這和各縣級司法設施的改善以及各縣審判制度的改革與實踐是分不開的。

（二）靈活設置審判機構

西康建省於抗戰最艱難時期，受司法經費拮据的影響，各項司法設施有待完善，尤其是高等法院未遷康定以前，所有二審案件一律要到雅安受審，而交通阻滯又使得民眾上訴極為困難。為方便訴訟，西康高等法院先是在康定設置分駐庭，後又在康屬各縣針對管轄區域內上訴在途期間逾越 10 日之縣設立臨時分庭，受理二審上訴案件。此外，為進一步方便民眾的二審上訴，最高法院又派推事到部分地區實施巡迴審判，上門立案、就地開庭，及時處

理巡迴審判區域的二審上訴案件。無論是臨時分庭的設置，還是巡迴法庭的試行，西康在戰爭期間所設定的這些特殊審判機構，因其程序相比普通審判更力求簡捷，在審判環境困難的情況下，不失為一項應時而便利之舉，因地制宜地解決了戰時的訴訟難題，保障了抗戰時期司法審判的順利進行。

西康在戰時特殊的司法環境下，對審判程序、審判機構作出各種適當的調整，在提高審判效率的同時，兼顧著公平，既節約了戰時社會資源，又讓人們從實體和程序上體會到司法公正的價值內涵。

二、重懲刑事犯罪

對於一個時期司法審判的價值判斷，既要根據一般理性去評價其審判制度與實踐是否正當合理，又要將之放在具體的時代背景下進行評析，因為審判制度及其實踐是為社會有序發展而運作的，其終極目標是為了調節社會主體之間的法律關係，因此對其評價不能脫離其所處的社會政治、經濟、文化的發展實際。美國學者彼得.斯坦曾說過，「與法律永相伴隨的基本價值便是社會秩序，維持社會和平是實現其它法律價值的先決條件。」〔註3〕西康司法審判在抗戰大後方這一重要戰略背景下，通過刑事審判制裁了各種足以妨礙抗戰力量的人和事，通過解決各種刑事糾紛維護了社會秩序，並且由它產生出一種精神，創造出一種氛圍，支配和影響著人民對政府和法律的信仰，從而保障了抗戰利益。

（一）重視軍事利益

抗戰時期，國家利益最直接的體現便是軍事安全。通過司法審判公正地定罪量刑，防止因犯罪而影響國家戰略安全，這是西康司法審判作為戰時司法所發揮的特殊功能之一。一方面，懲罰與戰爭直接相關的犯罪，對妨害兵役的案件迅速處理、從重處斷。由於戰爭期間，部分壯丁逃避兵役或入營後逃亡返鄉，各級基層機構兵役工作人員依規定對其執行強制入營或予以拘捕時，壯丁家屬多般阻撓，阻礙了兵役任務的執行，加之部分兵役工作人員徇私舞弊、收受賄賂，也影響了兵役徵集的進程。為祛除種種弊端、擴大兵源的徵集，為前方戰場不斷輸送兵源，西康高等法院遵行司法行政部命令，對

〔註3〕〔美〕彼得・斯坦：「西方社會的法律價值」，北京：中國人民大學出版社，1989年版，第38頁。

兵役舞弊案件以及其它妨害兵役的行為加重懲治，對於被告保釋及宣告緩刑等環節更是審慎處理。另一方面，對涉及軍人和軍人家屬的案件慎重處理。為了安撫出征抗敵軍人，對於其家屬涉案的輕微刑事案件，沒有按照普通刑法的規定加以懲罰，而是按照特別法優於普通法原則，視其情節輕重准予展緩。對於軍人離婚案件，凡在出征期間，無論女方持何種理由，一概不予受理，須至其解除兵役後，方依法辦理，以利抗戰。之後又根據《軍人婚姻保障條例》，對破壞軍婚的行為加重處罰，前已有述，在此略過。所有這些特別措施，在今天看來於法典不合，但是在抗戰的特殊年代，一切以抗戰利益為重，國家利益便是最高利益，因而這些舉措就成為因時制宜之舉，為抗戰建國做出了重大貢獻。

（二）懲治特殊犯罪

作為抗戰大後方，為適應戰爭形勢，穩定社會秩序，西康採納了當時普遍盛行的「刑亂世用重典」的審判理論，將違反國家政治和社會治安的部分案件（諸如盜匪、煙毒、漢奸、貪污等）列為特種刑事案件，在其審判管轄、定罪量刑等方面採取特殊的處理方式。尤其是在煙毒案件的處理上，結合西康地方特色，有針對性地設計具體制度，有的放矢地加強煙毒案件的審判，將司法審判的社會效果與政治效果並重，盡可能地將煙毒對民眾身心的毒害，對軍政力量的衝擊與損害減到最小。儘管由於軍政要員的干擾以及司法系統內部的貪污腐敗導致特種刑事審判的實際效能降低，諸如在整治煙販問題上，往往對小煙販加重懲治，而許多大煙販由於受到軍政內部各種勢力的保護反而逃之夭夭。但是，西康根據國民政府特別刑事法規對相關犯罪所進行的處罰，既彰顯了國民政府統治力量在大後方的強勢地位，同時也發揮了大後方司法維護社會治安、穩定後方秩序、有效支持抗戰的積極作用。

此外，西康各級法院和縣司法處在審判實踐中，順應時局要求，對破壞戰時經濟安全的行為加大了懲治力度，諸如加重懲治偷漏稅收、盜竊軍事物質的行為，打擊妨害幣制行為，以穩定後方金融秩序等等。

總之，西康作為大後方，其司法運行緊緊圍繞著保障國家利益及戰爭利益這一基本宗旨，通過懲處破壞戰爭利益的行為化解各種矛盾糾紛，保障民眾人身財產安全，將戰時司法奠安黎庶、抗戰建國的功能發揮到極致。

三、完善制度設計

西康在審判制度改革中，通過各種制度設計有效地調處民刑糾紛、調節戰時社會關係，有助於加強大後方的基層社會治理，對抗戰勝利發揮了不可忽視的社會安全閥作用。

（一）規範審判程序

無論民刑審判，都按照國家程序法和實體法的相關規定對審判程序加以規範，使之更具操作性和合理性。在各地方法院或縣司法處的初級審判中，從訴狀的格式規定到訴訟費用的繳納，再到案件的受理與送達，都要求依照法定程序以當事人利益為重。為了保證雙方當事人的平等訴權得以保護，法庭非常重視言詞辯論的開展，將所有訴訟材料在法庭上以言詞方式呈現，這對於法庭審理的公開、公正既是一種彰顯，也是一種促進。在判決的生成上，要求有正式的判決書，原則上否定堂諭代判的法律效力，這也是為了改變西康過去法庭判決的隨意性和主觀性，保證法律面前人人平等。正如英國著名法官單寧勳爵所說：「如果一個正直的人可以受到殺人犯或盜賊的侵害，那麼他的人身自由就分文不值了。」〔註4〕

在建省前，土司、喇嘛無視民眾的合法訴求，一切民刑案件一次性裁判定奪，既不允許任何人上訴，也沒有設置相關的機構。西康建省後，隨著各級司法機構的增設，審判機關、司法人員、司法經費、審級制度、審判組織等各方面相繼完善，建立並健全了新的司法組織體系，為審判制度的近代化變革奠定了基礎。在審級制度的施行上，嚴格遵守國民政府的三級三審制度，無論是以審查事實為主的第二程序，還是僅僅審查法律適用的第三審程序，都根據程序法規定賦予了當事人平等的訴訟權利，任何一方如果對於原審判決不服，都可以依法提起上訴或抗告。各民刑案件判決的執行也相當慎重，「各級推檢之升調考績即以其辦案是否妥速及有無濫押被告為依據，務各特加審慎，勿稍怠忽。」〔註5〕

在審判組織的安排上，為了保證審判的公正，為了保護當事人的合法訴訟權利不受侵犯，採用了近代西方國家建立的審判組織形式，〔註6〕即合議制

〔註4〕 〔英〕丹寧勳爵：《法律的正當程序》，李克強等譯，北京：法律出版社，1999年版，第109頁。

〔註5〕 「刑事被告不得濫押」，雅安市檔案館藏，檔案號187－4－250。

〔註6〕 審判組織是指法院審理案件的內部組織形式，它是從事審判活動的主體，根據審理案件的性質可分為刑事審判組織、民事審判組織和行政審判組織。民

和獨任制兩種形式。由於戰爭環境下司法設施的簡陋，加之建省初期基層司法組織體系有待完善，一審案件基本採取審判官獨任審判的形式。地方法院和縣司法處的一般民事案件一律獨任審判，通常由一名審判員（推事）獨立審判，書記官和執達員作爲輔助。如前面天主堂案件，一審法院瀘定地院就是由推事江鴻黎一人獨立審判，書記官負責記錄。西康司法向來落後，基層法律人才更是奇缺，獨任制從節約訴訟成本與方便當事人的利益出發，針對一些事實清楚、情節簡單的案件減小審判規模，這對於戰時司法資源的合理利用以及審判效率的提高也是有益的。儘管如此，爲了加強案件審判的透明和程序的公正，但凡由西康高等法院所受理的案件，無論是一審初審還是二審上訴程序，一律採取三人以上的合議制審判，至於高等法院分院的二審、最高法院三審也一律合議審理。在前述天主教田產案中，當事人上訴到二審法院西康高等法院第一分院民庭後，就採用了三人合議的合議制，由審判長推事汪潤、推事吳正江、推事鍾銘三人組成合議庭共同審理。後上訴人又上訴到三審法院，最高法院民事第六庭依然採取三人合議制，由審判長推事林組絕、推事李受益、推事諸葛魯三人合議審理。

從審判價值上看，保障司法公正是現代審判組織所追求的重要價值目標，審判組織作爲司法活動的載體，與司法公正的實現有著內在的聯繫。無論採納哪一種審判組織形式，其最終目的都是爲了保證效率與公正同行，從而最大程度地保障訴訟當事人的合法權益。也正是如此，在戰爭狀態下，法律仍然起著調節人與人之間關係、穩定社會秩序的作用，其社會治理的功能在戰爭條件下更加彰顯。

（二）加強法律援助

爲了確保裁判的公正性，西康高等法院及其所屬各級法院依據國家相關法律建立了多層次、多渠道的救濟機制，給民眾訴訟提供了便利。

其一，設置繕狀處，爲當事人代寫訴狀。爲了規範訴訟當事人所提交的訴狀格式，在各級法院內部設置繕狀處。1943 年 5 月，西康高等法院頒行「本省各級法院繕狀處辦事細則」（詳見附錄六）。各繕狀處由院長或首席檢察官指派人員充任繕狀員，爲訴訟當事人或代理人代繕、代撰書狀。繕狀費和撰

國審理案件的組織形式通常有二種：獨任制、合議制。「這一審判組織的安排，是在近代西方審判制度的衝擊下所設計的」。參見夏錦文：「衝擊與嬗變——近現代中西方審判制度的關聯考察」，《江蘇社會科學》，1994 年第 1 期，第51～56 頁。

狀費按照字數酌情徵收，繕狀費每百字徵收二元，撰狀費每百字徵收四元，不滿百字者均按百字計算。繕狀員供職半年以上，稱職者酌給獎金，其數額不得超過一個月薪額；供職一年以上，有特別勞績者酌予加薪，以加至最高薪額為止。繕狀員違反規則或有重大過失者，給予停職處分。

其二，實施公設辯護人制度。根據國民政府《公設辯護人條例》設立公設辯護人，為因經濟困難或其它原因而無力聲請法定代理人的刑事被告提供辯護服務，進一步保護刑事犯罪嫌疑人的基本人權，更有助於真實有效地裁決案件。諸如前面提到的 1947 年西康高等法院所審判的雅安胡元俊破壞兵役案件中，胡元俊為雅安鳳鳴鄉第四保保長，由於自身各種原因無法聘請辯護律師，西康高等法院指定公設辯護人孫自由為其辯護，最終推翻原審法院根據「特種刑事案件訴訟條例」所作出的判決，改判「破壞兵役罪」這一普通刑事罪名，使被告胡元俊被從輕發落。很明顯，在二審審判中，被告得到了更為公正、合法的判決，而這一改變判決的結果與公設辯護人所提供的法律服務是緊密相關的。因此，對於人民生活水平相對落後、職業律師行業有待完善的西康來說，公設辯護人制度的實施是非常必要的。

（三）重視調處息訟

在戰時，西康進一步加強了民事案件的調解工作。法院受理民事案件，關於財產權之訴訟標的金額在八百元以下者以及離婚之訴、夫妻同居之訴、終止收養關係之訴、親子關係認定之訴等均被列入強制調解的範疇，非經調解不得起訴。在法庭調解中，要求法官依據案件實際情形公平處理、審時度勢，就其爭議發生之原因仔細斟酌以求其癥結之所在，遇到雙方爭執過分激烈時，可以讓一方當事人暫時退出並作個別開導。法庭還常常聯合各鄉鎮公所等民意機構，協同當事人親友及隨同者進行庭外調解或庭內和解，在法庭的非審判式介入下，通過第三方的民意機構對雙方當事人的矛盾糾紛進行合理的調處。〔註7〕一旦法庭和解成立，便產生和判決書同等的法律效力，任何

〔註 7〕　「第三領域」是黃宗智先生通過對清代四川巴縣檔案、寶坻檔案、臺灣淡新檔案的民事案件考察得出的概念。他認為正是依靠這些介於國家與社會之間的「第三領域」準官吏的幫助，正式國家機構才能擴展其空間範圍，滲透到基層社會。不過有學者對此概念提出了批評，梁治平先生認為「第三領域」的概念脫胎於哈貝馬斯的「公共領域」。儘管黃宗智「拋棄了社會與國家的二元模式，但卻不加批判地接受了同樣的社會與國家的概念」。相關的爭論可以參見梁治平著：《清代習慣法：社會與國家》，北京：中國政法大學出版社，1996 年版，第 9～20 頁。

一方當事人不得就該法律關係另行起訴。前面提到的「劉肇端確認業權案」中，劉肇端對和解條款擅自反悔而另行起訴，法庭因此駁回上訴，這便說明了法庭和解的法定效力。這與現行的調解制度實施中，當事人可以事後反悔並輕易推翻和解協議有所不同。筆者通過查閱四川省檔案館和雅安市檔案館的民國時期西康司法檔案以及國家圖書館古籍館的相關資料，發現在抗戰時期西康各級法院民事案件的審判中，法庭調解佔據了相當大的比重。根據在國家圖書館古籍館查閱到的一份「西康高等法院 1944 年～1946 年民事案件的終結圖」（見附錄七）筆者發現，在第一審民事案件的審理中，調解的比例佔了一半還要多。加強民事案件的調處，既可省法院案牘之繁，且免當事人訴訟之累，時間與經濟均屬兩宜。在抗戰的亂世年代，面對有限的司法資源，這樣的「調處息訟」方式既適應了西康剛剛建省，一切司法設施建設處於摸索階段的實際情形，又減少了戰時司法成本，減輕了人民的負擔，成為民間和官方所共同認可的一種糾紛解決原則。

第二節　充分詮釋邊疆司法的多元化特徵

國民政府司法改革的重點努力方向之一，便是以政府名義制定大量的法律以規制人們的行為和調節社會關係，從而形成良好的社會秩序。然而最終的司法實踐是要將文本上的法律轉化為行動中的法律，司法審判所承載的便是這樣的使命。在這一轉化中，有時會發現當運用法律條文解決現實問題時，往往陷入法理與民情對立的困惑，尤其是在西康這樣的邊疆少數民族地區，由於民族習俗、宗教信仰等各種影響，存在著很多鄉土民間自有的規則，而這使得國家法律在進入人們現實生活中會出現諸多不適，如果一意孤行，勢必會引起來自民間的對立甚至反抗。因此，西康各級司法審判官在審判過程中，既重視國家法律在邊疆地區的規製作用，同時又將各種民俗習慣引入司法審判，注重國家法律在邊疆地區的靈活適用，體現了邊疆司法的特殊性。

一、擴大國家法在邊疆地區的影響

西康地區種族複雜、文化蔽塞，社會文明相對滯後於內地，若要使其融入現代文明，唯有從制度著手，修其教而正其俗，而改進司法制度、保障民權又被視為社會制度變革之首要。為加快西康社會的近代化進程，國民政府

從法律生活領域入手進行改革，將以國家名義制定的諸多涉及社會生活領域的法律、法規推向邊疆民族地區，以全新的法律規制人們的日常行為，形成新的社會秩序。特別是針對康、寧兩屬少數民族地區司法狀況，國家採取多項改革措施，改變了當地原有司法審判的無序狀態，使一切審判活動應遵從國家固有法規，杜絕專斷。通過司法審判制度的改革，國家司法在少數民族地區的影響得以擴大。

（一）重視邊民法律意識的普及

西康全省康、寧、雅三屬的地方特色頗有不同，雅屬地區長久以來歸隸四川省，雖有不同種族，但多已漸歸同化，社會風習幾乎全與內地相同，但凡有民刑糾紛都訴諸於官方法律保護。康、寧兩屬居民大部為久居深山的少數民族，民情剽悍、法律意識淡薄。例如，女子多夫成為風尚，隻羊斗酒已訂終身，親迎禮成隨時可去，此為婚俗；遭遇搶殺事件，不求官府判處，而是以種族仇殺報復為手段，此為刑事習慣。民間衝突多半訴諸土司、頭人，或以習俗慣例或以神明裁判作為平息手段，很少有法律觀念。因此西康司法審判制度改革將民眾法律意識的增強和普及作為首要前提。

首先，廣泛宣傳法律常識。國民政府川康視察團在調查西康司法狀況時瞭解到，康屬各縣司法機構受理民刑訴訟案件極少，既是因為人口、交通、文化、經濟各項原因造成，也是由於民智稍淺、法律意識不強，人民對於司法精神未能瞭解，一旦遇有訴訟，動輒向土司、頭人提出，很少向司法機關起訴。「欲謀該省法務之推進，非先事宣傳不為功。」〔註8〕為了促進人民自覺維護合法權益，西康高等法院選派深明法理、洞悉邊情的推事親赴各地告知民眾相關法律常識，就各級司法審判機構內部組織與地位以及所負責的任務告知民眾，如司法系統組織、司法機關權限、民事與刑事的區別、人民協助司法之義務、土司頭人等僅能調節民事而不能審判刑事訴訟之原因、法律與人民之關係等；說明審級制度具體情形以昭示司法之威嚴與保障權利的途徑；就現行各種法規闡明國家立法本旨及法律之作用等等。在少數民族聚居區，選擇與當地民情風俗極有關係者擇要節譯並詳加注釋，印成傳單或小冊分送各土司、頭人、喇嘛寺及區保長等；就現代司法所負之任務，違反公共秩序或善良風俗的習慣必須革除等內容和精神多方宣傳；使普通人民知司法

〔註8〕謝冠生，前注〔47〕，第7頁。

爲何物，啓發人民對於司法的信仰而使其甘願受法律的保障。爲提高宣傳效果，還擬定司法宣傳的相關辦法：

附：西康高等法院康定分駐庭司法宣傳辦法〔註9〕

第一條　本院爲使關外民眾瞭解現代司法之精神以利本省法務之推進起見，依本院康定分駐庭臨時開庭辦法第十條規定，兼行司法宣傳

第二條　司法宣傳由本院臨時庭推事一人擔任之

第三條　宣傳期間爲每年四月至九月經預定後先行布告週知

第四條　宣傳地點南路以理化爲起點、巴安爲終點經過之雅江等縣屬之，北路以甘孜爲起點、德格爲終點經過之道孚等縣屬之

第五條　宣傳綱要如左

一、政府組織：就各級政府之組織説明法院所處之地位與所負之任務

二、法院組織：説明各級法院之組織及審級制度，俾知司法之尊嚴與夫保障權利之確實

三、法律常識：就現行各種法規闡明國家立法本旨及法律之作用與神聖，並法律與人民生活之關係

四、訴訟程序：曉以淺近訴訟程序，以喚醒民眾對於司法機關之認識與信仰

五、説明向時武力或投憑土司頭人調解之非計

六、因時因地就違反公序良俗之必須改革事項加以指示

第六條　宣傳方法如左：

一、口頭宣傳

甲、就較大市村有集會時街頭講演

乙、乘各地民眾學校或集會處所當眾演講

丁、召集保甲長土司頭人講演

〔註 9〕謝冠生，前注〔47〕，第 7 頁。

丙、相機訪問喇嘛寺，就智識高尚喇嘛談話

二、文字宣傳

甲、由本院制定語體告民眾書，譯成藏文交宣傳人員攜帶張貼散發，並交由縣政府代為張貼散發

乙、宣傳人員於出發前與康定現有報社接洽刊行司法宣傳周刊

第七條　由本院函達西康省政府及第二十四軍司令部，通令關外各縣政府及駐軍妥為保護並予以宣傳之便利

第八條　宣傳人員到達各縣，於必要時得函請縣政府派員協助

第九條　康民風俗習慣不同，宣傳人員於宣傳時必須謹慎發言不得貽人口實

第十條　宣傳人員必須將每次宣傳情形報告本院，由本院彙報司法行政部備核

其次，以少數民族文字翻譯法律條文。由於語言不通，寧屬夷區和康屬藏區民眾對國家法律制度常難以知曉，法庭審判也主要由所設通譯代為翻譯。西康各縣政府均設有通譯，其資格無一定標準，主要以會少數民族語言、兼習漢文者充任，待遇也不一致。如康定縣府月支法幣十六元，甘孜縣府月支法幣六元。國民政府派出的調查西康司法小組發現，當地通譯的狡詐是到過西康的人所一致公認的。據說川康殖邊大臣趙爾豐在西康審理土司案件時，罵某土司「混賬王八蛋」，某通譯因「八蛋」兩字字音與番語「狐皮」和「七」字音相近，便當面作弊，譯為「大帥叫你繳七百張狐皮銷案」，該土司想盡辦法搜羅到足夠的狐皮送到大帥府，剛巧該通譯出差不在，事情於是敗露。此案充分說明，語言不通給當地司法審判帶來的障礙較大。因此，在漢化程度較淺的民族地區，若要使民眾服從國家法律，必須先使其明瞭法律所訂立的條文，在進行審判時才能做到事實上的公正。故西康高等法院委派專職人員前往民族地區，分別將現行法典一一譯成少數民族文字並貼布告於各地。此外，要求各縣在少數民族中訓練專才、優給薪水，或將辦理司法的漢族人員予以短時間民族語言訓練，法庭審訊時，另外派通曉康語的職員監視，凡可公開案件皆準旁人揭發其流弊。

（二）以程序正義保障邊民合法權益

首先，以公正的審判程序保證民眾合法訴求。以前，西康司法簡陋，沒有正式法院，一切民刑訴訟由土司、頭人、喇嘛操縱，即使官方有所干預的訴訟案件，也因為沒有正式承審機構或因承審人員素質低下、濫竽充數，使得審判過程和結果毫無正義可言。極南部與極北部諸山中之土人則常以決鬥為最後的解決方式。決鬥時，土司或喇嘛坐於其上視之，勝者飲酒為勝訴之表示，並禁止敗訴者於 5 年內再與人決鬥。久而久之，民眾對自己的合法權利茫然無知，對生命、財產無所保護，即使有少數粗知法令者，也由於貪贓枉法者的獨斷專行而得不到公正的判決。

司法公正的首要前提便是程序正義，只有保證審判程序的合法與公正，使司法成為正義的天秤，才能樹立法律在人民心中的權威，才能讓人們以法律作為保障自身合法權益的手段。和過去土司、頭人審判的專斷不同，西康各級審判從起訴到傳票送達，從法庭辯論到案件最終裁斷，整個審判過程都力求堅持公平、公正的原則。按規定，當事人在刑事判決送達後 10 日內、民事判決送達後 20 日內，可以向上級法院提交上訴狀。法庭針對原審事實偵查錯誤或者法律條文適用錯誤等情況，依法應作出新的有利於當事人合法權益的判決。

其次，定罪量刑依據國家法律，以更好地保障民權。西康過去刑罰較野蠻，無論罪名輕重，處刑都頗為嚴酷殘忍。對於侵害他人財物或身體者刑罰較重，諸如傷害他人罪判處永遠監禁，個人竊盜罪斬手、刖足或割耳鼻，損毀公共之建築物罪則斬手刖足或割耳或充苦役，侮辱官長罪為死刑，阻礙公務執行罪死刑。此外，由於西康篤信佛教，因此對侵害社會信奉之神佛喇嘛公然不敬罪判處死刑，妨害他人信奉神佛之罪者死刑。由於法律地位的不對等以及刑罰的過度嚴酷，人民失去了基本法律保障，國家法律如同虛設。西康在改革中，要求各級司法審判機構以罪刑法定為原則，依據國家實體法和程序法對犯罪當事人進行合理處罰，保障人民生命財產、解除人民痛苦、取締首腦殘酷之特權、保障普通民眾能夠擁有平等待遇，從而使邊疆民眾甘受國家法令約束。

（三）以實體正義增強邊民對國家法律的信任

1930 年發生在甘孜白利土司和大金喇嘛寺的廟產之爭，由於縣府知事處理不善導致事態擴大，並引發第三次康藏糾紛。1930 年 6 月甘孜縣白利土司

的繼承人孔撒土婦與白利家廟亞拉寺活佛智古不合，孔撒以狡詐手段扣留其廟產憑證，智古向縣署起訴後，縣署知事因受賄賂沒有受理此事，引發大金和白利之間的矛盾衝突，大金請縣府出面解決，縣府知事不置可否，以致雙方產生武裝衝突。事態激化後，蒙藏委員會派出甘孜縣府和鄰近瞻化縣府知事調解此事，由於縣知事草率了事，民間調解失敗，最終大金寺以保護宗教聖地為理由請求藏軍援助。這件本是發生在甘孜縣的一椿財產民事糾紛，由於縣官疏於調節，竟然給了西藏分裂勢力以藉口，引發了川軍與藏軍的一場激戰，藏軍越境幫助大金寺進攻甘孜與瞻化。這場康藏糾紛一直持續到 1940年，才由國民政府出面解決妥當。

　　過去康民在鄉間受土司等權威壓榨，於官方則受軍政要員鎮壓，民不聊生。雖然建省後西康當局一再聲明「與民更始」，民眾一方面拭目以待，另一方面卻心存疑惑，遇訴訟仍然不敢輕易訴諸官府。古語曰「民無信不立」，惟有秉公執法、取信於民才能增強民眾對國家法律制度的信任。隨著西康司法審判制度的完善，法庭審判民刑案件時，無論當事人為何種身份，一律平等對待。審判過程的公開、公正取代了以往土司衙門秘密審理、不准他人調解、不准上訴等陋規惡習。在案件審判過程中，還經常特別要求與雙方當事人相關的鄉公所、鎮公所、參議會等派人參加旁聽，以保證案件審判的公正性。邊疆民眾逐漸從歷來甘受地方權威壓制的奴役心態中解脫出來，開始相信官方權威能夠對其施以保護。因此，即便在宗教信仰極深的瞻化、甘孜等藏區，藏民發生糾紛後，也開始訴諸官府以求法律保護，使得基層審判機構所受理民刑案件數量大大增加。影響面比較大的幾椿訟案包括八角樓土司案、冷卡石與霞壩的爭議案、冷卡石抗糧和抗差案。以下是瞻化縣冷卡石與霞壩的地界糾紛中，其村保頭人代表村民向警備司令部和縣政府提交的訴狀。

　　司令、縣長鈞鑒：

　　　　理化八村村保頭人為具譯稟奉，進開冷卡石娃率四百馬隊、二百部隊在霞壩去騷擾霞壩全體百姓。我們同霞壩共計八村，如果這次冷卡石把霞壩搶了，那麼我們給公家上糧當差的就少了一村。這樣，我們就實在擔負不起，懇請司令和縣長幫忙做主，實德感。著將詳情縣報後奪。

　　　　　　　　　　　　　　　　　　理化八村村保頭人呈。

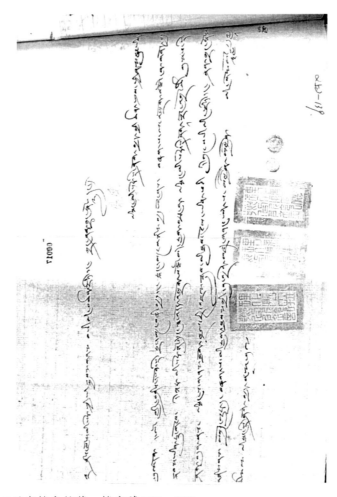

資料來源：四川省檔案館藏，檔案號257～139

　　雖然由於檔案資料的缺失，本書無法對此案最終的審判過程以及判決結果進行追述，但是從村民提交的訴狀和官方的一些公函信件我們可以看出，理化八村藏民將兩個家族村落之間的地界糾紛訴諸縣府和警備司令部這些官方審判機構以求保護，而沒有像以往一樣動輒採取械鬥的野蠻方式，由決鬥雙方聚集親族村人持械互鬥，最終以各自人馬傷亡為結局。很顯然，由於司法審判制度的改革，通過對程序正義和實體正義的維護，讓藏民感受到國家法律權威的存在，所以當他們在利益受損時，才嘗試著求助於司法機構以求保護自己及家族的權益。村民對官方權威的這種依靠，對權力保護途徑認識的這種變化，不能不說是西康司法審判制度的改革與實踐對邊疆社會民眾法律意識開啟的一種推動。

二、重視國家法在鄉土民間的靈活運用

　　雖然隨著西康各級司法機構的完善以及國家法在各地的普及，司法人員在審理案件時，基本依照國家法律進行裁判，使大多數基層糾紛得以在法律框架內順利解決，從而保證國家法律制度的統一性和權威性；但是從大量涉及少數民族的司法審判案例中可以發現，在康屬、寧屬等少數民族聚居地域，由於風俗各異，當遇到民刑糾紛需要解決時，即便有普通法律和明文規定可依，基層社會主體也可能基於當地風俗習慣不願意遵從法律，使得國家司法制度在一些地方難以產生效力。諸如前面提到的瞻對娃兇殺案，雖經知事判決，但雙方並未遵守判決條款，而是要求「賠命價」。對於這些因風俗習慣而引起的法律糾紛，普通法律難以一一適用，若一律以國家法律條款相要求，則扞格難行之弊在所難免。為了適應邊區少數民族的具體生活狀況，國民政府將國家法令與西康特殊情形相結合，制定諸項對於西康適用的準則，並由西康高等法院司法長官成立解釋會議，斟酌各地情形作出司法解釋，以之作為司法人員審理民刑案件的依據。在審判實踐中，司法人員一面參照地方習慣，一面遵循國家實體法和程序法辦理，有效促進了國家司法制度在邊疆民族地區的具體適用。

（一）尊重宗教信仰

　　西康各縣人民信佛極深，康人若生有三子，必定以二子入寺為喇嘛，只餘一子繼承家產，其信佛之專已成牢不可破之習慣。社會政治、文化、經濟均與宗教有密切關係，人民精神與物質生活俱在宗教範圍之內。宗教寺廟中的僧侶在西康有著特殊地位，在改革前曾握有政治、經濟大權，司法、行政亦無不直接或間接受其支配。

　　事實上，宗教尤其是藏傳佛教在西康發展數十年來，雖然多為行政上之障礙，阻礙了社會文明的進程，但其對康區基層社會治理卻有著不可否認的功用。西康民性兇悍好鬥，掠劫燒殺已成習慣，但由於人民信仰佛教，在各種宗教規範的影響下，已逐漸將其強悍凶狡的習性轉變為勤儉樸實與樂善好施的美德。佛教所主張的尊賢重禮、守分服從、清淨寡欲、注重未來等教義感化著西康人民，成為人們內心的依歸；佛教中的各種禁忌規則堅韌地存在於人們的思想中，規範著人們的日常行為，指導著人們的生活，成為人們加強自律、維護社會秩序的一種自治方式。這也是西康為什麼在缺少近代國家法律制度統一管理的情況下，其社會雖弊病叢生、發展落後，但也還能夠基

本保持穩定的重要原因之一。有鑒於此,國民政府意識到,西康司法審判制度改革若不與西康民眾內心根深蒂固的宗教信仰相結合,若不求得宗教人士的適當協助,將難收實效。因此,各級司法人員在司法裁斷過程中,在不違背國家法令的情況下,對各地人民的宗教信仰採取了包容態度。

首先,認可了宗教信仰中的非惡性習俗。凡是治理文化、習俗不同的民族,促成社會進化,必先保留各民族之宗教文化及良善風俗習慣,順應多數人民的心理,然後逐漸設法改進。西康司法審判制度改革堅持五族平等、信教自由的最高原則,順民之欲、因勢利導,使其潛移默化而不自覺。這種原則反映在審判實踐上,便是在涉及少數民族宗教信仰的民刑案件中,要求審判人員既要遵守國家法律的基本底線,又要斟酌地方實際情形,有選擇性地尊重民眾深信不疑的佛教教義、教規,適當地包容某些被漢族人認為是違反道德的行為。在與信仰習俗相關的案件發生後,司法人員往往需要謹慎考量案件原委並確定該信仰習俗的善惡性質後才能加以裁斷。惡者,繩之以國家法規,施以相應處罰;善者,適度遷就,包容忍讓。除非特別需要,否則司法人員一般不會輕易宣佈民眾信仰習俗為「惡俗」。諸如有關藏族喪葬儀式,無論是其天葬還是水葬,照刑法規定來看,都是辱沒屍體的殘暴行為。以刑法言,這種行為既違背公共衛生,也觸犯損壞死屍的罪名以及公然侮辱人的罪名,但是信仰既有不同,處罰即須斟酌。如前所述,由於藏傳佛教對於死後昇天認為是最高榮譽,因此在藏民看來,逝者後人對屍體的這種處理方式是為親人靈魂尋求最好的歸宿,也是後人對逝者最大的虔誠與尊重。因此,官方認同了這種宗教上的道德規範,沒有對天葬行為實施處罰。直到今天,康藏地區的天葬、水葬也是被國家法律制度所默許的。

其次,利用民眾對神的敬畏心理輔助司法審判。司法人員在審判過程中,常利用民眾對神的無限敬仰與畏懼心理,讓其通過人神對話來說明事實真相,以助於案件之裁判定奪。諸如前面所提到的瞻化縣通宵、古路糾紛事件中,當證人無法保證自己所提供證詞的準確性,並且雙方當事人在財產損失數目上也沒有充足證據說明時,縣政府採納了藏族的神明裁判方式,讓雙方當事人以對神明虔心起誓的方式保證自己一切證詞或者言詞辯論的真實性。司法人員在法庭審判中採納西康藏族地區特有的神明裁判方式,雖然以今日眼光而看,實在與科學不符,與真理有違,但司法人員將國家司法的程序規則與宗教規範中的神明約束以及民眾內心的自律相結合,以寬讓的方式使國

家司法的程序正義更合乎人情地走進民眾心中，使現代法律技術與民眾內心的神明關懷共同產生合力，促進民間糾紛的有效調節，這對於當時西康經濟落後、法律資源有限、法律技術滯後的特殊情形而言，顯然是最適當的選擇。

此外，借助宗教人士的民間威望進行審判。在西康，由於佛教的神聖地位，因而寺廟中喇嘛高僧也極具威望。雖然改土歸流後，尤其是在西康建省後，寺廟僧侶權力被沒收，寺中堪布等原來執掌司法大權的神職已經不復存在，但是由於佛教信仰在西康民眾心中根深蒂固並非朝夕可去，而作為佛教傳播的重要使者，寺廟喇嘛等僧眾尤其是德高望重的大喇嘛依然被人們尊重，在百姓中依然有著不可取代的話語權。因而司法人員在審判實踐中，就不得不求助於這些民間權威，設法使他們參與到審判過程中，利用其威信協助官方審理、判決案件乃至判決的執行，前如莫巫燒房、搶親事件，兼理司法縣政府邀請當地大德喇嘛參與案件民事責任部分的調解以及刑事部分的判決執行等等。

（二）援引民族習慣規約

在西康，調整人們的行為、規範社會秩序的不僅僅是國家法律和宗教規範，還有來自鄉土民間、約定俗成的各種民族習慣。為將國家司法制度與西康地區固有的公序良俗相結合，法官在民刑案件審判中，首先考慮現有法律、法規的正確適用，在既有法律與民族習慣產生衝突時，在不違背國家實體法與程序法基本要義的前提下，合理地保留了一部分民族習慣和民間規約。

特別是在民事審判領域，在不違反社會公共利益的情況下，對諸如婚姻、繼承等民事關係的調整，尊重了民族地區自有的傳統習慣。比如康民多有兄弟數人共娶一妻的習慣，理由是如此可以增進兄弟的友愛，嫁女者也不以多夫為恥，所生子女，皆以諸人為父；又有叔侄共妻，所生子女，稱謂亦同為父；又因男子多為喇嘛，女子得婚較難，多有全家婦女共贅一婚的，夫婦的身份難以維持一夫一妻制的善良風俗。在這種情形之下，父子的關係以及繼承的問題偏重於私生子認領的事實以及生前贈予或遺囑。因此，司法官在處理類似案件時，在徵得當事人同意的情況下，一般考慮優先適用民俗習慣，並未拘泥於認領的形式和法定的繼承順序。

再比如，康屬地區藏民居多，而藏民在處理刑事糾紛時，經常使用「賠命價」方式作為對肇事者的懲罰和對受害者家屬的撫慰，這對於殺人償命的國家刑法原則來說，從理論上是不應被允許的，但這種「賠命價」的習慣法

從情理上卻有著它的合理性。對於受害者家屬而言,除了失去親人的傷痛外,更需要的是物質和精神上的彌補,這是對犯罪者進行單一的死刑懲罰所不能實現的。查閱各種司法檔案,筆者發現康屬地區在部分涉及少數民族的命案中,審判官會尊重當地「賠命價」的習慣,既根據國家法律對犯罪者進行相應懲罰,同時又命其交付相應的命價罰金。此外,由於罰金為西康民間糾紛自我調節的重要方式,加之康民恭順、耐勞的性格適於勞役,所以審判人員在判決時,往往採取易科罰金和易服勞役的方式,既滿足了當事人的具體需求,又減少了監獄方面的困難。正如美國著名法官卡多佐所說的那樣,「當需要填補法律的空白之際,我們應當向它尋求解決辦法的對象並不是邏輯演繹,而更多是社會需求」。〔註10〕無論是司法官在審判中援引藏族的「賠命價」習慣,對犯罪者實施刑事裁定後又附加相應的經濟懲罰;還是根據被判決有罪者的具體情形實施易科罰金或勞役,都無疑順應了鄉土社會的生活實際,實現了司法規範與現實需求的完美結合。

　　總而言之,西康司法審判制度改革既重視在國家實體法和程序法框架下對舊有司法加以調整,將少數民族地區的司法審判活動納入到國家近代司法體系中,同時又釋放少數民族習慣法的合理性空間,將國家法的統一性、民族習慣法的非正式性與當事人的可接受性相結合,實現國家法制與少數民族習慣法的整合,這對於國民政府推行邊疆司法、加強對民族地區的社會控制,無疑具有一定的實際價值。其一,有利於邊疆社會的和諧治理。司法人員審理案件時,充分關注社會生活中長期形成、世代積纍、為人們所深信不疑的善良風俗習慣的運用,在不與國家法衝突的情況下,充分考慮鄉土社會的地緣關係和血緣關係,盡其可能地將民族習慣規約引入司法裁判,這有助於滿足民眾的基本需求,從而實現邊疆民族社會的和諧治理。其二,提升國家司法在邊民心中的可信度。西康過去的民刑案件之所以常訴諸於土司、頭人等,除了這些地方權勢的威懾力以外,也由於司法人員的裁斷效果常與民眾經驗和習俗不同,因而司法審判難以在民眾心中產生可信度。西康高等法院建立後,舉辦各種法官培訓班,在培訓科目中增加了西康風俗民情等相關內容,使分配到各縣的司法人員深諳各種民族風俗習慣。在具體的裁判過程中,司法人員充分考慮社會公眾的一般道德評價標準、法律認知程度和是非判斷基

〔註10〕〔美〕本傑明‧卡多佐:《司法過程的性質》,蘇力譯,商務印書館,1998年版,第76頁。

本準則,將民族習慣引入司法裁判,這將有助於提高司法的社會認同度。其三,提高司法審判的效度。將民族習慣引入司法裁判,滿足民眾正當、合理的現實需求,能夠有效化解社會矛盾與糾紛。尤其在民事糾紛的解決中,司法人員結合各種習俗慣例對鄉土民間的社會矛盾進行調節,提高了司法有效度,發揮了定紛止爭的法律調節功能,從而實現了真正的社會正義,這對於當今社會如何有效構建和諧的法治秩序也是值得借鑒的。

結語　西康司法審判的檢討

在抗戰的特定歷史條件和社會背景下,西康司法審判制度改革與實踐有著鮮明的戰時特色和邊疆司法特色,契合了抗戰大後方的政治、經濟、文化發展實際以及邊疆司法改革的特殊性,推動了西康司法制度的近代化,對西康社會的穩定與發展乃至整個大後方建設功不可沒。但是,國民政府司法體制所存在的制度缺陷以及西康社會的特殊背景等原因,使得西康司法審判制度改革存在種種弊端,影響了改革成效。

其一,司法設施建設有待完善,審判機構的增設並未完全付諸實施。雖然西康司法審判改革進程中,根據《法院組織法》制定了大量增設審判機構、在各地普設地方法院的計劃,但事實上,由於經費、人力等問題的阻礙,基層法院的設置並沒有按照預期的設定來實施。除了會理、瀘定、雅安等幾處經濟發展相對較好的縣份新增了地方法院以外,其餘各縣均無獨立法院之設置,多數縣份僅在縣政府內設縣司法處。縣司法處表面上是獨立於縣政府的司法機構,但是由於其經費、人事級別等都受制於縣政府,因而並非完整意義上的獨立司法機構。三級三審中,最繁冗的是第一審,而第一審中,同級政府是縣政府,做縣長的大多是追隨劉文輝很久的營、團級以上軍官。他們搞軍事是內行,搞行政就不行了,尤其是對司法更一無所知,對司法工作好點的是敷衍應付,不好的甚至起阻礙作用。因此,縣司法處、地方法院在縣裏只能孤立工作,既得不到協助,也沒有援兵,而且自己單位人員配備又極少。地方法院最多配備十名法警,司法處不過六名,像榮經、天全每月所收新案都在數百件以上,要依靠這十名或六名法警送達傳票、拘禁人犯、警衛法庭已經是捉襟見肘,若還要用來偵查犯罪或隨檢察人員深入窮鄉僻境檢驗屍體、執行任務,那就更不敷分配了。因此,一遇疑難案件,別無輔助手段,只好憑審判人員或推檢的主觀臆斷,錯判、錯斷在所難免。

其二，程序正義經常名不副實。雖然改革的重點之一便是對審判程序進行規範，以實現司法公正。然而在具體的審判實踐中，由於司法系統內部的腐敗，使所謂的司法程序最終由於司法人員的貪贓枉法而流於形式，程序正義往往難以實現。例如西康大多數軍政要員都在販賣鴉片，這是公開的秘密。各地司法、行政長官也夥同駐軍私賣槍支而獲得夷民大量煙土，運銷各地以獲十倍以上利益，客觀上促成夷民武裝力量增強並與中央對峙，加重了中央對這一地區統一管理的難度。在雅安，設有禁煙執法監部，執法監位居中將，也判決了不少煙案，但是受到懲處的罪犯大多數是窮苦農民。他們或有隱癖，或開煙館供人吸食，或零星販賣煙土，一旦被抓，禁煙執法監部便要執法如山。軍法官信筆一判，輕則罰坐牢房，重則腦袋搬家；而那些用武裝護送或押運的大煙商，以縣府大堂作鴉片貨棧，個個逍遙法外。

另外由於訴訟費用過高，一般貧苦人民對訴訟避而遠之。一個民事案件開始審理後，其訴訟費的徵收實在是名目繁多、不勝枚舉，如審判費、狀紙費、抄錄費、勘驗費、送達費、上訴費，甚至於鑒定費、查封費、翻譯費都需繳納。更有甚者，民事判決確定後依法強制執行，這是法院固有的職權，本不應要當事人聲請的，也必須當事人繳納聲請費用並呈遞書狀後方能執行，而此項聲請又非一次所能濟事。如聲請查封、聲請拍賣、聲請估價、聲請減價，每一次的聲請必須繳納一次的費用，多次的聲請必須繳納多次的費用，到了終結時，更須繳納強制執行費用。其它如吏警的狼狽為奸、衙役的需要賞資、剝削誅求，無所不用其極，假如遇著一位奉公守法、辦事敏捷的執行推事，則雖耗費了許多費用，還可以稍有所得。若遇著一位毫不負責的執行推事，一再拖延、遲遲不理，雖一再聲請而因循如故，致當事人虛耗費用而毫無所得，司法審判的威信喪失無餘，這就是所謂「衙門八字開，有理無錢莫進來」。

其三，司法獨立並未真正實現。在西康司法審判近代化改革中，追求民主、平等、法治的法律精英們無不以司法獨立作為終極的價值追求。他們試圖遵從國民政府司法要旨，以孫中山「權能分治」、「五權憲法」為理論基礎推行司法獨立，逐步構建一個近代化的司法審判體制，但這一思想卻由於文化的牴觸和制度的缺失而遭遇現實困境。如前所述，西康司法受各種主客觀因素影響，其獨立審判機構並未全面建立，行政長官兼理司法制度由於經費及現實原因也未能夠得到徹底清除，這就阻礙了司法獨立的實現，司法獨立

價值無形中淪喪。例如西康高等法院推事陸雁秋曾辦理一刑事案件，上訴人在第一審時是原告，原告欠被告兩百元，無力償還，被告有社會勢力，便把原告拘禁在其家中逼迫還債，拘禁時間達二十四小時。第一審判處被告拘役6個月，原告以處刑太輕不服上訴，二審法庭改判徒刑 1 年。在審判推事送交法院院長審閱時，院長李永成私自改為判處 6 個月拘役。按制度，院長審閱判決文案，只能修改個別措辭，不能改主文，這才叫審判獨立。顯然，在此案中，審判推事由於受到上級的干預，並沒有能夠獨立行使審判權。此外，戰時各軍政機構對司法審判特別是刑事審判的干預也非常大，尤其是涉及兵役、糧政、稅政、外國教會等方面的案件時，法院在行使司法權時常受到行政機構的干涉，而各級司法機構往往未能堅持獨立，多數情況下接受了行政干涉，司法獨立在某種意義上演變為一紙空話。

綜上所述，民國時期西康司法審判制度近代化改革可謂功過兼半，由於特定歷史條件，西康司法審判制度改革過程及其實踐無不具有鮮明的時代特色和民族地域特色。總體而言，它既順應了抗戰的大勢所趨，完成了建設抗戰大後方的重要使命，也契合了邊疆民族地區社會發展的實際情形，具有一定的時代價值。當然，由於其歷史局限性，其中的不足與缺失也可見一斑，作為一個短暫存在於中國版圖的獨立行省，其司法審判制度改革的功與過，將留與後人評說。

參考文獻

中文類參考文獻

一、著作類

1. 陳金全主編：《中國法律思想史》，北京：法律出版社，2001 年版。

2. 陳重爲：《西康問題》，上海：中華書局，1939 年版。

3. 陳璞生：《中國特別刑事法通論》，上海：中華書局，1937 年版。

4. 程維榮：《中國審判制度史》，上海：上海教育出版社，2001 年版。

5. 范忠信、陳景良編著：《中國法制史》，北京：北京大學出版社，2007 年版。

6. 費正清、費維愷編：《劍橋中華民國史 1912～1949 年》，北京：中國社會科學出版社，1993 年版。

7. 傅嵩炑：《西康建省記》，陳棟樑重刊，南京：中華印刷公司發行，1932 年版。

8. 福惠、蕭怡編：《居正文集》，武漢：華中師範大學出版社，1989 年版。

9. 顧培東：《社會衝突與訴訟機制》，北京：法律出版社，2004 年版。

10. 郭衛：《民事訴訟法釋義》廖永安等勘校，北京：中國政法大學出版社，2005 年版。

11. 公丕祥：《東方法律文化的歷史邏輯》，北京：法律出版社，2002 年版。

12. 公丕祥主編：《民俗習慣司法運用的理論與實踐》，北京：法律出版社，2011 年版。

13. 海琴：《怎樣做一個好的保甲長》，重慶：國民圖書出版社，1943 年版。

14. 黃宗智：《民事審判與民間調解：清代的表達與實踐》，北京：社會科學文獻出版社，1998 年版。

15. 黃宗智：《法典、習慣與司法實踐：清代與民國的比較》，上海：上海書店出版社，2003 年版。

16. 黃華文：《抗日戰爭史》，湖北：湖北人民出版社，2007 年版。

17. 黃立人：《抗戰時期大後方經濟史研究》，北京：中國檔案出版社，1998 年版。

18. 李程偉：《社會利益結構：政治控制研究的生態學視角》，北京：中國政法大學出版社，2009 年版。

19. 梁治平：《清代習慣法：社會與國家》，北京：中國政法大學出版社，1996 年版。

20. 劉作翔：《法理學視野中的司法問題》，上海：上海人民出版社，2003 年版。

21. 劉澄清：《中國刑事訴訟法精義》上冊，出版地不詳：劉澄清律師事務所，1948 年版。

22. 李光燦：《中國刑法通史》（第 8 分冊），瀋陽：遼寧大學出版社，1987 年版。

23. 李光燦、張國華：《中國法律思想史（四）》，山西人民出版社，1996 年版。

24. 李貴連：《近代中國法制與法學》，北京：北京大學出版社，2002 年版。

25. 李衛東：《民初民法中的民事習慣與習慣法》，北京：中國社會科學出版社，2005 年版。

26. 林明、馬建紅：《中國歷史上的法律制度變遷與社會進步》，濟南：山東大學出版社，2004 年版。

27. 李交發：《中國訴訟法史》，北京：中國檢察出版社，2002 年版。

28. 李生瀅：《戰時司法》，上海：商務印書館，1939 年版。

29. 李亦人：《西康綜覽》，上海：正中書局，1941 年版。

30. 林鈺雄：《刑事訴訟法》（下冊），北京：中國人民大學出版社，2005 年版。

31. 龍宗智：《刑事庭審制度研究》，北京：中國政法大學出版社，2001 年版。

32. 馬貴翔：《刑事司法程序正義論》，北京：中國檢察出版社，2002 年版。

33. 梅心如：《西康》，南京：正中書局，1934 年版。

34. 梅仲協：《民法要義》，北京：中國政法大學出版社，1998 年版。

35. 那思陸：《中國審判制度史》，上海：上海三聯書店，2009 年版。

36. 任乃強：《民國川邊遊蹤之西康札記》，北京：中國藏學出版社，2010 年版。

37. 邵勳、邵鋒：《中國民事訴訟法論》上，北京：中國方正出版社，2005年版。

38. 邵明：《民事訴訟法理研究》，北京：中國人民大學出版社，2004年版。

39. 王伯琦：《近代法律思潮與中國固有文化》，北京：清華大學出版社，2005年版。

40. 王川：《西康地區近代社會研究》，北京：人民出版社，2009年版。

41. 王春英：《民國時期的縣級行政權力與地方社會控制——以 1928～1949年川康地區縣政整改爲例》，四川：四川大學出版社，2012年版。

42. 王岳：《抗戰建國與司法問題》，武漢：武漢國立大學，1938年版。

43. 汪輯寶：《民國司法志》，臺北：正中書局，1954年版。

44. 吳經熊：《法律哲學研究》，上海：上海法學編譯社，1933年版。

45. 吳永明：《理念、制度與實踐》，北京：法律出版社，2005年版。

46. 吳學義：《司法建設與司法人材》，出版地不詳：民國圖書出版社，1941年版。

47. 吳學義編著：《民事訴訟法要論》，重慶：正中書局，1942年版。

48. 謝冠生：《戰時司法紀要》，臺北：司法院秘書處，1971年版。

49. 謝振民：《中華民國立法史》（上下卷），北京：中國政法大學出版社，2000年版。

50. 謝冬慧：《民事審判制度現代化研究——以南京國民政府爲背景的考察》，北京：法律出版社，2011年版。

51. 謝冬慧：《中國刑事審判制度的近代壇變：基於南京國民政府時期的考察》，北京：北京大學出版社，2012年版。

52. 夏錦文：《社會變遷與法律發展》，南京：南京師範大學出版社，1997年版。

53. 楊仲華：《西康紀要》，上海：商務印書館，1937年版。

54. 姚莉：《反思與重構：中國法制現代化進程中的審判組織改革研究》，北京：中國政法大學出版社，2005年版。

55. 袁曉文主編：《藏彝走廊：文化多樣性、族際互動與發展》，北京：民族出版社，2010年版。

56. 余明俠：《中華民國法制史》，徐州：中國礦業大學出版社，1994年版。

57. 趙金康：《南京國民政府法制理論設計及其運作》，北京：人民出版社，2006年版。

58. 趙心愚、秦和平：《康區藏族社會歷史調查資料輯要》，成都：四川民族出版社，2005年版。

59. 趙心愚、秦和平、王川：《康區藏族社會珍稀資料輯要》（上下），成都：巴蜀書社，2006 年版。

60. 張靜茹等主編：《國民政府統治時期中國社會之變遷》，北京：中國人民大學出版社，1993 年版。

61. 張晉藩總主編、朱勇主編：《中國法制通史》（第 9 卷），北京：法律出版社，1999 年版。

62. 張晉藩主編：《二十世紀中國法制回眸》，北京：法律出版社，1998 年版。

63. 張仁善：《司法腐敗與社會失控（1928－1949）》，北京：社會科學文獻出版社，2005 年版。

64. 朱勇：《中國法律的艱辛歷程》，哈爾濱：黑龍江人民出版社，2002 年版。

65. 居正等：《抗戰與司法》，重慶：獨立出版社，1939 年版。

66. 〔德〕韋伯：《法律社會學》，康樂、簡惠美譯，臺北：臺北遠流出版事業股份有限公司，2003 年版。

67. 〔德〕穆勒：《恐怖的法官——納粹時期的司法》，王勇譯，北京：中國政法大學出版社，2000 年版。

68. 〔法〕讓‧文森等：《法國民事訴訟法要義》，羅結珍譯，北京：中國法制出版社，2001 年版。

69. 〔美〕羅斯科‧龐德：《通過法律的社會控制》，北京：商務印書館，2008 年版。

70. 〔美〕哈羅德‧伯爾曼：《法律與革命——西方法律傳統的形成》，賀衛方譯，北京：中國大百科全書出版社，1993 年版。

71. 〔美〕彼得.斯坦：《西方社會的法律價值》，北京：中國人民大學出版社，1989 年版。

72. 〔美〕本傑明.卡多佐：《司法過程的性質》，蘇力譯，商務印書館，1998 年版，第 76 頁。

73. 〔荷〕馮客：《近代中國的犯罪、懲罰與監獄》，徐有威等譯，江蘇：江蘇人民出版社，2008 年版。

74. 〔英〕丹寧勳爵：《法律的正當程序》，李克強等譯，北京：法律出版社，1999 年版。

二、論文類

1. 巴哈提牙爾‧米吉提：「略論民國時期西康地區的習慣法」，《蘭臺世界》，2013 年 2 月下旬。

2. 陳雷：「國民政府戰時統制經濟研究」，河北師範大學博士學位論文，2008 年 6 月。

3. 陳貴民：「論司法效率」,《法律科學》,1999 年第 1 期。

4. 曹春梅：「民國時期國人對西康的社會考察及其影響」,四川師範大學碩士學位論文,2003 年 6 月。

5. 成郡：「西康沿革及康藏界務之糾紛」,《康藏前鋒》,1935 年 9 月第 3 卷第 1 期。

6. 董必武：「抗日戰爭時期國民黨統治區的情況」,《近代史研究》,1980 年第 3 期。

7. 方慧、馬雁：「現代性話語結構下的本土生存空間——民國司法改革在邊疆推行的效果與反思」,《雲南農業大學學報》,2007 年第 1 期。

8. 范召全、陳昌文：「國民政府時期西康地區宗教樣態二十年 1928～1948 變遷研究」,《世界宗教研究》,2010 年第 4 期。

9. 黃天華：「論民國時期西康建省」,《四川師範大學學報》,2001 年第 4 期。

10. 胡偉：「1952～1953 年西南地區司法改革運動研究」,西南政法大學博士論文,2008 年 6 月。

11. 後宏偉、劉藝工：「藏族習慣法中的神明裁判探析」,《西藏研究》,2010 年第 5 期。

12. 羅金壽：「戰爭與司法——陪都時期重慶的法院及審判」,西南政法大學博士學位論文,2010 年 6 月。

13. 劉國武：「西康建省論」,《衡陽師範學院學報》,2010 年第 2 期。

14. 劉國武：「民國時期英國支持和插手康藏糾紛的政策分析」,《安徽史學》,2012 年第 2 期。

15. 李萬華：「建設西康應注意宗教問題」,《新四川月刊》,第 1 卷,第 10、11 期合刊,年份不詳。

16. 李中定：「康區的習慣法」,《邊疆通訊》,1943 年第 1 卷第 1 期。

17. 李露：「建國初期「鎮反」刑事政策的實施研究（1950～1953）——以西康地區實施狀況爲主要分析對象」,西南政法大學博士論文,2009 年 6 月。

18. 梁敏捷：「試論抗戰時期國統區司法改革」,重慶大學博士學位論文,2008 年 6 月。

19. 駱盟雪：「最近一年來之西康司法」,《康導月刊》,第 2 卷第 6 期。

20. 郎維偉、周錫銀：「近代四川少數民族反教會侵略的鬥爭」,《西南民族學院學報》,1985 年第 3 期。

21. 馬鶴天：「西康概況」,《國訊旬刊》,1939 年第 193 期。

22. 馬宣偉：「劉文輝與西康建省」,《文史雜誌》,2002 年第 5 期。

23. 丘懷瑾：「西康特殊的司法概況」,《邊事研究》,1938 年 10 卷第 3 期。

24. 孫寶根：「抗戰時期國民政府緝私研究（1931～1945）」，蘇州大學博士學位論文，2004 年 6 月。

25. 孫科：「十年來之中國法制」，見中國文化建設協會編《抗戰十年前之中國》（1927～1936）。

26. 孫宏年：「20 世紀上半葉的西康建省與「藏彝走廊」地區的發展初探」藏彝走廊歷史文化學術討論會，四川大學，2003 年。

27. 蘇法成：「西康司法近況」，《康導月刊》，1938 年創刊號。

28. 蘇永生：「賠命價習慣法：從差異到契合——一個文化社會學的考察」，《中國刑事法雜誌》，2010 年第 7 期。

29. 蘇潔：「論民國時期邊疆司法改革原則——以西康司法改革爲例」，《貴州社會科學》，2014 年第 11 期。

30. 宋宏飛：「戰時首都重慶的民事審判制度與實踐」，西南政法大學博士論文，2011 年 6 月

31. 田文壇：「西康禁政與漢夷關係」，《國民公論》，1940 年第 4 卷。

32. 吳燕：「南京國民政府時期四川基層司法審判的現代轉型」，四川大學博士學位論文，2007 年 4 月。

33. 吳建國：「試論西康建省與康區的早期現代化」，《華中科技大學學報》，2003 年第 3 期。

34. 王振峰：「刑事政策模式選擇——以我國社會轉型爲視角」，中國政法大學博士學位論文，2006 年 6 月。

35. 王永斌：「論西康建省及其歷史作用」，西藏民族學院碩士學位論文，2012 年 6 月。

36. 王海兵：「西康省制化進程中的權力博弈（1927～1939）」，《中國邊疆史地研究》，2008 年第 3 期。

37. 王海兵：「1930 年代的康、青、藏戰爭——邊政、權力和地方的視角」，《安徽史學》，2007 年第 6 期。

38. 王川：「近代民族關係史上的西康建省及其歷史意義」，《西藏大學學報》，2008 年第 1 期。

39. 王燕：「淺析第三次康藏糾紛」，《民國檔案》，2003 年第 2 期。

40. 夏錦文：「衝擊與嬗變——近現代中西方審判制度的關聯考察」，《江蘇社會科學》，1994 年第 1 期。

41. 謝冬慧：「南京國民政府時期刑事審判制度述論」，《刑事法律評論》，2010 年第 1 期。

42. 辛宇玲：「西康建省研究」，中央民族大學碩士學位論文，2006 年 6 月。

43. 蕭文哲：「改進西康司法之商榷」，《東方雜誌》，1938 年第 35 卷，第 6 期。

44. 蕭文哲：「改進西康司法之檢討」，《中央周刊》，年份不詳，第六十期。

45. 謝冠生：「抗戰建國與司法」，《中華法學雜誌》，1940 年第 3 期。

46. 謝百城：「西康司法概況及改進意見」，《現代司法》，1937 年 2 月。

47. 友珍：「權力政治與地方自治：20 世紀 30 年代的「康人治康」運動」，《西藏大學學報》，2010 年第 3 期。

48. 俞作志：「情勢變更原則的法理分析──一種基於民法人文關懷的思考」，《知識經濟》，2012 年第 2 期。

49. 張祖冀：「1939 年抗戰時期西康寧屬的「禁煙」舉措」，《歷史教學》，2010 年第 10 期。

50. 張萬洪：「孫中山法治思想初探」，《武漢大學學報》，2001 年第 4 期。

51. 張偉：「抗戰大後方刑事審判改革與實踐」，西南政法大學博士學位論文，2013 年 6 月。

52. 張熙熙：「傳統審判制度研究」，吉林大學博士學位論文，2007 年 6 月。

53. 章任堪：「籌設西康法院及監獄之我見」，《中央周刊》，年份不詳，第 50 期。

54. 鄭獨嶸：「西康各縣司法實況」，《康導月刊》，1938 年 1 月第 4 期。

55. 朱文惠：「1912～1940 年康藏糾紛的多方對話──以康巴觀點為例」，《中國藏學》，2011 年第 s1 期。

56. 鍾銘：「西康建省後之司法前途」，《康聲月刊》，1945 年 1 卷第 1 期。

三、檔案類

雅安市檔案館

1. 「舒品賢告白定告劫傷案」，全宗號：187，目錄號：4，卷號：266。

2. 「孫樹清訴孫樹興傷人案」，全宗號：187，目錄號：4，卷號：148。

3. 「周紹清有關財產傷害案」，全宗號：187，目錄號：4，卷號：233。

4. 「李紹榮殺人案」，全宗號：187，目錄號：4，卷號：219。

5. 「陳廷均殺人案」，全宗號：187，目錄號：4，卷號：269。

6. 「駱伯瑤殺人案」，全宗號：187，目錄號：4，卷號：233。

7. 「王子成吸食鴉片罪」，全宗號：187，目錄號：4，卷號：182。

8. 「張紹鼎吸食鴉片罪」，全宗號：187，目錄號：4，卷號：220。

9. 「李之華盜賣公糧案」，全宗號：187，目錄號：4，卷號：149。

10. 「駱伯瑤殺人案」，全宗號：187，目錄號：4，卷號：233。

11.「陳祖亮有關繼承權案」，全宗號：187，目錄號：4，卷號：270。

12.「樊邵貞有關子女撫養權案」，全宗號：187，目錄號：4，卷號：233。

13.「衛寶珍告子不孝案」，全宗號：187，目錄號：4，卷號：267。

14.「任文俊告子不孝案」，全宗號：187，目錄號：4，卷號：264。

15.「舒世清等妨害婚姻案」，全宗號：187，目錄號：4，卷號：233。

16.「樂王氏買賣田產案」，全宗號：187，目錄號：4，卷號：213。

17.「劉肇端確認業權案」，全宗號：187，目錄號：4，卷號：145。

18.「利用外國人名義買賣土地」，全宗號：187，目錄號：4，卷號：219。

19.「駱有祿買賣田產案」，全宗號：187，目錄號：4，卷號：237。

20.「程家珍買賣糾紛案」，全宗號：187，目錄號：4，卷號：141。

21.「社會人士控榮軍勒索案」，全宗號：187，目錄號：4，卷號：246。

22.「牟國材等擅派食米估捐案」，全宗號：187，目錄號：4，卷號：219。

23.「村民控楊仕棟枉法案」，全宗號：187，目錄號：4，卷號：219。

24.「熊光烈逃脫人犯案」，全宗號：187，目錄號：4，卷號：233。

25.「西康高等法院民國二十六年二月二十二日雅人字第四二三號訓令」，全宗號：187，目錄號：4，卷號：236。

26.「西康高等法院民國三十六年四月九日雅人字第七二七號訓令」，「司法官俸給細則第 10 條條文」，全宗號：187，目錄號：4，卷號：236。

27.「西康高等法院民國三十七年三月十三日雅人字第三 0 號訓令」，全宗號：187，目錄號：4，卷號：236。

28.「整治綱紀辦法」，全宗號：187，目錄號：4，卷號：250。

29.「西康高等法院檢察處民國三十六年四月九日雅檢牘字第□號訓令」，全宗號：187，目錄號：4，卷號：146。

30.「西康高等法院民國三十六年二月十七日會字第 308 號訓令」，全宗號：187，目錄號：4，卷號：145。

31.「西康高等法院民國三十三年十月三日會字第四七號訓令」，全宗號：187，目錄號：4，卷號：146。

32.「西康高等法院民國三十七年元月二十二日雅會字第二一五號訓令」，全宗號：187，目錄號：4，卷號：251。

33.「西康高等法院民國三十六年十一月八日雅摠字第二二二一號訓令」，全宗號：187，目錄號：4，卷號：251。

34.「西康高等法院民國三十七年七月十七日雅監字第一一三號訓令」，全宗號：187，目錄號：4，卷號：250。

35. 「三十年度四月八日第六次刑庭庭長會議決議錄」，全宗號：187，目錄號：4，卷號：146。

36. 「榮經縣縣政府民國三十四年六月二十一日儒軍法字第 136 號公函」，全宗號：187，目錄號：4，卷號：276。

37. 「西康高等法院民國三十七年三月九日雅牘字第五〇三號訓令」，全宗號：187，目錄號：4，卷號：142。

四川省檔案館

1. 「張偉傷人致死案」，全宗號：252，卷號：419。

2. 「李玉鈕告後母逼死父兄案」，全宗號：252，卷號：819。

3. 「石壁輝貪污瀆職案」，全宗號：252，卷號：9。

4. 「檢察官楊藻先貪污案」，全宗號：252，卷號：200、209。

5. 「雅安胡元俊貪污案」，全宗號：252，卷號：6。

6. 「鹽源縣鄒趣濤販賣鴉片案」，全宗號：252，卷號：193。

7. 「看守所崔簡卿賣煙土案」，全宗號：252，卷號：197。

8. 「王正鼇軍車偷運棉花案」，全宗號：252，卷號：1089。

9. 「趙永壽搶奪案判決書」，全宗號：252，卷號：420。

10. 「劉鄭氏有關分割遺產案」，全宗號：252，卷號：192。

11. 「周冷氏有關子女監護權案」，全宗號：252，卷號：548。

12. 「陳秦氏控姜義和案」，全宗號：252，卷號：1090。

13. 「吳陳氏訴所有權案」，全宗號：252，卷號：353。

14. 「高上佺房屋搬遷案」，全宗號：252，卷號：355。

15. 「雷棟宇等控告管李氏掘墓案」，全宗號：252，卷號：192。

16. 「劉友章不貼印花稅裁定書」，全宗號：252，卷號：642。

17. 「高裴氏訴陳楊氏買賣房產案」，全宗號：252，卷號：217。

18. 「金松如欠繳所得稅上訴案」，全宗號：252，卷號：1088。

19. 「天主教堂爭奪田產案」，全宗號：252，卷號：16。

20. 「崔簡卿違法舞弊案」，全宗號：252，卷號：311。

21. 「錢學愷貪污案」，全宗號：252，卷號：201。

22. 「審判官王禮成違法案」，全宗號：252，卷號：315。

23. 「看守所主任欺騙獄囚案」，全宗號：252，卷號：148。

24. 「唐俊全、劉富春煙毒案」，全宗號：257 卷號：139。

25. 「古路與通宵二村糾紛案」，全宗號：257 卷號：139。

26.「西康高等法院民國三十九年八月十七日文字第 736 號訓令」，全宗號：252，卷號：1152。

27.「西康高等法院民國二十九年八月二日文字第 194 號訓令」，全宗號：252，卷號：1152。

28.「西康高等法院民國三十一年七月三十日第 127 號訓令」，全宗號：252，卷號：1161。

29.「西康高等法院民國三十二年二月二十二日訓令」，全宗號：252，卷號：1160。

30.「民刑訴訟庭諭效力問題」，全宗號：252，卷號：559。

31.「有關第三審程序訓令」，全宗號：252，卷號：1094。

32.「西康高等法院中華民國二十八年十一月二十七日監字第 706 號訓令」全宗號：252，卷號：1142。

33.「民刑訴訟程序詢問處辦事細則」，全宗號：252，卷號：1160。

34.「西康高等法院中華民國三十一年十一月二十八日牘字第二三零號訓令」，全宗號：252，卷號：1161。

35.「西康高等法院民國三十一年十一月十三日牘字第一一五二號訓令」，全宗號：252，卷號：1161。

36.「漢源縣府電請指示抗告及西康高等法院代電」，全宗號：252，卷號：1091。

37.「有關民事產業回贖案的呈請」，全宗號：252，卷號：338。

38.「西康高等法院民國三十一年八月十七日牘字第 679 號訓令」，全宗號：252，卷號：1161。

39.「關於繼承法疑義」，全宗號：252，卷號：877。

40.「天主教堂爲民事被告的法律疑義呈請」，全宗號：252，卷號：13。

41.「美放棄領事裁判權後司法措施」，全宗號：252，卷號：1160。

42.「内地外國教會租用土地房屋暫行章程」，全宗號：252，卷號：1159。

43.「外國教會頂當及承買土地適用法律疑義」，全宗號：252，卷號：1159。

44.「冕寧縣政府呈請解釋汗夷土地典當及債務糾紛處理辦法和西康高等法院的指令」，全宗號：252，卷號：1544。

45.「西康高等法院民國二十八年十一月二十四日訓字第 644 號訓令」，全宗號：252，卷號：1142。

46.「西康高等法院有關檢舉貪污案件的訓令」，全宗號：252，卷號：1160。

47.「西康高等法院中華民國二十九年二月十九日訓字第 176 號訓令」，全宗號：252，卷號：1149。

48.「西康省第一區保安司令部肅清盜匪實施辦法」，全宗號：252，卷號：2。

49. 「西康高等法院中華民國二十九年一月二十九日訓字第 118 號訓令」，全宗號：252，卷號：1149。

50. 「西康省第一區保安司令部肅清盜匪實施辦法」，全宗號：252，卷號：2。

51. 「西康各級法院繕狀處辦事細則」，全宗號：252，卷號：1160。

四、其它史料

1. 何勤華、李秀清：《民國法學論文精粹・刑事法律篇》，北京：法律出版社，2004 年版。

2. 何勤華、李秀清：《民國法學論文精粹・訴訟法律篇》，北京：法律出版社，2004 年版。

3. 梅仲協、羅淵詳編：《六法解釋、判例彙編》，上海：上海昌明書屋，1947 年版。

4. 榮孟源主編：《中國國民黨歷次代表大會全會資料》（上、下冊），北京：光明日報出版社，1985 年版。

5. 沙千里主編：《戰時重要法令彙編》，重慶：雙江書屋，1944 年版。

6. 徐百齊主編：《中華民國法規大全》，上海：商務印書館，1936 年版。

7. 馬大正主編：《民國邊政史料彙編》，北京：國家圖書館出版社，2009 年版。

8. 中國第二歷史檔案館編：《中華民國史檔案資料彙編》，南京：江蘇古籍出版社，1991 年版。

9. 中華民國法學會編：《袖珍六法新編》，上海：昌明書屋，1946 年版。

10. 司法行政部編：《司法法令彙編》（第二卷刑事法令），上海：上海法學編譯社，1947 年版。

11. 司法院編：《全國司法會議彙編》，1935 年版。

12. 司法行政部編：《調查西康司法報告書》，重慶：司法行政部，1940 年版。

13. 西康高等法院編：《西康高等法院工作報告》1947 年版。

14. 西康高等法院編：《西康高等法院檢察處工作報告》，四川省檔案館藏，檔案號 5.1.114。

15. 西康禁煙聯席會秘書處編：《西昌警備司令部三十四年度寧屬禁煙總報告》，1946 年版。

16. 國民參政會川康建設視察團編：《國民參政會川康建設視察團報告書》，1939 年版。

17. 四川民族研究所編：《近代康區檔案資料選編》，四川大學出版社，1990 年版。

18. 中國人民政治協商會議四川省委員會文史資料研究委員會編：《四川文史資料選輯第二十九輯》，成都：四川人民出版社，1983 年版。

19. 四川省高級人民法院院志編輯室：《四川審判志》第四篇刑事審判——第二章中華民國時期的刑事審判——第五節《煙毒案件的審判》，成都：電子科技大學出版社，2003 年版。

20. 西康省政府秘書處編譯室：《西康省政府公報》，1939～1949 年。

21. 《馬克思恩格斯全集》第 42 卷，北京：人民出版社，1979 年版。

22. 《孫中山全集》第 5 卷，上海：中華書局，1985 年版。

23. 《孫中山全集》第 2 卷，上海：中華書局，1982 年版。

24. 最高法院編輯：《最高法院刑庭會議記錄類編》，上海：上海法學編譯社，1948 年版。

附錄一：國民政府戰時重要司法法令一覽表（1937～1946年）[註1]

序號	名稱	公佈機關	公佈日期	施行日期	《司法公報》	備考
民國二十六（1937）年						
1	陸海空軍刑法（修正第2、112、122條）	國民政府	1937－07－19		司法行政部編印《司法法令彙編》第二冊	
2	危害民國緊急治罪法		1937－07－19			
3	出版法（修正）	國民政府	1937－07－08	公佈日	同上第六冊	
4	違反兵役法治罪條例	國民政府	1937－07－16	公佈日	1940－06－29廢止	
5	軍法及監獄人員任用暫行條例	國民政府	1937－07－22	1937－09－01		
民國二十七（1938）年						
6	非常時期各省司法人員任用暫行辦法	司法行政部	1938－01－20		渝第2267號	
7	戰區司法人員登記辦法	司法行政部	1938－02－01		渝第2489號	

〔註 1〕 依據司法行政部編《戰時司法紀要》、《司法法令彙編》整理彙編。

序號	名稱	公佈機關	公佈日期	施行日期	《司法公報》	備考
8	縣長及地方行政長官兼理軍法暫行辦法	軍事委員會	1938－05－15	公佈日		
9	各省高級軍事機關代核軍法案件暫行辦法	軍事委員會	1938－05－15	公佈日		
10	訴訟費用暫行規則	司法院	1938－06－17	以院令定之	渝第 2489 號	
11	修正法院組織法第 55 條條文	國民政府	1938－09－21		渝第 2701 號	
12	戰區巡迴審判辦法	司法院	1938－12－15	公佈日	渝第 2823 號	1945－12－14廢止
13	延展《公證暫行規則》試辦期間令	國民政府	1938－12－21		渝第 2845 號	
民國二十八（1939）年						
14	公設辯護人條例	國民政府	1939－03－10	由司法行政部定之	渝第 298 號至302 號合刊	
15	戰時軍法案件委任代核暫行辦法	軍事委員會	1939－03－13	公佈日		
16	非常時期司法官敘補暫行辦法	司法院	1939－04－01	公佈日	渝第 304 號至321 號合刊	1945－12－14廢止
17	軍事犯調服勞役暫行辦法	軍事委員會	1939－08－08	公佈日		
18	戰區巡迴審判民刑訴訟暫行辦法	司法院	1939－08－18	公佈日	渝第 332 號至339 號合刊	1945－12－14廢止
19	非常時期監犯調服軍役條例	國民政府	1939－09－09	公佈日		

序號	名稱	公佈機關	公佈日期	施行日期	《司法公報》	備考
20	修正補訂民事強製辦法各條條文	國防最高委員會十九次常務會議準備案			渝第 346 號至 351 號合刊	
民國二十九（1940）年						
21	強制執行法	國民政府	1940－01－19	公佈日	渝第 364 號至 369 號合刊	
22	戰區檢察官服務規則	司法行政部	1940－01－25	呈准備案日	渝第 364 號至 369 號合刊	
23	修建縣監所注意事項	司法行政部	1940－05－03	公佈日	渝第 382 號至 387 號合刊	
24	定《公設辯護人條例》自民國二十九年七月一日起施行並暫定重慶爲施行區域令	司法行政部	1940－05－31		渝第 388 號至 393 號合刊	
25	陸軍兵役懲罰條例	國民政府	1940－06－18	公佈日		
26	妨害兵役治罪條例	國民政府	1940－06－29	公佈日		
27	徒刑人犯移墾實施辦法	行政院司法院	1940－07－15	公佈日	渝第 400 號至 405 號合刊	
28	移墾人犯減縮刑期辦法	行政院司法院	1940－07－15	公佈日	渝第 400 號至 405 號合刊	
29	戰區律師遷移後方執行職務辦法	司法行政部	1940－07－22	公佈日	渝第 406 號至 411 號合刊	
30	管收條例	國民政府	1940－08－12	公佈日	渝第 406 號至 411 號合刊	
31	司法人犯移解辦法	司法行政部	1940－09－25	公佈日	渝第 412 號至 417 號合刊	
32	西康高等法院康定分駐庭臨時開庭辦法	國防最高委員第九次常務會議准予備案		呈准之日	渝第 436 號至 441 號合刊	

序號	名稱	公佈機關	公佈日期	施行日期	《司法公報》	備考
民國三十（1941）年						
33	律師法	國民政府	1941－01－11	公佈日	渝第 442 號至 447 號合刊	
34	律師法施行細則	司法院	1941－03－24	公佈日	渝第 448 號至 453 號合刊	
35	民事訴訟費用法	國民政府	1941－04－08	公佈日	渝第 460 號至 465 號合刊	
36	民事訴訟費用法 施行應注意事項	司法行政部呈准司法院備案頒行	1941－04－30		渝第 460 號至 465 號合刊	
37	非常時期民事訴訟補充條例	國民政府	1941－07－01	公佈日	渝第 472 號至 477 號合刊	1945－12－17廢止
38	非常時期刑事訴訟補充條例	國民政府	1941－07－01	公佈日	渝第 472 號至 477 號合刊	1945－12－17廢止
39	疏通軍事犯辦法	國民政府	1941－07－07	公佈日		
40	律師檢覆辦法	司法院考試院	1941－08－16	公佈日	渝第 478 號至 483 號合刊	
41	律師登錄章程	司法行政部	1941－09－11	公佈日	渝第 484 號至 489 號合刊	
42	律師公會平民法律扶助實施辦法大綱	司法行政部	1941－09－12	公佈日	渝第 484 號至 489 號合刊	
43	律師懲戒規則	司法院	1941－09－13	公佈日	渝第 484 號至 489 號合刊	
44	禁止濫施體刑辦法	司法院	1941－09－18		渝第 490 號至 493 號合刊	
45	律師公會標準章程	司法行政部	1941－11－26		渝第 498 號至 502 號合刊	

序號	名稱	公佈機關	公佈日期	施行日期	《司法公報》	備考
46	各省高等法院分院監督管轄區域內司法行政通則	司法行政部	1941－12－15		渝第 503 號至 506 號合刊	司法院核準備案
47	優待出征抗敵軍人家屬條例	國民政府	1941－12－20	公佈日		
民國三十一（1942）年						
48	敵國人民處理條例	國民政府	1942－01－01	公佈日	渝第 503 號至 506 號合刊	
49	敵產處理條例	國民政府	1942－01－01	公佈日	渝第 503 號至 506 號合刊	
50	看守所附設監獄作業暫行辦法	司法行政部	1942－03－26	公佈日	渝第 515 號	
51	實驗地方法院辦理民刑訴訟補充辦法	司法行政部	1942－04－28	1942－5－1	渝第 524 號	
52	增加民事訴訟法第 463 條第 2 項之上訴利益令	國民政府	1942－06－26	1942－9－1	渝第 528 號	
53	修正司法行政部組織法	國民政府	1942－07－28	公佈日	渝第 533 號	
54	修正縣司法處律師執行職務辦法	司法行政部	1942－09－11	公佈日	渝第 537 號	
55	司法機關推行國家總動員法辦法	司法行政部	1942－11－28		渝第 550 號	
民國三十二（1943）年						
56	修正司法行政部組織法	國民政府	1943－02－13	公佈日	國府公報 渝第 544 號	
57	公證暫行規則繼續適用令	國民政府	1943－02－13		國府公報 渝第 545 號	

序號	名稱	公佈機關	公佈日期	施行日期	《司法公報》	備考
58	修正戰時陸海空軍審判簡易規程		1943－03－08	公佈日		
59	兵役法	國民政府	1943－03－15			
50	公證法	國民政府	1943－03－31	1944－01－01	國府公報渝第 557 號	
61		軍政部	1943－05－23	公佈日		
62		國民政府	1943－07－01	1944－01－01	國府公報渝第 584 號	
63		司法行政部	1943－05－26		司法行政公報第一卷五期	
64		國民政府	1943－06－30			
65	辦理強制執行案件應注意事項	司法行政部	1943－07－28		司法行政公報第一卷七期	
66	出征抗敵軍人婚姻保障條例	國民政府	1943－08－11	公佈日		
67	解送人犯辦法	行政院	1943－09－30	公佈日	司法行政公報第一卷十一期	
68	處理在華美軍人員刑事案件條例	國民政府	1943－10－01	公佈日	國府公報渝第 610 號	
69	鄉鎮調解委員會組織規程	司法行政部內政部	1943－10－09	公佈日	司法行政公報第一卷十二期	
70	公證法施行細則	司法行政部	1943－10－25	1944－01－01	司法行政公報第二卷一期	
71	敵人罪行調查委員會組織規程	國防最高委員會 124 次常務會議	1943－11		國府公報渝第 628 號	
72	監犯協助出征抗敵軍人家屬農作服務規則	司法行政部	1943－12－04	公佈日	司法行政公報第二卷一期	

序號	名稱	公佈機關	公佈日期	施行日期	《司法公報》	備考
73	修正敵國人民處理條例	國民政府	1943－12－07	公佈日	國府公報渝第629號	
74	修正敵產處理條例	國民政府	1943－12－07	公佈日	國府公報渝第629號	
民 75 國三十三（1944）年						
75	敵國人民處理條例實施細則	行政院	1944－01－07	公佈日		
76	敵產處理條例實施細則	行政院	1944－01－07	公佈日		
77	特種刑事案件訴訟條例	國民政府	1944－01－12	1944－11－12	國府公報渝第 640 號	後延長至1948－12－12
78	減刑辦法	國民政府	1944－06－17	公佈日		
79	保障人民身體自由辦法	國民政府	1944－07－15	1944－08－01	國府公報第 693 號	
80	司法機關辦理減刑案件注意事項	司法行政部	1944－07－18		本部 4673 號訓令	
81	外國人在中國充任律師辦法	國民政府	1944－07－28	公佈日	國府公報第696 號	
82	敵人罪行調查辦法	行政院	1944－07－29	公佈日		1945－09－14再公佈
83	修正法人登記規程	司法行政部	1944－08－15	公佈日	本部 5281 號訓令	
84	煙毒案件仍照軍法辦理令	國民政府	1944－10－02		渝文字第 590號訓令	
85	軍法人員轉任司法官條例	國民政府	1944－10－18		國府公報第720 號	

序號	名稱	公佈機關	公佈日期	施行日期	《司法公報》	備考
民國三十四（1945）年						
86	修正律師法	國民政府	1945－04－05	公佈日	國府公報渝第768號	
87	修正行政院組織法	國民政府	1945－04－16	公佈日	國府公報渝第771號	
88	修正法院組織法（第33、35、48、51～91條）	國民政府	1945－04－17	公佈日	國府公報渝第771號	
89	廢止外國人在中國充任律師辦法	司法行政部	1945－04－23		國府公報渝第784號	
90	公設辯護人服務規則	司法行政部	1945－06－05	公佈日	國府公報渝第786號	
91	推事檢察官任用資格審查規則	司法行政部	1945－06－07		國府公報渝第787號	
92	廢止戰區律師遷移後方執行職務辦法	司法行政部	1945－10－06			
93	修正律師法施行細則	行政院	1945－10－08		國府公報渝第892號	
94	保障人民身體自由辦法實施事項	軍委會行政院	1945－07－12			
95	檢察官推事指揮司法警察細則	行政院	1945－11－09	公佈日		
96	處理漢奸案件條例	國民政府	1945－11－23	公佈日	國府公報渝第914號	
97	重行判定懲治漢奸條例	國民政府	1945－12－06	公佈日	國府公報渝第925號	
98	修正民事訴訟法條文	國民政府	1945－12－26		國府公報第942號	

序號	名稱	公佈機關	公佈日期	施行日期	《司法公報》	備考
99	復員後辦理刑事訴訟補充條例	國民政府	1945－12－18	公佈日	國府公報第935號	後延長至1948－12－18
100	復員後辦理民事訴訟補充條例	國民政府	1945－12－28	公佈日	國府公報第935號	後延長至1948－11－18
民國三十五（1946）年以後抗戰相關法規						
101	羈押法	國民政府	1946－01－19	公佈日	國府公報渝第962號	
102	收復區敵偽產業處理辦法	軍委會行政院	1946－04－18		國府公報渝第1043號	
103	戰爭罪犯處理辦法及戰爭罪犯審判辦法	司法行政部	1946			
104	禁煙禁毒治罪條例	國民政府	1946－08－02	公佈日	國府公報第2588號	
105	處理偽組織所發律師證辦法	司法行政部	1946－08－13	公佈日	國府公報第2607號	
106	執行沒收漢奸財產應注意事項	國民政府	1946－12－16		國府公報第2702號	
107	縣長及地方行政長官兼理軍法業務結束辦法	行政院	1947－01－28			
108	維持社會秩序臨時辦法	國民政府	1947－05－18		國府公報第2828號	
109	修正妨害兵役法治罪條例	國民政府	1947－07－17	公佈日	國府公報第2879號	

附錄二：出征抗敵軍人婚姻保障條例
〔註1〕

三十二年八月十一日國民政府公佈（同日施行）

第一條　本條例稱出征抗敵軍人謂優待出征抗敵軍人家屬條例第二條第一項各款所定之軍人軍屬。

第二條　出征抗敵軍人在出征期內其妻不得請求離婚。

第三條　出征抗敵軍人在出征期內其妻與他人訂婚者，除婚約無效外，處六月以下有期徒刑拘役或一千元以下罰金，其相與訂婚者亦同。出征抗敵軍人在出征期內其妻與他人重行結婚者，除撤銷其婚姻外，處七年以下有期徒刑得並科五千元以下罰金，其相婚者亦同。

第四條　出征抗敵軍人在出征期內，其未婚妻除依民法第九百七十六條第一款第五款第七款或第八款規定外，不得解除婚約，不依前項規定而與他人訂婚者，除其婚約無效外處拘役或五百元以下罰金，與人結婚者除撤銷其婚姻外，處一年以下有期徒刑或拘役得並科三千元以下罰金。

第五條　對於出征抗敵軍人之未婚妻以脅迫利誘或詐術相與訂婚或結婚者，處三年以下有期徒刑得並科五千元以下罰金。

第六條　出征抗敵軍人生死不明滿三年後，其妻或未婚妻始得向法院聲請為死亡之宣告。

第七條　出征抗敵軍人之妻，自其夫死亡逾六個月後始得再婚。

〔註1〕司法行政部編：《司法法令彙編》第二冊《刑事法令》，上海：上海法學編譯社，1947年1月，第94頁。

第八條　出征抗敵軍人因傷成殘廢後，其妻或未婚妻非取得本人同意不得離婚或解除婚約，其以脅迫利誘或詐術取得本人同意離婚或解除婚約之證據者，處三年以下有期徒刑或拘役。

第九條　出征抗敵軍人在出征期內其妻與人通姦者，處三年以下有期徒刑得並科三千元以下罰金，其相姦者亦同。出征抗敵軍人在出征期內其未婚妻與人通姦者，處六月以下有期徒刑拘役或一千元以下罰金，其相姦者亦同。

第十條　本條例第三條第一項第四條第二項或第九條之罪，須本夫或未婚夫告訴乃論，如因障礙無法告訴時，該管檢察官得依利害關係人之聲請指定代行告訴人，但不得與本夫或未婚夫明示之意思相反。

第十一條　依本條例所處罰金應由司法機關撥交當地之出征抗敵軍人家屬優待委員會充作優待資金。

第十二條　本條例自公佈之日施行

附錄三：西康省康區各縣聯保連坐暫行辦法 [註1]

二十八年十二月二十一日經省政府委員會第四十七次會議通過

第一條　本辦法依據修正剿匪區內，各縣編查保甲戶口條例第二十四條非常時期舉辦聯保連坐注意要點，及本省關外各縣編查保甲戶口暫行規程第十二條訂定之。

第二條　舊康區各縣保甲戶口編查完竣時，應依照下列規定取具聯保連坐切結。（切結式附後）

甲　普通戶：

一、城區及市政居民聯合甲內各戶戶長至少五戶共具切結。

二、鄉村居民應聯合保內或鄉鎮（村）戶長，至少三戶共具切結。

乙　牛廠戶：

牛廠戶應聯合同廠同保或本鄉鎮（村）戶長，至少三戶共具切結。

丙　寺廟戶：

寺廟戶應與同保之寺廟共具切結，保內僅一寺廟者，只具戶長切結，逕對保長負責。

丁　公共戶：

一、公共機關，無論何種機關法團，應由主管人出具戶長切結，逕對保長負責。

〔註 1〕　「西康省康區各縣聯保連坐暫行辦法」，西康省政府秘書處編譯室：《西康省政府公報》，1940 年第 15 期，第 39 頁。

二、工廠：無論常設或臨時，應由廠長出具戶長切結，逕對保長負責。

第三條　凡臨時戶照下列規定取具切結或保證書：

一、城市住居之臨時戶，得於保內各覓三戶簽具聯保，或由縣內殷實商號富戶，或現在公務員二人出具保證書，其責任與聯保同。（保證書式附後）

二、鄉村遷入之臨時戶以由甲內或保內土著至少二戶聯保具結為原則，如不能取為聯保者，照前項規定取具保證書。

第四條　聯保切結應由戶長連同該管甲長，蓋章或畫押。

第五條　聯保切結或保證書，均應取具正副二份由甲長、保長彙齊，遞轉鄉鎮村長及區長分別存查。

第六條　同結各戶應隨時互相監查，如有勾結窩藏土匪或作漢奸間諜及擾亂地方治安者，應速密報甲長遞報區長□□核辦，倘有通同隱匿，查訊明確，一律連坐。甲長保長接到前項密報，如不嚴守秘密，從速轉報處辦者，查明以匪庇加重論罪。

第七條　前項密報如有挾嫌誣陷者，查訊明確時，依法反坐。

第八條　凡同結各戶有勾結窩藏土匪，或作漢奸間諜及擾亂地方治安情事，除依刑法及其它特別法令，從重處辦外，其甲長及曾具結聯保之各戶長，應各科以四日以上卅日以下之拘留，但自行發覺，並據實報告，並能協助收查逮捕者，免於處罰，遇上列情形，甲長有知情匪庇仍依法分別治罪。應科拘留者，由區長呈請縣政府核准於區公所（區署）內執行之。

第九條　各戶戶長遇有左列情事應即報告甲長轉報保長：

一、有形跡可疑之人潛入者。

二、留客寄住及其離去或家人外出旅行及歸來者。

第十條　保長按照前條報告，對於第一款情事，應即遞報區長核辦，如情形緊急，得先行搜索或逮捕之，但須即行呈報。

第十一條　遇有第九條所列各款之情形，匿而不報者，科以一角以上三十元以下之罰金列入保甲經費作正開支。前項所科罰金如不能依限繳納時，應由區長轉呈縣府後以罰金數量照他經濟狀況折罰苦工。

第十二條　凡保內無業遊民形跡可疑，及曾犯盜匪案件，無戶聯保或無人保證者，應由保長登記入嫌疑戶冊，督同甲長及鄰居之戶隨時監視稽查，如有意向即遞呈縣府核辦。嫌疑冊應造具三份，由保自提一份，以二份呈報區公所（區署）及縣政府分別存查。聯保事項在鄉村由保甲長負責辦理，在

城市由警察機關與保甲人員協同辦理，各縣政府並應派員赴各區予以協助或抽查之。本辦法如有未盡事宜得隨時修正之。本辦法自公佈日施行並呈咨軍事委員會及內政部備查。

附錄四：非常時期清剿區內剿匪臨時處置辦法 [註1]

　　第一條　本辦法通用於各清剿區域，清剿區域由軍事委員會斟酌情形以命令劃定之

　　第二條　負責剿匪具有軍法職權之軍事長官遇有特殊緊急情形，對於左列盜匪得先行處決事後補判檢卷呈核

　　（一）犯懲治盜匪暫行辦法第三條及第八條之罪者

　　（二）犯懲治盜匪暫行辦法第四條之罪，情節重大應處死刑者，犯前項所列各罪如宣告無期徒刑以下之刑者仍應依法呈經核准後方得執行

　　第三條　剿匪不力者按其情節依修正戰時軍律或其它刑事法令從重處斷，前條之軍事長官對於前項案件應行宣告死刑之人犯得先行處決事後補判檢卷呈核

　　第四條　依前二條先行處決之案件如發覺有失入情事，其負責人員以故意或過失殺人罪論處

　　第五條　本辦法於各清剿區清剿期內施行，各清剿區清剿期間由各該省最高軍事機關會同省政府擬呈軍事委員會核定

〔註 1〕　司法行政部編：《司法法令彙編》（第二卷　刑事法令），上海：上海法學編譯社，1947 年版，第 53 頁。

附錄五：西康省第一區保安司令部肅清盜匪實施辦法〔註1〕

　　一、爲根絕盜匪，確保治安期起見，特斟酌本區實際情況，針對匪患癥結制定本辦法。

　　二、各縣除遵照西康省各縣（自區）民眾自衛組訓實施辦法及西康全省保安司令部三十七年度各防治安計劃切實辦理外，悉依本辦法辦理。

　　三、各縣自衛隊爲防匪，主幹常備自衛隊爲治匪中堅，須共同擔任肅清盜匪之責任。

　　四、各縣應隨時清查戶口實行保甲連坐，無論僧道男女老幼不得有盜匪行爲，更不得有通匪窩匪情事。鄉村保甲、各家長，及寺院堪布等主持人應分別負責。

　　五、各縣境內無論僧俗，視各往來商販居留，凡有形跡可疑或曾爲匪犯逃匿等，須立即密報。

　　六、各縣零星盜匪經經肅清後，如有大股匪徒爲一鄉一村實力不能剿滅時，須迅速通知附近鄉村助剿，或報告□隊部調集團隊圍剿，倘以一縣之力不能剿滅或經擊潰後，圖竄擾鄰縣時，應以最敏捷迅速之方法通知各鄰縣圍剿或防堵。

　　七、各縣轄境峻嶺崇圍，林深箐密，道路錯雜之地，經常爲盜匪出沒搶劫之所，得調集自衛隊駐守以資鎮攝，至如交通要道又爲縣界之地帶，得會同毗連之縣商訂聯防辦法呈報備案。

〔註 1〕 「西康省第一區保安司令部肅清盜匪實施辦法」，四川省檔案館藏，檔案號257－2。

八、各縣應隨時□調常備自衛隊潛伏各道施行冷捕伏擊，並得實行搜山，加強巡邏，每月一次或數次，□使盜匪無法活動潛逃。

九、各縣常備自衛隊、自衛隊，在肅清盜匪時期，所需械彈糧株、經費照西康省各縣（局區）民眾自衛隊組訓實施辦法第廿條第廿一條辦法。

十、各縣肅清盜匪成績由本部定期舉行比賽，就其成果彙請獎懲。

十一、各縣常備自衛隊自衛隊官兵獎懲除照西康省各縣（局區）民眾自衛隊官兵獎懲辦法辦理外，得依左列各項辦理之：

甲、防匪剿匪出力之忠勇官兵得按其功績就奪獲之武器實物等酌提獎勵或報請獎敘。

乙、各旅及住戶被匪搶劫之損失由當地鄉村保甲或駐守之常備隊自衛隊負責清還，否則即由其賠償並報請議處。

十二、各縣常備自衛隊自衛隊官兵傷亡撫恤照相生各縣（局區）民眾自衛隊組訓實施辦法第廿三條辦理。

十三、本辦法在必要時期必須修正時得呈請修正之。

十四、本辦法經呈准後公佈施行，在未有明令廢止前即為有效。

附錄六：西康各級法院繕狀處辦事細則
〔註1〕

第一條　本細則依部頒高等以下各級法院繕狀處通則第十四條訂定之

第二條　繕狀處員額之多寡現事務之繁簡由院長首席檢察官指派之

第三條　訴訟當事人或代理人請求繕狀處代撰代繕書狀及代繕本繕狀人員應實時辦理不得延誤

第四條　繕狀處對於請求人之先後應立即登入簿內善後，不得任意顛倒但有緊急情形者不在此限

繕狀費每百字徵收貳元，撰狀費每百字徵收肆元，不滿百字者均按以百字計算

第五條　繕狀處代繕書狀底稿應交付請求人不另收費

第六條　繕狀處應刻置訴訟人自繕律師代撰本處代繕木戳加蓋狀一面以資鑒別，並於狀尾加蓋本件繕或撰若干字徵收繕狀費或撰狀費若干戳記以備查考其代繕繕本亦同

第七條　繕狀處應領用收款三聯單，凡代繕代撰徵收費用時逐件製給收款證

第八條　繕狀處應將繕狀費撰狀費為代繕；本費逐日登入繕狀撰簿，記明繳費人姓名案由代繕代撰字數收費全額由指派書記官核明蓋畫，繳交事務科核收未欸，事務科之法院繳交會計科出納般核收

第九條　繕狀處受入各費每屆月終依照提獎規則於收入算書內分別列報

〔註 1〕　「西康各級法院繕狀處辦事細則」，四川省檔案館，252－1160。

第十條　繕狀人員有左情事之一者應予獎勵

　　　　（一）供職半年以上確屬勤慎稱職者酌給獎金，其數額不得超過
　　　　　　　一月薪額

　　　　（二）供職一年以上著有特別勞績者酌予加薪以加至鈔事最高薪
　　　　　　　額為止

第十一條　繕狀人員有左列情事之一者應懲戒

　　　　（一）程示錯或漏列繕狀費者記過

　　　　（二）違反規則或有重大過失者停職

第十二條　本細則於縣司法處及兼理司法縣政府設治局準用之

第十三條　本細則自呈奉司法行政部核准之日施行

附錄七：西康省民國 33～35 年度第一審民事案件終結比較圖 〔註1〕

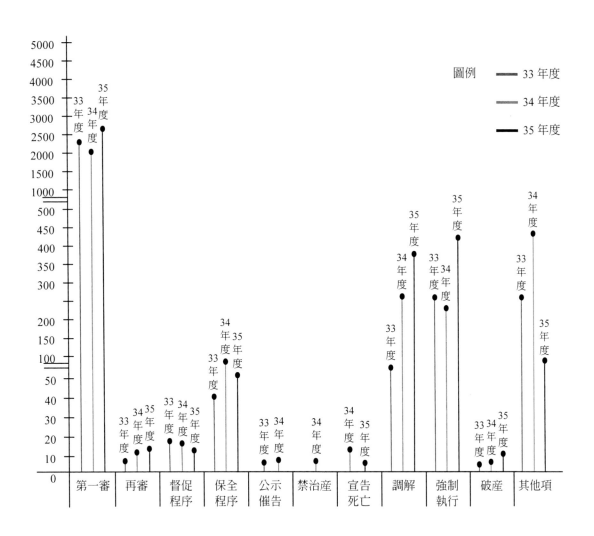

西康省民國 33～35 年度第一審民事案件終結比較圖

〔註 1〕 西康高等法院編：《西康高等法院工作報告》，1947 年版。

後　記

　　本書是在我的博士論文的基礎上完成的，之所以選擇這個題目，是因為我的家鄉雅安便是當年西康省所轄「三屬」之雅屬地區，也是西康省的軍政要地。1955 年西康撤省以後，這個短暫存在於西南邊區的省份漸漸在人們的記憶中淡忘，只剩下零星的幾個老地名。也許是一縷濃濃的思鄉之情，也許是作為雅女（知道雅安的人皆知雅安有三絕，雅魚、雅雨、雅女）的一種責任感，我決定通過這一卷卷充滿黴變味道的司法檔案，去追尋國民政府在西康推行邊疆司法改革的點點滴滴，從而讓世人知道在那個特殊年代，西康曾經為抗戰勝利、國家安寧所做出的貢獻。

　　此書從 2012 年開始醞釀到最後定稿，耗時四年，期間幾經周折，辛苦倍嘗。經過一遍遍的整理、修改，艱難的寫作終於暫告一段落。當停筆這一刻，才真正明白「痛並快樂著」這句話的深刻內涵，從資料的收集、整理到書稿的寫作過程，付出的是辛勞和汗水，收穫的是知識和閱歷，更結交了許多良師益友。

　　在這裡，我首先要誠摯地感謝恩師曾代偉教授，從本書的立意選題、資料收集、結構設計以及最終定稿各個環節，恩師都悉心而認真地進行指導。求學四年，恩師高尚的人格、嚴謹的治學態度和對學問的孜孜不倦的精神，令我感動和受益，這將為我今後的學術生涯提供重要的精神指引。自從進入師門以來，恩師和師母在生活中對我也是關懷備至，師恩終生銘記，不敢忘懷！

　　在此，同樣要感謝我的碩士導師李禹階教授對我學習的關心和支持；感謝俞榮根教授、龍大軒教授、胡仁智教授、呂志興教授，幾位老師在我博士

論文開題、預答辯中，給了我誠懇的建議和精心的提點，使我能順利完成論文答辯；感謝清華大學蘇亦工教授在我論文答辯中提出的中肯建議，有助於我修改書稿。

同時，本書在資料的收集整理過程中，得到了四川省檔案館、雅安市檔案館、西昌市檔案館工作人員的大力支持。特別要感謝雅安市檔案館的宋文學前輩，爲了幫助我及時複印資料，曾經加班九個小時直到凌晨，讓我至今感動不已。此外，還要感謝我的那一群可愛的學生們，尤其是劉善超、冉金雨、葉宜鑫、楊曉雪、陳星池、武麗佳同學，如果沒有他們的幫助，僅憑我一己之力，是無法將幾百個檔案卷宗和上百萬字的文獻資料進行整理、歸類的。還有重慶交通大學的孟憲勝老師，在本書最後的校稿核對和編排中付出了艱辛的勞動，在此一併謝過。

學習期間，父母、先生和兒子給予了我莫大的理解和支持，尤其是我可愛的七歲小兒，由於時間有限，對他的照顧相對較少，愧疚之情難以言表，惟有加倍努力，方能回報！

筆　者

二〇一六年六月於重慶南山山麓